观海文丛——华东师范大学外语学院学者文库

华东师范大学外语论丛

（第二辑）

袁筱一　主编

南开大学出版社

天　津

图书在版编目(CIP)数据

华东师范大学外语论丛.（第 2 辑）/ 袁筱一主编. —天
津：南开大学出版社，2013.8
（观海文丛.华东师范大学外语学院学者文库）
ISBN 978-7-310-04272-2

Ⅰ.①华…　Ⅱ.①袁…　Ⅲ.①外语教学－教学研究－
文集　Ⅳ.①H09－53

中国版本图书馆 CIP 数据核字(2013)第 184163 号

南开大学出版社出版发行
出版人：孙克强

地址：天津市南开区卫津路 94 号　　邮政编码：300071
营销部电话：(022)23508339　23500755
营销部传真：(022)23508542　　邮购部电话：(022)23502200

*

唐山天意印刷有限责任公司印刷
全国各地新华书店经销

*

2013 年 8 月第 1 版　　2013 年 8 月第 1 次印刷
210×148 毫米　32 开本　11.125 印张　2 插页　287 千字
定价：25.00 元

如遇图书印装质量问题，请与本社营销部联系调换，电话：(022)23507125

序

　　经过漫长的整理、审校，华东师范大学的外语论丛终于出了第二辑。对于论文的作者和外语学院来说，这都是相当不容易的事情。大家的研究对象各异，研究方法各异，研究视野各异，更遑论写作风格与文体，似乎很难集结在同一本集子里。但是，无论怎么说，这些成果，都是华东师范大学外语学科的老师们在这两年里产生的一点理论性的思考。

　　外语学科的理论研究，从传统的方向来说，不外乎语言学和文学这两个方向。这些年来，在翻译领域和外语教学领域也都涌现出了不少的成果，大多与外语学科老师的具体语言实践相关。实际上，对于从事外语教学的人来说，在理论研究方面碰到的第一个疑惑可能是：作为一门实践意义很强，教学上也往往是以语言应用为导向的学科，理论研究究竟目的何在？

　　在这一点上，我很赞成法国翻译家，哲学家安托万·贝尔曼在谈到"翻译学"时的观点，他认为，与其纠结于"理论"与"实践"这一对看似没有多大联系的矛盾，还不如用另一组概念，即"经验"与"思考"，来替代翻译学的本质。不仅仅是翻译学，任何与语言相关的学科的实质或许都是如此，包括哲学。它是经验的，但也应该是思考的，并且是以"经验"和"思考"的方式与存在本身息息相关。

　　因而这些来自于"经验"的"思考"才显得弥足珍贵，尽管外语学科不像有些学科一样，因为"过度"发展已经走向了理论思考的自我生产和自我繁殖。当然，这并不意味着这些研究的成果是完美的，恰恰相反，它们当中的很大一部分都还停留在相当

"质朴"的状态，甚至还略显粗糙。但是，在某种程度上，也正是这份"质朴"和"粗糙"，才让我们意识到，"思考"还有很大的余地，是一片无限广阔的天地。而"经验"也需要不断地累积，不断地重新出发，寻找新的角度——"经验"本身是无所谓失败的。

当然，我们坚持出版——尽管周期有点长——华东师范大学外语学院论丛的原因还不止于此。我们都知道，外语学科在今天的学科发展中并不处于优先的地位。所以，为外语学科的研究成果提供一个平台是我们的初衷，也是我们的最终目的，哪怕这个平台并不是很高，也不是很广阔。具体而言，为华东师范大学外语学院的老师提供一个写作、讨论和彼此交流的一个平台是我们出版论丛的出发点和依归。我们相信，论丛能够为打通各个二级学科之间的壁垒提供一点帮助，甚至能够给外语学科本身的开放提供一点帮助：一百年前，外国文学或者基于不同语言之上的语言学研究与哲学、历史以及更广义的思想之间并没有那么远的距离。

我们感谢每一位参与论丛写作、审校、编辑和出版工作的人。没有他们，即便有思考的努力，也不会有思考落于文字的现实。

袁筱一

目　录

文化教育篇

教学教材篇

语言研究篇

德语文字正体规范与德语教学适配问题探究

张国生　　尤岚岚

摘要：我国德语教学与德语文字发展进程的适配正在起步，教材与辞书编撰方面与之脱节现象依然存在。本文在探讨教学与文字正体规范相适配的意义之后，对文字正体规范如何融入课堂教学以及教材和辞书编撰这一问题提出了设计思想，其中包括德语正字法的主要建构元素、这些建构元素所依赖的基础，并梳理总结了德语文字书写的基本规则，从而强调了在教学的特定环节中，如词汇习得与词汇正确书写范畴，语言文字不断朝着易读易识、易记易写的方向演变的趋势。

关键词：德语教学；文字改革；文字正体规范；书写原理

一、引言

德语文字最新一轮的正体规范（通称新正字法）2006 年由官方颁布，并于同年八月一日全面实施；德语国度的母语教学以及新闻出版领域也同时以此轮文字改革为唯一文字正体标准，此轮文字改革，又称改革之改革，终于走出了 1996 年的文字改革与 2004 年的修订在德语区各国遭到普遍批评与抵制的阴霾，使文字规范真正成为了一项"全民契约"。①

　　对德语作为外语的教学来说，德语文字的正体规范也必然是正确书写的唯一标准，这就将德语文字的正体规范与德语作为外语教学的适配问题提上了议事日程。

二、文字正体规范与德语教学相适配的紧迫性

　　在德语国家，从此轮文字正体规范大典出台后不久，大典就成为母语教学中衡量书写正确与否的标准。从德语作为外语教学的层面上来看，文字正体规范与教学相适配事宜，除从语言学的角度对文字改革与书写规则进行探讨、研究外，还应包括出版使用与新规范相适配的教材、词典以及在德语教学中让学生掌握正确书写词汇的规则，以期达到提高正确书写率的目的。

　　就德语作为外语教学而言，由于不存在相关行政约束，加上相关学术推广与教学实践经验交流尚欠力度，外语教学滞后于文字正体规范的发展与运用是因果关系的一般规律，这也无可厚非。当然从另一个视角来看，这种滞后现象也是附有条件的，在时间上总有个"度"的问题。一般来说，短到两三年，长至四五年的

---

① 1996 年的德语文字改革采用由文字改革专业机构（Zwischenstaatliche Kommission für deutsche Rechtschreibung, 简称"专家工作组"Expertenkommission）设计、由联邦德国各州文化部长联席会议（Kultusministerkonferenz）通过并颁布文字正体规范大典、由联邦德国各州州长联席会议（Ministerpräsidentenkonferenz）和联邦德国政府（Bundesregierung）先后分别同意文字改革计划、最后由德语区各国派出代表本国的政治家（politische Vertreter）就统一实施文字改革而共同签署联合意向书（Gemeinsame Absichtserklärung）并获得有关国家政府批准之模式。这一主要由各行政部门主导，然后推向社会的自上而下的改革途径，由于未充分考虑到社会各界、各阶层的语言习惯与不同需求而未受到普遍欢迎，且遭到来自新闻、出版、文学、教育等界和中、小学生家长的诟病与阻拦，文字改革难以顺利全面推开，最终不得不选择走一条采纳各界建议、能获得社会普遍接受的"改革之改革"（Reform der Reform）的道路，由此产生了文字改革实乃与全民订立一个契约（Volkskontrakt）的观点。

滞后也是可以让人理解的，即在外语教学中新老规则交替可有一个不成文的过渡期存在，而过渡期之后则应以新的规范为唯一标准，此也顺应辩证统一的逻辑。

　　德语最新一轮的文字正体规范实施至今已七年有余，我国的德语教学领域也正面临如何普及新规则问题，如何梳理总结潜藏在规则中的书写规律问题。当务之急是切切实实从教材、教辅读物、学习词典（包括电子辞典）的出版以及课堂教学层面同新规则实施合理对接。其原因在于教学的现实状况尚不尽如人意，与语言文字发展略显脱节。

　　我国德语本科专业一、二年级基础教学多用《当代大学德语》（Studienweg Deutsch）和《德语综合教程》（Deutsch für das Germanistikstudium），这两套分别由外语教学与研究出版社和上海外语教育出版社出版的德语本科教科书，以跨文化交际理念作为核心指导思想，是迄今为止最为成功的本科教材，凝聚着中外资深德语教师多年的心血，在语法和词汇习得诸方面也很有特色。倘若简明而不乏系统地将文字正体规范纳入书中，同时归纳出基本而又重要的书写原理，那么在教学上会释放出更大的正能量，也会达到锦上添花的效果。

　　比如说教科书编入标点符号运用的规则，尤其是逗号的运用与功能，同时配备相应练习，那么学生就能进行相应操作，从而提高文字的正确书写率。由此，德语专业四级考试中听写部分在朗读短文时不必同时读出句逗，[①] 困扰德语教学界多年的顽疾，也可药到病除了。

　　课堂教学的内容和系统性在很大的层面上取决于教材编写的

---

① 标点符号的正确运用，尤其是逗号的正确运用，是许多学生的一大困惑，故学生在德语本科专业四级考试的听写部分失分较多。前些年试题组采纳了不少教师与学生的建议，对听写部分作了调整，其原则是：短文与句逗一并读出。

内容与系统性，而文字的正体规范与书写原理的主要特征在于科学性、逻辑性、缜密性与系统性。可以这么说，这些知识的获得，没有教材的支撑，仅靠课堂讲解难度颇大，一则循序渐进的系统性会有欠缺，再则逻辑性、缜密性会考量不足。所以要将文字正体规范和书写原理融入教学，首先必须融入教材。

此外，辞书对正确掌握文字的形体作用甚大。在德国，正字法一经实施，相关辞典与教材必须以符合新规范的面貌出现在书籍市场，不符合条件的辞典、书籍均须退市。在华的德语辞书市场由于缺乏具体有效的行政约束，新老版本的辞书既在实体书店里销售，也在网络书店销售，而作为消费者的学生往往不解其中的奥妙。

《朗氏德汉双解词典》（Langenscheidts Großwörterbuch Deutsch als Fremdsprache/Deutsch-Chinesisch）在华颇受德语教师和学生的欢迎。就是这么一个颇受青睐的学习辞典，2000 年在华付印第一版，到了 2010 年才推出符合最新正字规范的修订版，而在这之前出版的版本至今还在实体店与网店销售，且以 1996 年前的语言文字规范为标准。

多数学生上课随身携带德语电子辞典，其有"小灵通"之称。令人堪忧的是，目前学生们所使用的"小灵通"多半还是沿用 1996 年前的正字标准，符合现时标准的乃属凤毛麟角。因此，可以说，大部分的德语电子辞典小是真的，但却不怎么"灵"，也不怎么"通"，它们会影响学生学习德语的质量。

在书市目前热销的还有《现代德语学习词典》（PONS Großwörterbuch Deutsch als Fremdsprache）和《德语学习词典》（PONS Basiswörterbuch Deutsch als Fremdsprache）等，虽然它们在广告及书的封面或封底都会鲜明地标明采用类似新正字法或最新正字法字样，但它们的内容只符合 1996 年后、2006 年前的文字正体规范。令人费解的是，《现代德语学习词典》是于 2009 年在华正式出版的，但不知何时转让或授予的版权。

可以估计，在没有有效行政监控的情况下，这种书市状态还会延续多时。为了莘莘学子的利益，作为教师，我们除应告知学生如何选择合适的学习词典外，最关键是在专业范围内大力普及德语正字法知识，同时利用各种渠道，督促有关出版社尽快对教材和辞书作相关修订调整。

三、如何普及德语文字书写知识

德语文字书写知识的普及，首先要以文字正体规范为蓝本。因官方颁发的文字正体规范以语言学为基础，对学习德语的外国学生来说，内容理解相当困难，故在描述上要多做解释，多用例句，由浅入深，由易到难。仅介绍文字正体规范尚有缺失，还要让学生掌握德语文字的书写原理，这是因为德语的书写规则建构在相应的德语文字书写规律之上。目前德语国家的德语界还在对书写原理进行研究讨论，以作进一步的归纳总结。当然，我们在参与研究讨论的同时，可尽量利用比较广泛认可的研究结果作为归纳总结的对象，罗列出一些适合教学的书写原理。

德语正字法的内容可根据正字法大典分为五大部分，考虑到教学的系统性可细分为以下七大部分。教学上可以以此为线索，逐渐展开。

1. 语音与字母的转换关系

德语的书写以拉丁字母组成的语言体系为基础，语音与字母在很大程度上存在着相互转换关系。语言使用者可以根据有效的规则把握它们之间的相互转换，即从语音可以转换到字母，或从字母转换到语音，即人们常说的拼写与拼读。每个字母代表一定的语音，如字母 o 发 [o]的音（Lob，so）。当然某些字母组合也可代表一定的语音，如 ck，th 分别发 [k]（backen，Decke）和 [t]（Thema，Theater）的音。一个音也可以由不同的书写方式来表示，如 [t] 的音可书写成 t，d，tt，dt，th（weit，Bad，Bett，verwandt，

Apotheke）；字母 v 可发 [v]（Visum）和 [f]（Vater）；字母 x 发两个音 [ks]（Text），而 [ks] 又可写作 ks（Keks），cks（Stücks），gs（Wegs），chs（wachsen）。正因为语音和字母的互换不存在一一对应的关系，许多单词的记忆和书写要依靠正字规则。运用正字规则能帮助我们提高正确书写的效率。

德语书写规则改革，顾名思义只是对书写规则进行改革，而不是引入新的语音、字母和标点符号。勿庸置疑，新的书写规则会使一些单词的书写结构发生变化，但这种变化却使语音和字母的互换比以往的书写规则更具有逻辑性。

2. 词的大写与小写

词的大写是指某些词的第一个字母要大写的书写规则。印欧语系中的语言要求专有名词和句首的字母都要大写，而德语除此之外还有个名词的第一个字母要大写的特点。这是伴随德语发展而形成的语言特征，它强调在书写时突出名词这一词类。利用这一原则，书写者可以给一定的词或文字表述单位（如名词词首、句首）作出标记，以方便读者迅速作出语法判断，提高阅读速度。

在酝酿新的书写规则大典时，有不少专家学者提出应废弃名词的第一个字母要大写的规则，从而达到大大方便书写的目的。通过争论，持保留名词大写的意见占居上风。这些专家认为，德语名词的大写对德语的词形的构造影响甚大，而书写规则的改革以不从根本上改变已被绝大部分的人所熟悉的词形为基本条件。此外，专家们存有改革名词的大写会导致改变德语书写传统的疑虑，故最终还是保持名词要大写的现状。

德语中词的大写存在下列情况：

- 句首
- 名词和名词化的词
- 归属专有名词的非名词类成分
- 标题、书名等

- 某些固定的名词词组以及属于名词词组的非名词类成分
- 信函中对受函人的称呼以及属于称呼范畴的人称代词、物主代词

除了对词的大写进行论述外,作为书写规则还得对词的小写作出界定。长久以来,词的大小写是德语语法里一个很复杂的问题,至今词的大小写仍是德语书写中主要的困难所在,是书写出错的源头。这是由于规则难以一以贯之以及特殊规则和例外现象过多所引起的。新规则力求规则简单明了,逻辑性强。尽管如此,在某些情况下要确定词的大写或小写仍存在一定难度,也很难运用一般规则去理解。新规则考虑了这些疑难词汇给书写带来的困惑,建议对此类词不仅仅以一种标准加以关照。这就是说,在某种情况下,一个词的大写或小写根据新的正字大典均可,都可找到对应规则,故都被认定为正确的书写方式。如 Rad fahrend,radfahrend。

只要我们掌握名词与其他词类的区别,掌握一些其他词类如形容词、代词和数词的名词化规律,那我们就能基本正确书写词的大小写。词的大小写问题主要包含两大部分:第一个字母需大写的表述单位、词和词组大小写问题。

3. 词的分写与连写

大家知道,文字的书写有间隔的现象,汉语的字与字有间隔,德语的词与词(Wort)间有间隔。书写中的间隔便于读者快速辨认单词,从而提高阅读速度和质量。一般来说,一个德语句子中的前后两个词要分写,但在某种情况下前后两个词构成一个要连写的组合词,即两个词作为一个概念"单位"来理解,那就要连写。这样也就产生了一个组合词(Zusammensetzung)。如果强调两个或一组单词各自的独立意义,那这些词就要分写。这样也就产生了词组(Wortgruppe)。

1902 年生效的书写规则大典没有把连写与分写问题列入规则内。1915 年起陆续对此大典作了多次补充,因而虽有规定,但

其内容复杂，且又缺乏系统性和逻辑性，常常会出现规则难以自圆其说的纰漏。德语书写规则 2006 年的改革认为，分写与连写所涉及的是句子中前后相随的语言单位，需分写的是词组的组成部分，而需连写的则是组合词的组成部分。在某种情况下同一语言形式既可以作为词组分写（如 schwer beschädigt），也可以作为组合词（如 schwerbeschädigt）来连写。至于是作为词组实施分写还是作为组合词来连写，要取决于两个方面：词所要表达的意义为其一，词形是否符合某种构词规律为其二。

1996 年的书写规则改革认为，分写是德语的普遍现象，而连写则是特殊现象，因此对此要实行规范。这意味着一般情况下前后相遇的两个词要分写，只有在一定情况下它们需要连写。比如说在 1996 年前，老规则把词的连写与分写视作区别词义的标志：

• Der Schüler darf auf dem Stuhl sitzen bleiben.（这个学生允许继续坐在椅子上。）

• Wegen schlechter Schulleistungen wird der Schüler sitzenbleiben.（因学习成绩差这个学生要留级。）

根据 1996 年的规则，这两句谓语中的第二部分都要分写成 sitzen bleiben，即：

• Der Schüler darf auf dem Stuhl sitzen bleiben.

• Wegen schlechter Schulleistungen wird der Schüler sitzen bleiben.

这是出于根据 1996 年的规则大典中规定的动词与动词不能连写的缘故。不同的词义需根据单词在句子中的因果关系来确定。在这一方面，1996 年的改革排除了特殊现象，减少了规则，这也就降低了出错的可能性，同时也大大方便了德语的教学工作。但从语言的社会实践性来看，一个自然语言的社会功能不能仅从语言交际的简易性角度来考量，还必须顾及其表达的多样性与精确性，给不同书写者的语言交际留有展示不同语言风格的空间，给语言的发展提供必要条件。

2006 年的德语文字改革之改革考虑了这些因素，采用 1996 年以及 1996 年以前的两种书写方法并存的原则，即在均属正确书写的前提下，还是有高雅与普通之分，因语义的转义而实施连写就会显得精确而高雅。如今下面的三句句子语法都正确，第三句在修辞手段上就比第二句更为老练与成熟，其原因在于读者在阅读第二句时必须通过上下文的因果关系自己辨别词义，而第三句则表述了特定的含义，使人一目了然。

• Der Schüler darf auf dem Stuhl sitzen bleiben.

• Wegen schlechter Schulleistungen wird der Schüler sitzen bleiben.

• Wegen schlechter Schulleistungen wird der Schüler sitzenbleiben.

随着德语文字的发展，在特定的条件下词的连写已成为语言趋势，也就是说当一个词语中的某个单位已失去原义，这时需要连写。 如 Teil 的原义为"部分"，teilnehmen 意义为"参加"，此单词中的"teil"在概念上已发生变化，所以要连写。 再比如说 frei sprechen 与 freisprechen ，前者意为"脱稿表达"、"自由表达"，而后者意为"宣布无罪"。我们也可以说，当词有转义或具有新的含义，就要连写。至于怎样区分分写与连写，一般可以通过划分词类来定夺。

4. 连字符的使用

德语的组合词的构成赋予语言使用者一定的创造力；语言使用者可以利用组词规则创造出新的概念和词汇，如 Hauswirtschaftslehre, Kontaktfieber, offenlustig 等。一个复合词甚至可以由一系列词构成 Donaudampfschifffahrtsgesellschaftskapitänsmütze（多瑙河轮船交通公司船长帽）。

如果使用连字符，我们就能使一个组合词的组合一目了然，比如 Donau-dampfschifffahrtsgesellschafts-kapitänsmütze；也可通过连字符标记来突出某个组合词的组合，比如 Musiker-Leben，Musik-Erleben 是不同的两个概念：音乐家的生活、音乐体验。当然，如何使用连字符，什么时候必须用，什么时候可以用，什么时候不能用，新的书写大典罗列了十余条规则，并分别作了明确规定，在此不一一细说。值得一提的是，根据新的规则，连字符的使用比旧规则更加简单，更加频繁。

5. 外来词的书写

词汇是语言中变化最频繁的部分，其变化范围也最广泛。为了描述新理念、新事物和新现象，需要创造新的概念，这样也就产生了新的词汇。另有一些事物随着时代的发展而日渐古老，在现实生活中鲜为人知，从而这些事物的概念便成了"历史"性词汇。除此之外，一个自然语言在发展中必然会从其他语言里引入词汇；这些从其他语言中收入的词汇我们称之为外来词。

德语在其发展的历程中不断从其他语言里吸收词汇，以满足语言的使用者参与社会活动的需求。在中世纪，外来词主要来源于拉丁文。历经几百年以至一千多年的时光，许多拉丁文已成为德语中的日常词汇；人们已不再把它们看作外来词，如 Schule，Fenster，Meister，Brief，Siegel，Tinte，Rose，Zwiebel 等。

17、18 世纪，德语从罗马语系的法语和意大利语里收入很多外来词。这些词也逐渐德语化了，如 Parade，Büro，Likör，Konto 等。第二次世界大战以后，英语词汇对德语的影响很大，德国人的日常生活中出现大量英语词汇，如 Shop，Shorts，Party，Sex，Service，Disco，Jeans，Jeep，Sandwich，Carsharing 等。近十多年来，英语计算机软、硬件术语在全球得到广泛使用，在德语里也大量运用这些术语，如 Computer，Software，Internet，online，Diskette，Gigabyte，CD-Rom，USB-Stick。

许多外来词在演变中已符合德语发音与书写规则，如 Bluse，

Bombe，Präsident，Mais，Muster，Scheck，Streik，Foto，Grafik，Mikrofon，Telefon，Keks，但也有很多词汇尚未德语化，如 Courage，Bourgeoisie，Niveau，Ingenieur，Asphalt，Slogan，Parfum 等。

　　至今德语很难以统一的标准来推行外来词德语化。主要原因在于外来词使用的频率不同，使用者的范围也不同，所以统一的正字标准难以推广。根据新规则，Photographie 可写为 Fotografie，但是 Philosophie 却不能写成 Filosofie。不少外来词的语音在德语里不存在或德语里没有字母的组合得以反映这些外来语言。如 Thriller 这个词中的 th 要发[θ]，德语语音音素中没有这个音。正是这个缘故，这类词的德语化也难以实施。

　　从希腊语收入的 Theater，Theologie，Ethik 等词里 th 发 [t] 音，但新的书写规则出于对人文教育的传统和基本保持词的书写形式的考虑，没有把其书写改为"Teater"，"Teologie"，"Etik"。另外考虑到英语是国际上交际通用的语言，所以新的书写规则对英语词汇的德语化问题持谨慎态度。

　　总之，就外来词的书写而言，如果一个外来词能以德语书写规则拼写，那么它也同时可以保持原本外语中的词形。至于用哪种书写形式则由书写者本人选择，如：

- Frisör（Friseur）
- Delfin（Delphin）
- Jogurt（Joghurt）
- Portmonee（Portemonnaie）
- potenziell（potentiell）
- existenziell（existentiell）
- Jacht（Yacht）
- Schi（Ski）
- Ketschup（Ketchup）
- Spagetti（Spaghetti）

值得建议的是，在写文章时最好采用一种书写方法，以保持统一的书写风格。

如果一个外来词没有德语化，书写时则尊重其词源在外语中的书写规则，如：

- Chance（法语）
- Shorts（英语）
- Pizza（意大利语）
- Mokka（阿拉伯语）
- Chor（希腊语）
- Navigation（拉丁语）
- Fengshui（汉语）
- Ginseng（汉语）
- Taifun （汉语）

2006 年的德语书写规则大典把外来词的书写归纳在语音与字母转换关系范畴，因此外来词的处理重点落在协调语音与字母匹配关系上，外来词书写的改革显得相当谨慎。外来词的德语化的改革只限于那些日常交际中常用的词汇，而各专业术语不在改革范围内，它们继续沿用传统的书写方法，如 Kardiograph，phonologisch。国际常用单词也继续保持它们原本书写形式，如：City，Restaurant，Attaché，USB-Stick，Internet 等。

6. 词的音节划分与移行

词的移行目的在于通过书写规则有效利用行尾所剩的平面空间，平衡词的隔断移行，从而使阅读流利、通畅，同时也具有让行与行之间保持整齐、美观之功效。因此，词在行末的音节划分与移行关键要把握住词的词形易组、词的语音易读。汉字使用方块字，不存在字词行末通过音节划分来达到移行的问题；而使用字母的语言都需要规范词在行末的移行标准。中世纪的欧洲没有具体移行标准，因此在行末实施移行有很大的随意性。这也就是为什么我们今天会看到一些德语词汇被分成 Fa-hrrad，Kri-ege，Straß-enbahn，Büc-her。这种移行的任意性给阅读带来诸多不便，尤其给迅速正确读音设置了障碍。

随着新的书写规则出台，移行不再受到一些繁琐规则的约束（如外来词按词素来移行；-st- 永不分离；-ck- 要变成 -k-k- 等），变得简便明了。基本规则是：只有多音节的词才有移行的可能。词的移行（外来词也可包括在内）以音节的划分来实施。音节的划分以朗读音节为准。

音节划分与移行的基本标准：多音节词在行尾可分音节移行，音节可通过缓慢朗读而确认。一般来说，就此所获得的音界同音节划分能保持一致。词的移行以缓慢朗读并划分出其词的音节和音界为准。

- Bau-er，Ei-er，steu-ern，na-iv，Ru-i-ne，Spi-on
- Knäu-el，klei-ig，Lai-en，Ma-ni-en，Mu-se-um
- in-di-vi-du-ell，eu-ro-pä-i-sche，na-ti-o-nal
- Fa-mi-li-en，Haus-tür，Be-fund，ehr-lich

位于词首或词尾的单元音字母不能作为音节来单独划分移行，这种结构的词即使与其他词组成合成词，此单元音字母也不能单独划分音节移行。

- Abend，Oma，Opa，Ofen，Kleie，Ägyp-ten，aha，Ufer
- edel，User，Idee，Igel，Bio，Bio-müll，Ju-li-abend
- Hoch-ofen，Edel-mann

划分音节时，须避免影响辨别词义或会引起歧义的可能性。

- An-alphabet（nicht: Anal-phabet）
- Sprech-erziehung（nicht: Sprecher-ziehung）
- Ur-instinkt（nicht: Urin-stinkt）

7. 标点符号的使用

标点符号是说明句子的层次、界限、情状、语气的书面符号。

使用标点符号的目的在于有序安排书面的词、句及篇章结构与关系，方便读者理解与阅读，避免产生歧义与误解。另外书写者可利用标点符号强调所要表达的语气或突出所要修饰的部分，使书面语言更添一层修辞的色彩。标点符号学习的难点在于逗号的运用，其中简单句中的逗号运用较为简单，复句中的逗号运用规则较多，且大规则套小规则，初看比较复杂。对外语教学来说，能研究归纳出四五条概括性较强的规则为宜，便于学生记忆与运用规则。

以下我们来谈谈此节的第二个问题：德语的书写原理。

德语文字书写规则是基于德语文字的书写规律，把书写规律进行高度概括后便逐渐演变成书写原理。通过文字改革，能将一些远离书写原理的词汇被书写原理所关照，从而使原理更科学，概括性更强；同时提高运用书写原理进行书写的正确率。

长期以来，德语语法学家就提出不少德语书写原理，其中一些被确定了下来：其一为发音原则（Lauttreue der Schrift），即德语作为拼音文字应"怎么说，就怎么写"；其二为历史至上原则（Historizität），即按照人们一直以来约定俗成的写法；其三为统一原则（Einheitlichkeit），要么按照词根（Derivation/Abstammung）进行统一，如从"dumm"一词可派生成新词"Dummheit"，要么按照类推法（Analogie），如从"abendlich"可类推出"morgendlich"；其四为简洁原则（Simplizität），即删繁就简，以方便使用；其五为美学原则（Ästhetizität），反对辅音字母的堆砌和重复，如曾经存在的"kk"，"zz"等书写形式；其六为逻辑原则（Logik），这一点涉及句首字母大写和标点符号的应用。①

出于对语言学发展与对教学的考量，现今可将书写原理归纳为以下五原理：

---

① 参见：刘炜，魏育青. 德语国家社会与文化. 第148-149页。

1. 语音书写原理

　　德语最基本的书写原则是语音原则，这就是说把语音以简单方式转换为字母。这一原则的关键在于：你怎么说，就怎么写；但要说得清晰,说得标准。

　　德语是印欧语系里的一个自然语音语言，它的书写体系属于由字母构成的文字。德语共有五十九个字母：三十个小写字母，即 abcd 一直到 z 再加上三个变音字母 ä、ö、ü 及一个特有的辅音字母 ß；二十九个大写字母，即 ABCD 一直到 Z 再加上 Ä、Ö、Ü。这些字母和它们的组合在德语里至少有 42 个不同的发音，比如 Gast，fern，Gemüse 每个字母都发一个音；Tage，Theater，Mutter，Stadt 中的 t，th，tt，dt 都发 [t] 的音；而字母 s 既可发 [s] 音（aus），也可发 [z] 音（Sonne）。如果我们掌握了语音与字母书写的相互关系和书写规则,就能大大方便正确书写与朗读。

　　下面将德语最基本的语音与字母转换关系列出：

元音

短元音

（1）Kurze einfache Vokale

Laute	Buchstaben	Beispiele
[a]	a	ab，Alter，warm，Bilanz
[ɛ]	e	enorm，Endung，helfen，fett，penetrant，Prozent
[ə]	e	Atem，Ballade，gering，nobel
[i]	i	immer，Iltis，List，indiskret，Pilot
[ɔ]	o	ob，Ort，folgen，Konzern，Logis，Obelisk，Organ
[œ]	ö	öfter，Öffnung，wölben，Ökonomie
[u]	u	unten，Ulme，bunt，Museum
[y]	ü	Küste，wünschen，Püree

长元音

（2）Lange einfache Vokale

Laute	Buchstaben	Beispiele
[a:]	a	artig，Abend，Basis
[e:]	e	edel，Efeu，Weg，Planet
[ɛ:]	ä	äsen,Ära，Sekretär
[i:]	ie	（in einheimischen Wörtern:）Liebe，Dieb
	i	（in Fremdwörtern:）Diva，Iris，Krise，Ventil
[o:]	o	oben，Ofen，vor，Chor
[ø:]	ö	öde，Öfen，schön
[u:]	u	Ufer，Bluse，Muse，Natur
[y:]	ü	üben，Übel，fügen，Menü，Molekül

双元音

（3）Diphthonge

Laute	Buchstaben	Beispiele
[ai]	ei	eigen，Eile，beiseite，Kaleidoskop
[au]	au	auf，Auge，Haus，Audienz
[ɔø]	eu	euch，Eule，Zeuge，Euphorie

辅音
单辅音

（1）Einfache Konsonanten

[b]	b	backen，Baum，Obolus，Parabel
[ç]，[x]	ch	ich，Bücher，lynchen，ach，Rauch
[d]	d	danken，Druck，leiden，Mansarde
[f]	f	fertig，Falke，Hafen，Fusion
[g]	g	gehen，Gas，sügen，Organ，Eleganz
[h]	h	hinterher，Haus，Hektik，Ahorn，vehement
[j]	j	ja，Jagd，Boje，Objekt
[k]	k	Kiste，Haken，Flanke，Majuskel，Konkurs
[l]	l	laufen，Laut，Schale，lamentieren
[m]	m	machen，Mund，Lampe，Maximum
[n]	n	nur，Nagel，Ton，Natur，nuklear
[ŋ]	ng	Gang，Länge，singen，Zange
[p]	p	packen，Paste，Raupe，Problem
[r]，[ɐ]	r	rauben，Rampe，hören，Zitrone
[s]	s	sagen，Seife，lesen，Laser
[z]	s	skurril，Skandal，Hast，Hopsen
[ʃ]	sch	scharf，Schaufel，rauschen
[t]	t	tragen，Tür，fort，Optimum
[v]	w	wann，Wagen，Möwe

双辅音

（2）Konsonantenverbindungen（innerhalb des Stammes）

Laute	Buchstaben	Beispiele
[kv]	qu	quälen，Quelle，liquid，Qualität
[ks]	x	xylographisch，Xenophobie，boxen，toxisch
[ts]	z	zart，Zaum，tanzen，speziell，Zenit

2. 词干书写原理

除了基本的语音书写原则外，词干原则是德语书写的重要原则。这一原则又称单词词形稳定性书写原则，例如 Differenz，Differenzial，differenzieren。再比如 Kind 一词在词态变化、组合、派生过程中，词干 Kind 总保持不变，即：

- die Kinder
- des Kindes
- Kindbett
- Kinderbuch
- Kindesalter
- kindisch
- kindlich

词干原则的功能在于，它一方面能使读者迅速辨认单词和区分词义，另一方面能方便书写者记忆单词和书写单词。

（1）词尾辅音清化

词尾辅音清化是指浊辅音字母 b，d，g 在词尾发清辅音[p]，[t]，[k]的语言现象。Berg 这个词要读 [bεrk]，它的复数 Berge 读作 [bεrg∂]。假如我们在书写时完全根据发音规则依样画葫芦，那我们前者要写成 Berk，而后者却写成 Berge。两例涉及一个词，区别只在于单复数；要使两个词在词形方面有"同出一辙"的关系，故在书写上采用只写一个 g。类似的现象在德语词汇中比比皆是：

- der Tag [k]，des Tages [g]，die Tage [g]
- das Rad [t]，des Rades [d]，die Räder [d]
- der Leib [p]，des Leibes [b]，die Leiber [b]

（2）加前缀和后缀

德语里有许多单词通过与前缀、后缀或与其他词的组合而形成，这些词属于同一家族，并有相同的词干，如 Herz：

- herzlich
- Herzlichkeit
- beherzt

新的书写规则重视词的稳定性与完整性的书写方式，对不规范的词汇作了调整。例如：

- plazieren → platzieren（词干 Platz）
- numerieren → nummerieren（词干 Nummer）
- Schiffahrt → Schifffahrt（词干 Schiff + 词干 Fahrt）
- schneuzen → schnäuzen（词干 Schnauze）

（3）"遗传"基因 h

一般说来，一个词族里的词应尽可能地以词干为原则进行书写。关键的问题在于，一个词是否能在现代德语的使用中归入某一词族。当我们懂得 fahren 一词是带有字母 h 的，那么由"fahr-"嬗变或派生出来的词也就有了这个 h 的"遗传"基因。我们在书写时就要始终把握这一关: abfahren, erfahren, befahren, Gefahr, Fahrzeug, fuhr, gefahren。这一类词有很多：

- befehlen – befiehl – befahl – befohlen
- empfehlen – empfiehl – empfahl – empfohlen

- fliehen – floh – geflohen
- sehen – sieht – sah – gesehen

（4）变音

为了使词和词的构造一方面在阅读时能迅速被分辨出来，另一方面保持书写的稳定性，德语的书写在很大的程度上以书写相同的词干为原则。当然一些单词因出现变音而改变了发音，但是在阅读或书写时去掉变音因素，读者还是能容易识别或写出其词干,如 ich fahre，du fährst，er fährt。

德语词汇通过变音保持书写的基本一致是词干书写原理的表现，变音运用频繁，如 Wald，Hand 的复数为 Wälder，Hände；Arzt 的阴性为 Ärztin，复数为 Ärzte；Not 的形容词为 nötig；Kunst，rauben 可派生出 Künstler，Räuber。

3. 音节书写原理

语言学的研究证明，德语从语音到字母的转换过程中，音节书写起到重要作用。音节书写的关键在于确定词中音节元音是发长音还是短音，运用音节书写原则便能有效地实施从语音到字母的转换。音节书写原则包括：

（1）长音标记

所谓长音标记是指词干中的元音需发长音的提示信号。识别长音标记能提高书写的正确率。那么有哪些长音标记呢？词干中一重读元音后无辅音，此元音必为长音，如 da，du，so，zu，Klo，wo 等。词干中 h 的出现在标记长音的同时也有标记音界的作用，例如 Mü|he，dro|hen。如果词干重读元音后只有一个辅音，元音有发长音或短音的可能，而元音长、短的质量决定其后辅音字母的书写，即单写或双写，如 eben，Ebbe；beten，Betten；Koma，Komma。

（2）辅音字母双写

根据新正字规则，一个单词符合下列条件时辅音字母要双写：

词干中重读短元音后仅有一辅音，那么这个短元音通过双写其后的辅音字母来作为元音短读的标记。

德语里有不少词汇以这一规定进行书写，如：

- Ebbe，Paddel，Affe，Wolle，Sonne，Kontrolle，immer
- denn，wenn，dann，wann，üppig，starr，knurren，hell
- hätte，wessen，Prämisse，hassen，generell，Galopp
- Teller，Pudding，Herr，dumm，Griff，Roggen，
- Latte，Schlüssel

（3）ß 和 ss 的区分

ß 和 ss 的书写在新正字法中有明确定论，这一点在此次书写规则的改革中颇引人注目。以往我们在阅读或书写时遇到 ß 的概率要比 ss 大得多。而现在则要更多地适应 ss 的书写方式，即短元音后要写 ss，长元音后则写 ß。连词 daß 现写为 dass，而冠词和代词 das 虽然元音读短音，但书写仍然不变，以至于从语音上还难以区分 dass 与 das，只能从语法上来作出判断。

4. 语法书写原理

书写成 das 还是 dass 不能从语音上来辨别，只能从它们的语法功能来定夺，作连词用时写 dass，其他情况下写成 das。例如：

- Ich glaube，dass du Recht hast.
- Dieses Wort，das häufig falsch geschrieben wurde，bleibt weiterhin ein Hindernis in der deutschen Rechtschreibung.

语法书写原理在区分大小写方面和逗号的运用方面起到重要作用。如句首和名词要大写；从句与主句之间用逗号隔开等等。

5. 语义书写原理

在连写还是分写层面，语义辨别会对我们的书写有较大帮助，比如我们在论述分写、连写那一节所列举的 sitzenbleiben，sitzen bleiben。在分、连写范畴，还有其他的规则也需通过语义辨别来

区分分、连写的。比如说，如果一个搭配中的第一部分具有加强或减弱第二部分意义的作用，那么这个搭配往往作为组合词要连写。

- bitter-（bitterböse，bitterernst，bitterkalt）
- brand-（brandneu，brandaktuell，brandheiß）
- dunkel-（dunkelblau，dunkelrot，dunkelblond）
- erz-（erzkonservativ，erzfaul，erzübel）
- hoch-（hochinteressant，hocherfreut，hochgiftig）
- hyper-（hypermodern）

至此，我们已对如何普及德语文字书写知识初步提出了两大设计思想。至于教材与课堂如何进行具体操作，还需在此基础上做进一步的细化研究与归纳，这也是我们下一步的应用研究课题。

四、结束语

德语是个词形多变的字母语言，其词形变化的规则繁杂而严谨。德语的句子结构以动词谓语为核心，谓语部分往往又形成一个框架结构。在语言交际中，不管是借助语音媒介还是文字媒介，在把握句子整体结构框架的同时，又必须考虑每个单词的细节变化，即性、数、格的变化。在文字为媒介的交际中，除需考虑性、数、格的变化外，还要考虑到词的大、小写，连写与分写，使用标点符号等问题。这就是说要照顾文字正体规范的方方面面。

不难看出，就德语语言交际本身而言，它好比是一场足球比赛：一个好的球队要以核心队员关照整体布局，进行赛场全面调控；同时又必须发挥每个队员各自的能动作用，让其释放各司其位的鲜明个性。

正是由于整体与个体间有着千丝万缕、息息相关的联系，外语教学要尽量照顾学习环节的方方面面，以避免陷入顾此失彼的窘境。对德语作为外语的教学来说，课堂教学和基础教材要有序归纳介绍文字的正体规范和书写原理。从整体角度看，这些操作有益于学习者的语言修养的培养；从词汇习得的角度看，这些举措能大大增强学习者判断词形与词义的灵敏度，从而提高阅读与书面交际的质量。

总之，德语教学与文字正体规范接轨，不但符合语言文字不断朝着易读易识、易记易写的演变趋势，而且更能充分体现出语言学习不仅仅是模仿一种习惯，并使这一习惯变成自己的习惯，这意味着语言学习可以散发理性的光彩，而正是理性赋予了人类创造力。语言无穷尽，就是思想无穷尽，就是创造力无穷尽。而语言学习的最高境界恰恰就是培养创造性思维。

参考文献

[1] Baer，D. u.a.（Bearbeiter）. *Der GroßerDuden: Wörterbuch und Leitfaden der deutschen Rechtschreibung*（18. Neubearbeitung）. Leipzig: VEB Bibliographisches Institut，1986.

[2] Drosdowski，G. u.a.（Hrsg.）. *Duden – Rechtschreibung der deutschen Sprache*（21. Auflage）. Mannheim; Leipzig; Wien; Zürich: Dudenverlag，1996.

[3] Eisenberg，P. u.a.（Bearbeiter）. *Duden – Grammatik der deutschen Sprache*（6. Auflage）. Mannheim; Leipzig; Wien; Zürich: Dudenverlag，1998.

[4] Fuhrhop，N. *Orthografie.* Heidelberg: Universitätsverlag Winter，2005.

[5] Lübke，D. *Fehlerfrei schreiben – Wörterbuch für die Schule.* Berlin: Cornelsen Verlag，1996.

[6] Wermke，M. *Rechtschreibung für Dummies*（2.Auflage）. Weinheim: WILEY-VCH Verlag，2011.

[7] Wermke，M. u.a（Hrsg.）. *Duden – Die deutsche Rechtschreibung*（24. Auflage）. Mannheim; Leipzig; Wien; Zürich:

Dudenverlag，2006.

[8] 伯哈. 现代德语学习词典（PONS Großwörterbuch Deutsch als Fremdsprache）[M]. 上海：上海外语教育出版社，2009.

[9] 陈壮鹰. 德语综合教程 1[M]. 上海：上海外语教育出版社，2007.

[10] 荷 特 西. 德 语 学 习 词 典 — 德 汉 双 解 （PONS Basiswörterbuch Deutsch als Fremdsprache）[M]. 北京：外语教学与研究出版社，2003.

[11] 华宗德等. 德语新正字法精要[M]. 上海：上海外语教育出版社，2004.

[12] 华宗德，华蓉. 试论"德语正字法改革" [J]. 国外语言学，1997（4）.

[13] 黄克琴. 德语综合教程 2[M]. 上海：上海外语教育出版社，2008.

[14] 孔德明. 德语综合教程 3[M]. 上海：上海外语教育出版社，2008.

[15] 梁敏，聂黎曦. 当代大学德语 1[M]. 北京：外语教学与研究出版社，2008.

[16] 梁敏，聂黎曦. 当代大学德语 3[M]. 北京：外语教学与研究出版社，2011.

[17] 刘炜，魏育青. 德语国家社会与文化[M]. 上海: 上海外语教育出版社，2012.

[18] 聂黎曦，梁敏. 当代大学德语 2[M]. 北京：外语教学与研究出版社，2011.

[19] 聂黎曦，梁敏. 当代大学德语 4[M]. 北京：外语教学与研究出版社，2009.

[20] 魏育青，范捷平. 德语综合教程 4[M]. 上海：上海外语教育出版社，2009.

[21] 叶本度. 朗氏德汉双解大辞典[M]. 北京：外语教学与研究出版社，2004.

[22] 叶本度. 朗氏德汉双解大辞典（修订版）[M]. 北京：外语教学与研究出版社，2010.

[23] 俞宙明. 德语正字法改革的困境和出路[J]. 德国研究，2006（3）.

[24] 张国生等. 德语书写新规则入门[M]. 上海：同济大学出版社，2003.

[25] 张国生等. 德语正确书写精要—德语最新正字法规则解析[M]. 上海：上海译文出版社，2010.

[26] 张国生，尤岚岚. 德语文字改革之改革发展与现状[A]. 张春柏. 华东师范大学外语论丛，第一辑[C]. 上海：上海译文出版社，2010.

[27] 张鸿刚等. 德语新正字法与标点符号[M]. 北京：外语教学与研究出版社，2005.

The adapting of German teaching to the German Orthography

Zhang Guo-sheng   You Lan-lan

Abstract: German teaching is starting to adapt itself to the evolution of German language in our country, however, the mismatch of compiling teaching material and dictionaries to the language evolution still exists. This article discussed the meaning of adapting teaching to the Orthography; brought up a design idea of how to put Orthography into teaching material or dictionary compiling, including the major element of German Orthography, and the foundation it relies on. This article also summarized the basic rule of the German spelling, consequently emphasized that the language is evolving to the way of easy reading, easy recognition, easy remembering and easy spelling, in some specific teaching activities, such as word learning or spelling.

Key Words: German teaching; orthography reform; orthography; spelling principle

英语 VP 习语的句法流动性及其理据

桑紫林　周小勇

摘要：VP 习语在英语习语中占据相当大的一部分，而且其中一部分在句法上具有流动性，据此标准可以将 VP 习语分为固定习语和可移动习语。本文试图通过前人在这方面研究的总结与思考，找出 VP 习语可移动性的内在理据，从而为英语学习者乃至词典编纂方面提供便利；并提出超越语言本体，运用认知心理学的观点来解决习语可移动性的问题。

关键词：流动性；句法透明性；隐喻性语义合成；主题合成

一、引言

习语是语言中不可或缺的一部分，但是长期以来对词汇学的研究却忽视了对习语的研究，尤其是对习语功能的研究（Fernando，2000）。习语的定义纷繁复杂，很难加以统一，现举两例加以说明：

1. 习语是指某一个语言单位或者是一系列单位的组合，它的语义并不是其组成单位的意义的合成。（Fraser，1970：22）

2. 习语就是给一组由不同意义的词汇组成的词语赋予新的含义。（Makkai，1975）

类似的定义还有很多，主要都是从语义解释的角度对习语加以诠释。这种定义方法对语义理解一目了然，指出了习语语义的特殊之处，但也不无瑕疵：如果依照这一原则，英语中只能存在一小部分习语（Cowie etc，1983），这与英语中习语的实际数量是矛盾的。同样，这一定义也不能解释比喻性的习语（figurative idioms）的运作机制。虽然习语定义难以统一，但是习语的几条基本特征都已经为众多学者接受，那便是合成性、习俗化以及语义模糊性（Fernando，2000：3）。

语义上的特征得到了比较深入的研究，但是其他方面的研究似乎仍然捉襟见肘，习语的句法研究长期游离于主流的研究，其原因在于西方的语言学界更多地关注语言中的规则表达式，而轻视习俗化的语言。毋庸置疑的是，习语与非习语性的短语在句法上拥有很多相似之处。Jackendoff（1997）指出习语拥有自身内在的语言结构，包括句法、语义、形态和音韵。笔者认为只有从这些内在的特征出发才能更好地了解习语的一些外在特征，才能对习语有一个较为科学的分类。

习语可以简单分为固定习语（fixed idioms）和可移动习语（mobile idioms）。习语的这一特征对其使用会产生很大的影响，因为有些习语的构成部分以及句法特征是不允许有任何变更的。而针对这一特性的研究会对习语的语体特征、习语的用法、第二语言习得与教学以及习语词典的编纂都产生比较大的影响。

Papagno & Genoni（2004：372）指出："尽管习语之间的差异很大，但是它们只能拥有有限的句法结构。"英语习语中的 VP 短语占据相当大的数量，而且其句法特征具有很大的可移动性。Papagno & Genoni（2004）认为，VP 习语能够接受句法和语义变更。本篇旨在研究导致 VP 习语这一特性的内在动因，从而指出其在具体运用中的句法特征。

二、VP 习语的句法可移动性及其原因

1. 固定习语与可移动习语

所谓的固定习语归属于通常所说的纯习语（Pure idioms），具体落实到 VP 这一类，它具有自己的特征：这一类习语不能自由接受句法操作，否则会影响其习语意义，导致其不可接受，如 kick the bucket，fly the coop，keep one's head above water，等等。虽然这些习语可以接受一定的语法变化，如时态和体的变化，但是其变化幅度较小。在不影响语义的情况下，这类习语难以接受更为灵活的句法变化，如被动语态。现以 kick the bucket 为例加以说明：

1）Old Mr. Jones kicked the bucket just two days before his ninety-fourth birthday. （Makkai，1975）

2）*The bucket was kicked by Bill last night.

以上例 1）中的 kick the bucket 用的是过去时态，习语语义得以保存；但是例 2）中该习语接受了被动语态，习语就失去了其习语意义，导致该句与例 3）等义。

3）The pail was kicked by Bill last night.

然而，可移动习语却并不会因为以上的句法操作而导致语义缺失、变形，这也正是可移动习语的区别性特征。如：

4）Some differences are of a kind that cannot，and should not，be sunk: differences on moral grounds，for instance. （Wood，1973）

5）His hopes of retiring at an early age were dashed by the news. （ibid.）

6）The hatchet was finally buried after years of fighting.

以上各例的习语均为可移动习语，均能接受被动语态而不产生意义变更。那么究竟是什么因素导致这一差别呢？换言之，VP 习语句法移动性的理据何在？

2. 对 VP 习语可移动性的诠释

Ⅰ 句法透明性（syntactic transparency）

通过仔细观察比较以上例子，就会发现可移动习语在句法上同它们的非习语的解释非常相似，有人（Jackendoff，1997）将这种特性称之为透明性，认为只有句法透明的习语才能接受被动语态，而句法模糊（opaque）的习语则句法相对固定。如：

7）keep tabs on NP = maintain surveillance of NP

8）spill the beans = reveal a secret

9）lay one's cards on the table = make one's feelings known

10）kick the bucket = die

例 7）到例 9）都是句法透明的习语，它们释义的句法结构直接映射到习语的句法上，两边的句法结构极为相似。如例 8）spill 为及物动词，后加一名词短语，可以表示为 V+NP，而其释义 reveal a secret 的句法结构也是一样，因此这个短语在句法上能够相互映射，所以说其是透明的。而例 10）就不一样，kick the bucket 的结构是 V+NP，而 die 只是一个不及物动词，因此两者句法不具备——对应的映射关系。以上这一观点是通过句法特征来解释习语的固定性与可移动性，具有一定的说服力，但是并不是习语移动性的充分条件。如：

11）give the lie to（A）= show（A）to be a falsehood；kiss ass= curry favor

12）*The lie was given to that claim by John.

13）*Ass was kissed by most of the employees.

尽管例 11）中的两个习语同其非习语解释的句法结构相同，都具有所谓的句法透明性，但是其句法仍然是相对固定的，不能接受被动语态等操作。笔者认为问题的原因在于透明和模糊的概念界定上：语言中的透明和模糊只是一组相对的概念，两者之间存在一个连续体，临界部分本身就很模棱两可。另外，格式塔心理学中的完形结构（Gestalt）也对习语的认知产生一定的影响：固定习语通常被接纳为一个统一的整体，即图形和背景的合一，因此语义句法单一，无法接受进一步的变更；而在可移动 VP 习语中，其句法成分在认知上被独立编码，但相互联系，同时各部分可以相互切换（在认知中表现为图形和背景的相互交替），达到句法上的突显效果。由此可见句法透明性不是对所有的可移动习语有效，不具有普遍性，因此为了寻求合理的解释，我们必须超越单纯的句法层面，深入语义层面去寻求合理性的解释。

II 合成性（property of composition）

Nunberg 等认为可移动性习语具有合成性这一特征，指的是习语意义是由其组成部分的隐喻所指赋予的，他们指出这类习语"由字面意义向习语意义的映射过程与习语构成成分的解释过程是同形同构（homomorphic）的"（Nunberg etc，1994: 504）。如"pull strings"的习语意义中保留了"pull"动作的部分属性。换言之，Nunberg 等试图将习语的语义按照其释义肢解开来，由此归纳出合成性。从本质上说，这是一种语义方法。Nunberg 等也列举了一些例子来加以说明：

14）add fuel to the flames/fire= introduce additional provocative factors to a situation

15）open the floodgates= open（remove）barriers

16）lose one's mind= become insane

17）drop a bomb= introduce an unpleasant surprise

确实其中的一些习语可以变为被动语态，同时也不会丧失习语意义。如：

18）The bereaved woman is stunned and withdrawn，but presently the floodgates are opened and natural grief has its way.

19）Fuel was added to the fire by his belligerent behavior.

但是例 16）和例 17）都是不能有语态变化的，有的话也只能保留字面意义，习语意义完全丧失，或者不符合英文的表述习惯。如：

20）*A bomb was dropped to Jim by his colleagues on that party.

21）*Her mind was lost on hearing her son's death in the traffic accident.

以上两例在英语中是难以接受的，但是 Nunberg 等对这种由可移动习语带来的语义和句法异常现象并未提供合理解释。由此可见，合成性也不能很有效地解释习语的可移动性。

值得一提的是，Nunberg 等进一步地论述了双重被动（double passives）这一概念。他们将被动分为内被动（inner passive）和外被动（outer passive），并指出部分习语可以兼有两种被动形式，而有的习语则只能拥有其中一种被动形式。同时兼具两种被动形式的例子如下：

22）take advantage of = acquire a favorable position at the expense of/by means of

a: Advantage was taken of Fred by everyone.

b: Fred was taken advantage of by everyone.

23）keep tabs on = retain information on

a: Tabs are kept on criminals by the FBI.

b: Criminals are kept tabs on by the FBI.

他们将上述例句中的 a 类称为内被动，b 类称为外被动，并试图通过对这些表达赋予不同的词汇入构项（lexical entries）来解释这一现象。他们认为内被动和外被动的词汇入构项可以分别表示为：V NP 和[V NP] PP。同时具备两种词汇入构项的习语则可以接受内被动和外被动，以上两例可以佐证这一理论。这一解释具有一定的合理性，但是仍未能全面解释所有此类习语的句法表现。Horn[9]指出这一理论并不能解释某些习语，尽管这些习语表达符合他们所提出的合成性而且拥有两种词汇入构项，但是往往只能拥有外被动形式。如：make a fool of somebody。

24）John was made a fool of by the girls.

25）*A fool was made of John by the girls.

所以说 Nunberg 等人的理论不是习语可移动性的充分条件。但是他们提出的词汇入构项的研究方法却为后来的研究奠定了坚实的基础，Jackendoff 对习语活动性的研究就是受到他们的深刻影响。

III 隐喻性语义合成性（metaphorical semantic composition）

Jackendoff（1997）专辟一章讨论习语的句法移动性，他的分析是建立在 Nunberg 等人（1994）的基础之上的。他认为可移动习语拥有某种隐喻性语义合成性：拥有这种特性的习语句法上可以切分为多块，而且这些句法条块对应于该习语释义的句法结构。固定习语不具备这一性质。Jackendoff 指出的这一特性与 Nunberg 等人提出的合成性是相像的，只不过更多地借助于句法规则来阐释习语的句法表现而已。从句法的角度来寻求合理的解释是可取的路子，Papagno & Genoni（2004）对失语症患者对习语理解的研究发现，句法能力和语义能力一样会对隐喻理解产生很大的影响。同时 Jackendoff 吸收了 Nunberg 等人关于词汇入构项的论述，认为固定习语与可移动习语的句法表现的差异可以由它们在词汇入构项中的编码差异来解释，他利用这种分析方法指出了两种习语的根本差别：

（1）　Kick the bucket　　　　（2）　Bury the hatchet

例（1）中整个习语被编译成单一的 VP 结构，因此整个习语的释义只能作为一个整体，即"die"的含义；但是例（2）中的习语却被编译成两个部分，将其动词部分与名词部分相分离，作为相对独立的成分，其中的 NP 就可以从中提取出来，从而允许整个习语句法上的可移动性。Jackendoff 认为习语如果具有隐喻性的语义合成性，就可以赋予其例（2）中的词汇入构项，就可以归类为可移动习语；而缺失这种性质的习语只能赋予例（1）中的词汇入构项，归类为固定习语。以下分别是两组依此性质划分的习语：

26）a: bury the hatchet = reconcile/end/settle a disagreement

b: draw the line = establish a limit; make/enforce a distinction

c: sink differences = eliminate/get rid of differences

27）a: fly the coop = escape

b: kick the bucket = die

c: smell a rat = become suspicious

由于赋予的入构项的不同，从而例 26）中的习语都具有句法移动性，例 27）中的例句则相对固定，无法接受句法变更而不影响其习语意义。如以下例句在英语语法中都是不可接受的：

28）*The coop was flown by the cat thief.

29）*A rat was smelt by the Cabinet about the conspiracy.

可以说 Jackendoff 的观点是对前人关于习语的句法移动性研究的一个总结与升华，因为他意识到单纯地运用语义规则或者是句法规则都无法合理解释这一现象，而只有通过两者的有机结合才能给与较好的诠释。但是他本人也注意到隐喻性的语义合成这一性质并不能作为解释 VP 习语句法移动性的充分条件，因为部分具备这一性质的习语仍不能接受被动形式。如：

30）raise hell = cause a serious disturbance

*Hell was raised by Herodotus.

同时，Horn（2003）列举了大量的例句，指出隐喻性的语义合成并不能作为习语句法移动性的充分条件。

31）a: kiss ass = curry favor

b: hit the hay = go （to） bed

c: screw the pooch = bungle a task

以上例 31）中的习语都具备隐喻性的语义合成性，理应能够允许句法的移动，但是真实的语料与之矛盾：

32）a: *Ass was kissed by most of the employees.

b: *The hay is hit by Fred every night at 8:00 PM.

c: *The pooch was really screwed by Joe this time.

既然 Jackendoff 的解释仍不够全面，不具有普遍性，就必须去寻找其他合理的诠释，Horn 提出了主题合成的概念，对 Jackendoff 的隐喻性的语义合成性进行了有效的修订。

IV 主题合成性 （thematic composition）

Horn（2003）首先总结了 Jackendoff（1997）的观点，指出其中的不足，然后提出可以用主题合成这一概念来取代他的隐喻性语义合成，使得这一理论更加具有说服力。Horn 认为，如果某一习语表达的字面意义中动词的主题结构与习语意义中动词的主题结构相似的话，就可以认为该习语具有主题合成性。而所谓的主题结构就是动词赋予其 NP 谓元的一套语义角色。这种观点糅合了语义与句法两套规则，语义规则体现在字面意义与习语意义的区分以及动词与其 NP 谓元的语义关系上，句法规则体现在动词对 NP 的句法限定上，因此可以说是承启了 Nunberg 以及 Jackendoff 等人的观点。那么主题合成性是如何具体体现在习语表达中的呢？下面以两例加以说明：

33）let the cat out of a bag = reveal a secret

34）take a back seat = assume a secondary role

let out 的字面意义就是"放出"，如果我们放出某物，就是使该物体可见，也就是 be revealed。let out 的字面意义"放出"以及其习语意义"reveal"都赋予各自的 NP 类似的语义角色。又如 take 的字面意思在这里是指"占据"，与其习语意义"assume"相仿，譬如我们也可以说 take a secondary role；而且两者都带有 NP 作为宾语，赋予该 NP 谓元相同的语义角色。Horn 认为正是具备了这一特性，类似的习语才能允许其成分移动，从而拥有句法变体形式。如：

35）The cat was let out of the bag.

36）A back seat was taken by Clinton during the election of 2000.

而固定习语不具备这一属性，如 kick the bucket （= die）等。首先这一习语包含三个成分，即 V，Det 和 N；而其习语意义只有一个成分，即"die"。还有其字面意义与习语意义的主题结构也是完全不同的：在其习语意义中，"die"只是一个不及物动词，只能有一个 NP 作为它的主语，也就是说只能赋予其 NP 主语的语义角色；而其字面意义可以有二项谓元，即可以同时赋予其 NP 主语和宾语两种语义角色。如此该习语就不具备主题合成这一性质，因此不具有可移动性。Horn 因此断言，在所有的固定习语中，动词的字面意义以及其主题结构不同于其对应的习语意义中的动词成分的意义以及这一动词成分的主题结构，而且这种分歧是不可预知的。

Horn 运用这一理论解决了先前的一些相关理论所无能为力的一些难题。上面例 31）中的几个习语，根据 Jackendoff 的观点，都具备隐喻性语义合成的属性，但是却不能有句法变异，Jackendoff 本人未能给与合理的解释，因此动摇了他的理论构建。Horn 提出主题合成性在以上三例中的缺失是其中的根本原因。hit the hay 中 hit 的字面意义与其习语意义"go（to）"相去甚远，而且各自赋予其 NP 谓元的语义角色是不同的，因而导致各自的主题结构也迥异。同样，我们再来看 Horn 列举的一个例子：

37）Grasp the nettle = confront an unpleasant situation

首先，grasp 的字面意思是指"抓住"（take hold of），但是其习语意义"confront"似乎与此无关；同时，字面意义和习语意义与各自的 NP 宾语的语义关系是不一样的。由此可以得出这一习语不具备主题合成这一属性，刚好可以解释以下例句的不可接受性：

38）The nettle was grasped by Bill.

同样，这一理论可以用来解释以上例 13）、20）、21）中的不合乎语法的句法变异。总体说来，Horn 的理论在已有解释的基础上有所进步，具备了较强的诠释力度，尽管其仍然不能解释法语中的一小部分习语的句法变更行为。但是 Horn 本人也声称主题合成性能否作为习语移动性的必要条件还悬而未决。

笔者认为，Horn 的理论在实际操纵中主观性过强，会影响分析结果可信度。而且对移动性的研究最终要回归语言使用者的认知差异，即人们如何在认知单元中对两类习语进行编码。值得一提的是，Horn 深入了自己的研究工作，同时运用主题合成性和语义透明性作为两条标准，将可移动习语继续分为两个次类。他认为有的习语的解释同其字面意义非常相似，甚至可以认为习语意义就是字面意义的隐喻性延伸，它们的动词（V）或者名词短语（NP）在其他的语境中也同样可以有类似的隐喻性延伸。他将这一次类称之为隐喻（metaphor）。这一类习语的解释可以通过正常的语法程序，将习语中的 V 和 NP 所对应的隐喻性的延伸意义组合起来。这一类习语在移动性上基本不受制约。如 pull strings，beat swords into plowshares，swallow the line，take a back seat，find skeletons in one's closet，等等。另外一类则不具备透明性这一特征，在移动性上受到更多的制约。在这一类习语中，NP 一般只有同其对应的 V 连用时才具备习语意义，通常不能独立使用而表达习语意义，如 let the cat out of the bag，bury the hatchet，spill the beans，break the ice，等等。在这些例子中，the cat，the hatchet，the ice，the beans 通常只能表达字面意义。这一类习语就是缺乏语义的透明性，因此对其动词具有依赖性，所以不具有句法可移动性。

三、结语

　　此类研究从习语的深层结构入手，试图找出 VP 习语句法移动性的内在理据，具有很高的理论价值。首先，能够加深对习语乃至对语言本身的理解，能够使语言学习者通晓习语内部的工作机制。另外其实用价值也不可忽视，尤其是对词典编纂具有很深的影响。Fraser 对习语的转换行为从六个层面作了较为深入的研究，其研究成果被运用于习语词典的编纂上，在《牛津现代英语习语词典》（*Oxford Dictionary of Current Idiomatic English*）和《朗文英语习语词典》（*Longman Dictionary of English Idioms*）上得到运用。这对英语学习者尤其是第二语言学习者学习英语习语产生了巨大的影响，有效地解决了第二语言学习者学习习语的困难，即不知道在何种场合如何使用习语的尴尬局面（Seidle & McMordie，1978）。有了词典的指导，学习者就不必等到说本族语的人在某一自然场合运用之后（Makkai，1975）才斗胆一试了。笔者本人所能接触到的习语词典中，目前明确指出了习语能否用于被动语态的尚不多见，其中 Frederick T. Wood 主编的《英语动词习语词典》（*English Verbal Idioms*）就是其中之一。秦秀白主编的《当代英语习语大词典》有些词条也进行了标注，这对中国英语学习者来说是大有裨益的。

　　另外此类研究还可以继续深入下去，不应该局限于 VP 习语以及句法移动性，可以继续探索、研究 Fraser 所指出的几个层面，从习语的功能以及认知入手等等。研究绝非罗列现象，而要试图找出其转换的内在动因。另外，习语的研究应该从语言描述上升到解释这一层面上，而要实现这一超越，除了传统的语言的本体研究，即用语言来解释语言现象（通常会产生循环论证的怪圈），有必要引入其他学科尤其是认知心理学的观点，从人的理解出发，这才是习语研究最终的路径。

参考文献

[1] Fernando，Chistra. 2000. *Idioms and Idiomaticity* [M]. Shanghai: Shanghai Foreign Language Education Press.

[2] Fraser，B. 1970. Idioms within a transformational grammar. [J]. *Foundations of language*，6: 22-42.

[3] Makkai，Adam. 1975. *A dictionary of American idioms* [Z]. NY: Barron's Educational Series.

[4] Cowie，A. P.，Mackin. R & McCaig，I. R. 1983. *Oxford dictionary of current idiomatic English*，*Vol.2: Phrase*，*Clause and Sentence Idioms* [Z]. Oxford: OUP.

[5] Jackendoff，Ray. 1997. *The Architecture of the Language Faculty* [M]. Cambridge，Mass: MIT Press.

[6] Papagno Costanza & Annalisa Genoni. 2004. The role of syntactic competence in idiom comprehension: a study on aphasic patients [J]. *Journal of Neurolinguistics*. 2004（17）: 371-382

[7] Wood，T. Frederick. 1973. *English Verbal Idioms* [M]. London: Macmillan.

[8] Nunberg，G.，Sag，I. & Wasow，T. 1994. Idioms [J]. *Language*，1994（70）: 491-538.

[9] Horn，M. George. 2003. Idioms，metaphors and syntactic mobility [J]. *Journal of linguistics*，39（2）: 245-273.

[10] Seidle，Jennifer. & W McMordie. 1978. *English idioms and how to use them* [M]. Oxford: OUP.

On Syntactic Mobility of English VP Idioms and its Motivation

Sang Zi-lin　　Zhou Xiao-yong

Abstract: VP idioms claim a considerable part in English idioms. Some of them enjoy the attribute of syntactic mobility according to which idioms can be categorized into fixed and mobile idioms. This paper intends to find out the motivation for the mobility through summarizing and reconsidering the previous studies with the final aim of better serving English learners as well as dictionary-compilers. It's also recommended that cognitive approaches could possibly be introduced into such studies.

Key Words: mobility; syntactic transparency; metaphorical semantic composition; thematic composition

关于日语接续词"それとも"的考察

吴红哲

摘要：本文借助电子语料收集的大量实例，对接续词"それとも"所能连接的前、后项的句子语气类型的范围进行了全面、详细的考察。经过考察发现，它所能连接的前、后项除了疑问形式外，其实还有各种各样的语气形式。用"それとも"连接的句子可分为两类：一类是表示选择关系的复句，是通常所说的选择疑问句；一类虽然也表示某种选择关系，但并非是复句，而只是一个句群。

关键词：选择关系；语气类型；复句；句群

一、问题的提出

一般认为表示选择的接续词"それとも"有别于同样表示选择的"あるいは"、"または"、"もしくは"等其他接续词之处在于它只能连接带有疑问助词"か"的选项。如森田（1989）认为"それとも"只能以"Aか それとも Bか"形式连接两个疑问项。伊豆原（2005）认为「「それとも」がつなぐ二つの項はいずれも助詞「か」を必要とし、それ以外の形はない」。甲田（1996）也认为「「語カ、ソレトモ語カ」のように「カ」が必要となる。「ソレトモ」は、語レベルの結合においてだけでなく、句や節、文の接続の場合にも、「ソレトモ～カ」という構造をとる」①。

可以说上述先行研究都认为"それとも"的使用需要满足"A か それとも B か"这一结构，但是我们在实例中发现大量并不满足上述结构要求的"それとも"的用法。例如：

（1）伸子は複雑な表情で三枝を眺めた。部長から平へ格下げになったというのに、この人は何だかえらく楽しそうだ。それとも、これも昨夜の柳と、同じ口だろうか？

（『女社長に乾杯』）

（2）なんです？……どこかで下水の掃除をやっているのかな？それとも、廊下にまいた消毒液と、先生の口から出るにんにくの分解物とが、なにか特殊な化学反応をおこしているのかもしれない……。（『砂の女』）

（3）「そりゃあ、生唾だって嚥みこむだろう。それとも、嗚咽の一歩手前のところであったかも知れんな」　　（『黒い雨』）

上述例句中"それとも"所连接的分别是"非疑问形式/疑问形式"（例句（1））、"疑问形式/非疑问形式"（例句（2））、"非疑问形式/非疑问形式"（例句（3））。

本文基于以上事实，在借助电子语料收集整理大量实例的基础上，详细地探讨"それとも"所能连接的前、后项句子语气类型的范围。

---

① 因为甲田（1996）没有对「ソレトモ～カ」进行详细说明，我们无法判断是否包括类似例（1）的用法，但至少没有包括类似例（2）（3）的用法。一些权威的辞典对"それとも"有如下解释：「どちらかであるかを示す語」（『日本語大辞典』講談社・平成元年六月）、「ある事柄に対して、別の事柄を述べて選択させることを示す」（『日本国語大辞典』（第二版）小学館・2001），且所举例句中没有类似例（1）（2）（3）的句子。又如："前件後件ともに疑問の形をとる"（『学研国語大辞典』学習研究社・昭和五十二年）、「疑問の内容に限って用いられる」（『類語例解辞典』小学館 1993）等更明确指出"それとも"的前、后项必须是疑问形式。

二、语料说明及研究范围

本文使用『新潮文庫の 100 冊（1995）CD-ROM』、『朝日新聞』以及若干剧本等电子语料①，收集了其中"それとも"的所有例句，共计 612 例。表 1 是在各自语料中出现的从属用法和非从属用法的所有例句的统计数量及所占比例。

表 1　例句数量及所占比例

	新潮文库 100 册 CD-ROM	剧本	朝日新闻	总计（占比）
从属用法	117（29.5%）	2（3.2%）	24（15.7%）	143（23.4%）
非从属用法	279（70.5%）	61（96.8%）	129（84.3%）	469（76.6%）
总数	396	63	153	612

本文以"非从属用法"为考察对象，因为"それとも"连接的语法单位在句中充当某一成分，构成从属句时，必须以"A か それとも B か"形式构成间接选择疑问句。例如：

（4）太郎には、この男が、どれだけ、変っているのか、それとも、あらゆる男には、このような要素があるのか（が）わからなかった。　（『太郎物語』）

（5）彼女を失いたくないと僕は思ったが、その思いが僕自身の意識から発したものなのかそれとも古い記憶の断片の中から浮かびあがってきたものなのかを判断することはできなかった。

---

① 新潮文库 100 册 CD-ROM 只包括其中 67 部日文原著。朝日新闻为 2002 年至 2004 年「天声人語」「社説」「声」等栏目的部分语料。剧本包括伴一彦『WITH LOVE』等 26 部及野沢尚『結婚前夜』、三谷幸喜『古畑任三郎』、君塚良一『踊る大捜査線』、山田太一『ふぞろいの林檎たち』共 30 部。

（『世界の終わりとハードボイルド・ワンダーランド』）

（6）<u>この男は、本当にこんなに単純なのだろうか、それと</u><u>も僕を厭がらせるためにわざわざ単純さをよそおっているのだ</u><u>ろうか</u>、と僕は考えた。　（『死者の奢り』）

（7）<u>その小言が効を奏したのか、それともやはり憲兵隊の</u><u>留置が身に応えたのか</u>、峻一はそれからあまり飛行場へ通わなくなった。　（『楡家の人々』）

例句（4）、（5）中，"それとも"选择疑问句起着相当于名词的作用，并后接格助词在句中充当主语、宾语等补足成分。这时的格助词可有可无，但带格助词是它的基本形式，而不带格助词可看作是格助词的省略形式（益冈·田窪 1992）。例句（6）中，"それとも"选择疑问句充当引用从句，而在例句（7）中充当原因理由从句。

三、选项的类型

接续词"それとも"所连接的两个选项，从它的形式特点来看除"疑问形式/疑问形式"外，还有"非疑问形式/疑问形式"、"疑问形式/非疑问形式"以及"非疑问形式/非疑问形式"等类型，本文分别称作"疑问形式型"、"混合形式型"、"非疑问形式型"。

1. 疑问形式型

所谓"疑问形式型"是指前后两项都带有疑问句形式标记的句子。这一类根据其中某一选项（或两项）疑问句的类型又可分为"纯粹疑问"、"偏向疑问"和"假性疑问"。

1）纯粹疑问

"纯粹疑问"是说话者对命题的成立与否不带有任何判断倾向，中立地提出问题的疑问句。如：

（8）雨音　「（感情を抑え）普通預金になさいますか？<u>それ</u><u>とも定期ですか？</u>」

　　吉田「（屈託なく）取り敢えず 1000 円を普通預金で」
（『WITH　LOVE』）

　　（9）だが、それは相手の問題だったのだろうか。<u>それとも</u>、問題は内藤自身にあったの<u>だろうか</u>……。　（『一瞬の夏』）

　　（10）「（略）たとえば簡単な質問をしてみましょう。あんたは剛胆です<u>かな</u>、<u>それとも</u>臆病です<u>かな</u>？」「わかりませんね」と私は正直に言った。

　　（『世界の終わりとハードボイルド・ワンダーランド』）

　　上述例句的前、后项都由典型的是非疑问句构成，其主要的疑问标记是 “か”、“だろうか”、“かな” 等。在这里我们只列举了 “か/か”、“だろうか/だろうか”、“かな/かな” 这种同一疑问形式之间的组合，除此之外，它们之间还有各种不同的组合方式，在此不一一列举。

　　2）偏向疑问

　　“偏向疑问” 是说话者对命题的成立与否已有肯定性判断倾向的疑问句，日语中这类疑问句主要由 “のではないか” 疑问形式构成。

　　（11）　あの男は本当に私のために水を探しにいったのか。<u>それとも</u>私がここにいるということを誰かに密告しにいった<u>のではないか</u>。　（『沈黙』）

　　（12）　ナオミの奴はそんなことは百も承知で、口では強がりを云いながら、迎いに来るのを心待ちにしている<u>んじゃないかな</u>。<u>それとも</u>明日の朝あたりでも、姉か兄貴がいよいよ仲裁にやって来るかな。　（『痴人の愛』）

　　（13）　脳にセットしたジャンクションの機能がゆるむか焼けるか消滅するかして思考システムが混濁し、そのエネルギーの力に脳機能が耐えられなくなった<u>のではないか</u>？　　<u>それとも</u>ジャンクションに問題がないとすれば、意識の核をたとえ短時間にもせよ解放すること自体に根本的な問題があるのではないか？

　　（『世界の終わりとハードボイルド・ワンダーランド』）

　　在这些例句里，其中的一项或两项都由"のではないか"这一疑问形式构成。我们知道"のではないか"是专门表示肯定性倾向的疑问形式，它所表示的肯定性倾向并不是依赖于语境来实现的，而是语法层面的、静态的。这一点与典型的疑问形式所能表示的倾向性是不同的。典型的疑问形式构成的疑问句在语法层面上是中立的，只是受语境的影响有时表示肯定性倾向，有时表示否定性倾向，故这种倾向性是语用层面的、动态的。

　　（14）中川にはさっぱり訳が分からなかった。「誰が私を呼んでいるんですか」「お願いします」　　　　　　　（『古畑任三郎』）

　　（15）「渋々資料の整理なんかやっていますがね。尾島さんほどひどくないけど、時々腰を押えて呻いてるところを見ると、たぶん一つ二つはけっとばされたんじゃないですか」「そう……」『女社長に乾杯』

　　（14´）*誰が私を呼んでいるんじゃないですか。

　　（15´）*たぶん一つ二つはけっとばされたのだろうか。

　　如（14）、（15）及（14′）、（15′）所示，正因为"のではないか"所表示的肯定性倾向是语法层面的，因此它不能出现在特指疑问句中，而能够与表示确信度的语气副词"きっと"、"たぶん"、"おそらく"等共现，但典型的疑问形式却不能（例句前的[*]表示该句不合法）。

　　3）假性疑问

　　"假性疑问"是说话者对相关命题已有判断，是用疑问的形式主张或要求听话者证实自己判断的正确性的疑问句。如：

　　（16）電話で呼んでおいて、本人が飛んでくると、少し待てとの答だ。失礼きわまることではないか。それとも、被告あつかいをしているため、そうは感じないのだろうか。　　（『人民は弱し』)

（17）　「早く試合のポスターとチケットを送ってください
よ。そうしないと残金を振り込めないじゃないですか。それと
も百二十万はいらなくなったんですか」

　　私は軽口を叩いたが、崔は少しもその冗談にのってこない。
（『一瞬の夏』)

（18）実　「お前もそうしろって。あんなのとつき合ったっ
ていい事なんにもねえだろ？それとも、女なら、誰でもいいの
か？」

　　良雄　「（カッとなって、実を壁に押しつける）」　（『ふぞろ
いの林檎たち』)

　　这类疑问句主要由"ではないか"和"だろう"构成。前者
可以在听话者不存在时使用（如（16）），也可以在听话者存在时
使用（如（17）），而后者只能在听话者存在时使用（如（18）），
是以对话为前提派生的功能。一般把"だろう"疑问句及对话中
实现要求对方给予证实功能的"ではないか"称为"确认要求"
的疑问句，但不管实现何种功能，在命题指向性语气都是"无疑"
这一点上是共同的，因此本文把它们统称为"假性疑问"①。

　　2．混合形式型

　　"混合形式型"的其中一项由非疑问形式构成。根据由非疑问
形式构成的选项的句尾语气形式它又可分为"判断"和"祈使"
两大类。

　　1）判断类

　　判断语气有两类：一类是表示对命题的真伪判断的"真伪判

①田野村（1988）把"ではないか"分为三类。本文中的"ではないか"是指第一类，
"のではないか"是指第二类。另外，关于"ではないか"、"だろう"的用法请参照郑（1994），
宮崎（1996），安達（1999）等研究。

断语气"；一类是表示对命题的价值判断的"价值判断语气"（益冈 2002）^①。

（19）「一人にできることならおれにもできるはずだ、それともおれにはいやだとでもいうのか」「やりましょう」と与平は答えた。　（『さぶ』）

（20）化粧をしながら、「そのお坊さん、ゆうべの見残しの夢でもおもいだしたのでしょう。それとも、暑さで気が狂れているかしら」といった（后略）。　（『路傍の石』）

（21）いじめは、ゆっくりとやめるのではなく、直ちにやめるべきである。それとも、一部の中学生は、引き続きいじめられても良いというのであろうか。　（『朝日新聞』）

（22）油井がその少女に声をかけた。

「もう帰ってもいいぞ。それとも俺と一緒に帰りたいか」（『砂の上の植物群』）

例句（19）、（20）的前项句尾分别由表示真伪判断的语气形式"はずだ"和"だろう"构成，而（21）、（22）由表示价值判断的语气形式"べきだ"和"てもいい"构成。除了这些所举例句之外，"（し）そうだ"（例句（1））、"かもしれない"（例句（2））和"ようだ"、"らしい"、"みたいだ"、"（する）そうだ"等几乎所有典型的真伪判断的语气形式，以及"ほうがいい"、"なければならない"、"たらいい"等价值判断的语气形式都有实例出现。

下面这种用法，也可归为此类。请看例句：

（23）席は指定になっているから、二人があけても場所をふさがれる心配はない。それとも、網棚の荷物が気になって、女は用心のために残ったのであろうか。（『点と線』）

---

① 真伪判断语气也称"认识性语气"；价值判断语气也称"当为判断语气"或"评价语气"。

　　（24）「そうかなあ、しすぎだよ。だけど、君、思ったより粘りあるんだね。それとも、僕の手前、いいとこ見せようと思って無理してるの？」　（『太郎物語』）

　　上述两个例句里虽然句尾都没有出现特定的判断语气形式，但仍可看作判断句。例句（23）可理解为真伪判断句，而例句（24）可理解为价值判断句，是无标记形式的判断句①。

　　2）祈使类

　　"祈使"是说话者发动听话者按其要求实现某行为的"发话传递性"语气。如：

　　（25）おまえはここにくるまでのあいだに見たもののことを、もっとよく考えよ。それとも、おまえはこのままに行く気か？　（『ビルマの竪琴』）

　　（26）「騒がないで、早くおやすみなさいよ。それとも、ごはんをあがりますか？」

　　落ちついていて、まるで相手にしません。　（『人間失格』）

　　（27）　障害者の心情に対する最低の思いやりだけは持っていてもらいたい。それとも、日本の行政機関の意識水準は、所詮この程度のものなのだろうか。（『朝日新聞』）

　　动词的命令形（如例（25））以及"なさい"、"てください"（如例（26））等句尾形式是其典型的语气形式。此外，还收集到若干"てもらいたい"、"てほしい"（如例（27））等由表示愿望的语气形式派生为祈使表达用法的例句。

　　3．非疑问形式型

　　这一类型的前、后两项都由非疑问形式构成，但只收集到判断类语气形式构成的，并没有发现祈使类语气形式构成的实例。

———————————

① 关于无标记形式的判断句参见田野村（1990）以及仁田（2000），宫崎（2002）。

（28）　僕はあまりにも深く自分の中に沈みこんでいたの<u>か</u><u>もしれない</u>。<u>それとも</u>体の芯に残っていたしびれのようなものが僕を短かい眠りに誘いこんでいたの<u>かもしれない</u>。　（『世界の終わりとハードボイルド・ワンダーランド』）

（29）　だが、自分たちだけの秘密だから、大っぴらに調査するわけにはいかんのだ。<u>それとも</u>、ものがものだけに、外部に洩れては困るから、かえって躍起になってさがす<u>かもしれな</u><u>い</u>。　（『忍ぶ川』）

（30）　葬儀屋の女房になって、線香くさい飯を食うようになっている<u>かもしれない</u>。それとも、私は貧乏な外科医の若い学生と同棲して、もう生きたまま解剖してもらっ<u>てもいい</u>。(『放浪記』)

　　从所收集到的例句来看，其语气形式又主要集中在“かもしれない”这一表示可能性判断的语气形式上。共计 15 例中，前、后两项都由“かもしれない”构成的有 6 例（如例（28）），其中一项由“かもしれない”构成的有 7 例（如例（29）、（30））。

　　以上对接续词“それとも”所能连接的前、后项句子的语气类型范围的考察，其结果如表 2 所示。

表 2　各类语气类型例句数量及所占比例

		新潮文库 100 册 CD-ROM	剧本	朝日 新闻	例句 数量	所占 比例
疑问形 式型	纯粹 疑问	184	47	99	355	75.7%
	偏向 疑问	8	3	2		
	假性 疑问	8	4	-		

续表

		新潮文库 100 册 CD-ROM	剧本	朝日 新闻	例句 数量	所占 比例
混合形 式型	判断/ 疑问	53	5	20	99	21.1%
	疑问/ 判断	5	-	5		
	祈使/ 疑问	5	2	3		
	疑问/ 祈使	1	-	-		
非疑问 形式型	判断/ 判断	15	-	-	15	3.2%
	判断/ 祈使	-	-	-		
	祈使/ 判断	-	-	-		

四、结语

　　通过本文的考察，我们弄清了"それとも"所能连接的前、后项除了疑问形式外，其实还有各种各样的形式，其使用范围几乎包含所有的句子语气类型。就疑问语气类和判断语气类来讲，"それとも"所能连接的语气类型范围大致呈如下特点：从疑问范畴中的"纯粹疑问"延伸到"偏向疑问"以及"假性疑问"，并在对命题判断的"不确定性"上，"偏向疑问"与判断范畴中的"推量"相连，在对命题判断的"确定性"上，"假性疑问"又与判断范畴中的"断定"相连。

　　这些现象表明，认为"それとも"必须满足"Ａ か それとも Ｂ か"结构，是选择疑问句专用形式的认识与事实相去甚远。从本文的考察中不难发现，使用"それとも"的句子结构应分为两类：

　　①[Ａ か それとも Ｂ か]　　　　　（纯粹疑问）

　　②[Ａ（か）] [それとも Ｂ（か）]（偏向疑问，假性疑问及

混合型，非疑问形式型）

①类连接两个句子，并作为一个整体构成表示选择关系的复句，是通常所说的选择疑问句。②类虽然也表示某种选择关系，但并非是作为一个整体构成复句，而只是一个句群。在这一类中"それとも"只与后项构成整体。关于在这一类中"それとも"的特点及其功能将另文详细探讨。

参考文献

[1] 安達太郎. 日本語疑問文における判断の諸相[M]. 東京：くろしお出版，1999.

[2] 伊豆原英子. 選択の接続詞「それとも、または、あるいは」の意味分析[J]. 愛知学院大学教養部紀要，2005.3.

[3] 甲田直美. 選択を表す接続詞について[J]. 日本語教育89，1996.

[4] 田野村忠温. 否定疑問文小考[J]. 国語学152，1988.

[5] 田野村忠温. 文における判断をめぐって[M]. アジアの諸言語と一般言語学. 東京：三省堂，1990.

[6] 鄭相哲. 所謂確認要求のジャナイカとダロウ—情報伝達論的な観点から—[J]. 現代日本語研究，1994（1）.

[7] 仁田義雄. 認識のモダリティとその周辺. 日本語の文法3：モダリティ[M]. 東京：岩波書店，2000.

[8] 宮崎和人. 確認要求表現と談話構造—「～ダロウ」と「～ジャナイカ」の比較—[J]. 岡山大学文学部紀要25，1996.

[9] 宮崎和人・安達太郎・野田春美・高梨信乃. モダリティ[M]. 東京：くろしお出版，2002.

[10] 益岡隆志. 判断のモダリティ—現実と非現実の対立—[J]. 日本語学，2002（2）.

[11] 益岡隆志・田窪行則. 基礎日本語文法—改訂版—[M]. 東京：くろしお出版，1992.

[12] 森田良行. 基礎日本語辞典[M]. 東京：角川書店，1989.

On the Japanese Conjunction *SORETOMO*

WU Hong-zhe

Abstract: This article aims to explore the mood types of the sentences which can be connected by the conjunction *SORETOMO* based on large-scale examples in the electronic corpora. It is found that *SORETOMO* can be preceded or followed not only by interrogative mood，but also by all kinds of other moods. Two types of sentences which are connected by *SORETOMO* can be identified. One is complex sentences，which are usually called alternative interrogative sentences. The other is sentence groups，which also indicate the alternative relationship，but are not complex sentences.

Key Words: alternative relation; mood types; complex sentence; sentence group

美剧《生活大爆炸》中的刻意含混话语及其语用功能

余　睿

摘要：在语用学里，刻意含混是指一语多义现象。在社会语言交际过程中，说话人有意控制让话语显出多层语用含义，即使用含混话语，使话语的意义呈现出不确定性，从而达到特定的交际目的。美剧《生活大爆炸》在中国大学生人群中颇受欢迎和好评，它的成功主要归功于剧中的主要人物充分地利用了含混话语，使语言的意义呈现出多层含义，从而达到令人捧腹的幽默效果。本文试从语用学的角度来探讨《生活大爆炸》中的刻意含混的语言表现，然后再分析这种刻意含混发挥的语用功能。

关键词：刻意含混；语言表现；语用功能；《生活大爆炸》

一、引言

在言语交际中，为了达到特定的交际目的，话语的意义会呈现出一语多义的现象，形成一种语用含混现象。"含混"的英语是ambivalence，专指言语行为表达方面的模棱两可（何自然、冉永平，2009: 189-196）。本文要讨论的"刻意含混"，指说话人明知道要说什么话、表达什么意图，本可顺应语境，把想说的话语直接表达出来，但他不这样做，而是刻意说些含有两种或多种语用用意的话语，从而满足了说话人当时的交际需要。

本文以美剧《生活大爆炸》（*Big Bang Theory*）为分析背景。该剧是在 2007 年 9 月 24 日由哥伦比亚广播公司（CBS）推出的美国情景喜剧，2012 年上映第五季。2009 年 8 月，该剧赢得了电视评论协会（TCA）最佳喜剧系列奖。这是一部以"一个美女和四个科学天才的故事"为背景的情景喜剧。主人公 Leonard、Sheldon、Howard 和 Rajesh 是一群好朋友，他们精通量子物理学理论，熟悉各领域问题。但是说到日常生活，他们所掌握的那些科学原理在这里根本没有用武之地。直到有一天，隔壁搬来一位美貌开朗的女孩 Penny，以及后来出现的 Amy，性格和知识完全反差的他们令人意外地成为了好友。两个女孩和四个科学宅男的故事在中国观众，尤其是大学生中引起了强烈反响，是近两年在大学生中最受追捧的美剧之一。而该剧中的大量机智幽默的言语对话毫无疑问是其成功的主要原因。在该剧的对话中，主要人物大量刻意使用含混话语，语言表达形式呈多样性，从而维持或推动话语，让言谈交际得以延续下去，并达到特定的交际目的。

二、《生活大爆炸》中刻意含混话语的语言表现

《生活大爆炸》中的言语交际使用了大量的含混话语。在这些含混话语中，说话人通过各种各样的语言表达手段明确表达了自己的观点、意见、建议等语用信息，制造了智慧的语言对话。

1. 用陈述句表达刻意含混

《生活大爆炸》中，说话人为顺应交际的需要，常常选择陈述句来委婉含混地表达"否定"、"建议"、"警告"等语用用意，从而在交际中达到避免尴尬、保护原来的社会关系的目的。

《生活大爆炸》第四季第 3 集，Sheldon、Amy 和 Leonard 等好友照常来到 Penny 打工的饭店点餐，以下为点餐时的一段对话。

Amy: Penny，a moment. Do you have plans this weekend?

Penny: Gee，Amy，I'm actually very busy this weekend.

Amy: That's too bad. I was hoping you could be my plus-one at the Institute of Interdisciplinary Studies Symposium on the impact of current scientific research on social interaction.

Penny: I am sorry. Really sorry…

Amy:… Do you know anybody else would appreciate an all-expense-paid spa weekend at a four-star resort in Big Sur?

Penny: No. I really… I am sorry. Free what?

Leonard: I think her weekend just opened up.

Penny: Wait，wait，wait. Just to be clear when you guys say "spa"? Does that mean the same thing as when regular people say it?

Leonard: Pretty much. Except we keep our shirts on in the sauna.

Penny: You know. It is going to be difficult. But I am going to cancel my plans so I can do this for my bestie.

…

Penny: Boy，this is great. I haven't had a vacation in ages.

Sheldon: In order to take a vacation，one first has to work.

Penny: You know，for a smart guy，you really seem to have a hard time grasping the concept "Don't piss off the people who handle the things you eat".

在这段幽默对话中，Amy 邀请 Penny 参加学术研讨会，Penny 以周末有安排为由婉言拒绝。可当她听 Amy 和 Leonard 提到这次学术研讨会全程免费，并住在四星级酒店且可以享受桑拿的时候，她马上提到自己虽然已有计划，要改变很难，但是为了最好的朋友 Amy，她决定和他们一起度过周末假期。这时，在旁边等待上菜已久的 Sheldon 不耐烦地说道："想度假，先工作。" Penny 回敬道："作为一个聪明的人，你竟然不明白一个道理：不要惹怒给你准备饭的人。"面对 Sheldon 的质问，Penny 冷静地使用了一

个陈述句 "for a smart guy, you really seem to have a hard time grasping the concept "Don't piss off the people who handle the things you eat"，机智地表达了自己的态度，且对 Sheldon 进行了一个让人觉得可以接受的警告，更重要的是以刻意含混的话语保持了她和朋友间的社会关系。

2. 用祈使句表达刻意含混

由于说话人和听话人之间微妙的关系，他们常常刻意把话说得含糊其辞，用祈使语气要求听话人去做某事或不做某事，表达"同意"、"否定"或"建议"的含糊态度，从而让听话者在这种语义含混的语言表达中，对说话人的真正意图心领神会。

在《生活大爆炸》第三季第 10 集中，Howard 带他的新女友 Bernadette 参加朋友们的晚餐聚会，从而引发这样一段对话。

Howard: I told my girlfriend Bernadette she could join us for the dinner.

Leonard: Of course, the more, the merrier.

Sheldon: No, that's a false equivalence. More doesn't equal merry. If there are 2, 000 people in the apartment right now, would we be celebrating? No, we'd be suffocating.

Leonard: Sheldon. Don't "Sheldon" me.

在这个对话中，智商高于常人、精通各种物理现象和理论知识的 Sheldon 依然表现出他对社会交往的阻滞。当 Howard 兴致勃勃地带着女友 Bernadette 临时加入聚餐时，待人和蔼的 Leonard 马上表示欢迎，并说道："人越多越开心。" Sheldon 立即用一个公式反驳 Leonard 观点："这是个错误的对等关系。人越多不等于越开心。" Sheldon 进而用一个夸张的条件句指出："如果我们的房间现在有 2000 人的话，我们会开心吗？不，我们会窒息而死。"这时，Leonard 用了一个刻意含混的祈使句对 Sheldon 表现出来的待客之道表示否定，说道："Sheldon，不要 sheldon 我。" Leonard

机智地把 Sheldon 本人的名字放在一个祈使句中变为谓语动词，因为 Sheldon 很多无厘头似的语言经常让听者觉得无语、郁闷又无法反驳。通过这种刻意含混的祈使句，Leonard 向 Sheldon 表达了"不要让我郁闷"的表层含义，更深一层的含义却是坚定且委婉地表达了"我不同意你的观点"的语用用意。

3. 用疑问语句表达刻意含混

当说话人对听话人想要表达否定、不满或怀疑，但顾虑到说话时的场合和听话人的心理承受能力时，就会以含混的疑问方式向对方质问，而这种疑问的方式并不需要听话人回答，说话人的真正目的就是想通过刻意含混的疑问句式的话语表现表达自己不便明说的意思。

在《生活大爆炸》第三季第 10 集中，Howard 带他的新女友 Bernadette 参加朋友们的晚餐聚会时的谈话中还有这样一段。

Howard: I told my girlfriend Bernadette she could join us for the dinner.

Leonard: Of course，the more，the merrier.

Sheldon: No，that's a false equivalence. More doesn't equal merry. If there are 2000 people in the apartment right now，would we be celebrating? No，we'd be suffocating.

Leonard: Sheldon. Don't "Sheldon" me.

Sheldon: We ordered for five people，not six.

Penny: Oh，come on，it's fine. We'll just put it all on the table. You know，family style.

Leonard: Oh，sure. And while we're at it，why don't we put our hands behind our backs having an old-fashioned eating contest?

在这个对话中，当 Leonard 借用祈使句的刻意含糊的话语反对 Sheldon 的待客之道后，Sheldon 仍然我行我素，表示："我们就定了五个人的餐，不是六个人。"开朗好客的 Penny 为了缓和尴尬的场面，对着 Howard 和他的女友说道："来吧，没关系。我们可以把食物都放在桌上，一起吃，像家庭聚餐一样。"Sheldon 感觉已经无法阻止 Howard 女友在未先打招呼的情况下加入用餐时，他改用一个疑问句表达出自己反对的观点："当我们在家庭聚餐时，为什么不把手背在背后，来场老式的进餐大赛呢？"在这句疑问句中，老式的进餐大赛表面与让 Howard 的新女友加入他们的聚餐毫无关系，Sheldon 正是使用这种刻意含糊的话语"手背在背后，来场老式的进餐大赛"有意调控自己的言谈，但同时强烈地表达了自己的不满和不赞成。

4. 用条件句式表达刻意含混

社会交往中，交际者考虑到自己的要求和意见可能会因为直接陈述而被拒绝，用刻意含混的条件句，向听话人表达自己不愿明说的意见，让听话人去猜测说话人的见解和立场。

《生活大爆炸》第五季第二集 Leonard 要和远在印度的女友视频，于是 Sheldon 到隔壁 Penny 家打发时间，以下是一段有趣的对话。

Sheldon: Thank you for letting me stay here while Leonard Skypes with his girlfriend.

Penny: Oh，it's no problem. It's kind of nice. You reading，me reading. We are like an old married people.

Sheldon: If we were old married people，the wife would serve iced tea and snicker doodles.

Penny: I don't have iced tea and snicker doodles.

Sheldon: A good wife would go to the store.

Penny: I want a divorce.

Sheldon: Good. On the way to see the lawyer，pick up some tea and cookies.

在这段对话中，Sheldon 在 Penny 家打发时间，想让 Penny

对客人表示出应有的款待，于是，他顺应 Penny 所说的"你看书，我看书，真像是一对老夫老妻"，使用条件句的含混指出："如果我们真是老夫老妻的话，妻子就会端上凉茶和曲奇饼。"Penny 回答道："我家没有凉茶和曲奇饼。"Sheldon 接下来仍然坚持："尽职的妻子就会去商店买。"Penny 顺应这种假设关系回答说："我想离婚。"Sheldon 也顺应这种假设关系说："很好。你去找律师的路上，记得买凉茶和曲奇饼回来。"在这段短短的对话中，Sheldon 巧妙地使用了祈使句，通过这种刻意含糊的话语表现表达了自己的要求，从而在交际中避免让自己因未达到目的而尴尬。

三、刻意含混话语与语用行为

我们讨论了展示刻意含混的主要语言形式，揭示了刻意含混话语与语境之间的关系。可以说，刻意含混作为语用手段，它本身就是一种语用行为。所谓语用行为，按 Mey 的说法，是一种自己适应语境或使语境适应自己的交际活动（徐盛桓，2001）。刻意含混具有语用行为集合的特征，因而可以理解为一个语用素，这种语用素既然是语用行为的集合，它在不同的语境中可以包含两种以上的语用行为，每种语用行为含有不同的语用意义。不同的语用意义存在于不同的刻意含混话语中，实现说话人不愿直接表明意图的目的。

四、刻意含混话语的语用功能

刻意含混话语是指含有两种以上语用用意。在《生活大爆炸》中，主要人物们通过刻意含混的语言表达使言语交际达到了不同的语用功能：其一，说话人明明知道自己要表达的意图，但是为了顺应当时的社会交际的场合和语境采用不同的语言表达形式，让自己的话语呈现出两种或多种语用用意，从而满足说话人当时的交际需要，调和冲突，维持交际，避免尴尬，顾及他人感受，避免不良后果。其二，说话人用不确定的刻意含混话语表现让自己和听话人在交际中，顺应语境条件，用含糊委婉的形式表达自己的诉求、建议和观点，避免尴尬，同时达成幽默反讽的效果。

五、结论

刻意含混话语是一种特殊但普遍存在的语言现象。它不仅出现在我们日常的语言交际中，而且也出现在虚拟语言交际（电影、电视剧、戏剧等非真实语言交际）中。说话人在特定的交际语境中，为了某种意图，刻意含混地表达类似"建议"、"同意"、"否定"、"劝告"等语用用意，实现不同的语用功能，从而实现预定的交际目的。这种语言现象不仅能有效地保证社会交际的顺利进行，而且也成功地在美剧《生活大爆炸》中发挥了极其重要的作用。本文分析及论证了美剧《生活大爆炸》中的刻意含混的话语表现及其形式，并简单地探讨了刻意含混在该剧中体现的语用功能。此研究对丰富和拓宽研究各种语境下的刻意含混的话语语言现象具有一定的参考价值。

参考文献

[1] Leech，G. *Principles of Pragmatics* [M]. London: Longman，1983.

[2] Mey，J. *Pragmatics: An Introduction* [M]. Beijing: China Social Science Publishing House，Chengcheng Books Ltd. 1999.

[3] Mey. J. Polysemy and pragmatics: A pragmatic view on the indeterminacy of meaning[J]. *Revue De Sémantique et Pragmatique，Numéro* 12，2002.

[4] Mey. J. Reference and the pragmeme [J]. *Journal of Pragmatics*. 2010.

[5]何自然，冉永平. 新编语用学概论[M]. 北京：北京大学出

版社，2009.

[6]廖开洪，何自然. 刻意含混与语用行为[J]. 中国外语，2012 1.

[7]徐盛桓. 导读 [A]. Mey，J. *Pragmatics: An Introduction* [M]. Beijing: Foreign Language Teaching and Research Press，2001: 26-35.

Understanding Deliberate Ambivalence Utterances in *big bang theory*

Yu Rui

Abstract: Deliberate ambivalence is a polysemic phenomenon in pragmatics. In social verbal communication，instead of expressing themselves in a very clear and direct way，speakers may intentionally use ambivalent utterances in order to achieve specific and various communicative goals. This paper first analyzes deliberate ambivalence utterances and its linguistic manifestation in a successful American TV sitcom *Big Bang Theory*. Then，the paper discusses the pragmatic functions of the deliberate ambivalent utterances in this TV sitcom.

Key Words: deliberate ambivalence; linguistic manifestation; pragmatic functions; *Big Bang Theory*

文学翻译篇

麦卡锡主义：冷战思维的合理怪胎①

金衡山

摘要： 麦卡锡和麦卡锡主义在 20 世纪 50 年代的出现与美国的冷战思维紧密关联。麦卡锡主义代表了 50 年代美国政治生活中的一股极右翼势力，在其产生和蔓延的过程中，充分利用了早已存在的以反共、反苏为主要内容的社会中的冷战思维。同时，美国政府采取的对外冷战遏制和对内严防"颠覆"政策也给了麦卡锡一个有利时机，使其能够在维护美国利益的名义下，大行其道，其结果是对美国的"民主"和"自由"的极大讽刺，究其原因还是源自冷战思维。

关键词： 麦卡锡；冷战思维；美国；反共

在历史中，20 世纪 50 年代的美国总会和一个人以及他的主义联系在一起，这就是麦卡锡和麦卡锡主义。麦卡锡和麦卡锡主义都是冷战时代的一个特殊产物，是冷战氛围下"恐红"和反共大潮之中延伸出来的一个既怪诞又合理的附属物。麦卡锡曾经在 50 年代初的美国政治舞台上叱咤风云，呼风唤雨，麦卡锡主义在冷战遏制从国际走向国内的过程中不单单是扮演了一个推波助澜的角色，更是把这个过程推向了一种极致，从中也展示了冷战初期

---

①本文是国家社科基金项目"冷战思维与美国文学和文化"（09BWW012）的阶段性成果。

美国政治中右翼极端主义的另类作风，而这无不与冷战思维有关。

一

　　1950 年 2 月 9 日，来自威斯康星州的参议员约瑟夫·麦卡锡在西弗吉尼亚州俄亥俄县的威灵共和党妇女俱乐部上做了一个演讲。此前，麦卡锡基本上是默默无闻，此后不久，麦卡锡这个名字人皆所知，并成为了一种主义。麦卡锡的演讲内容其实很简单，主要是对杜鲁门政府的攻击，尤其是指责政府部门，特别是国务院纵容共产党分子，容许他们在国务院这么一个重要的政府部门工作，麦卡锡认为这些地方成为了隐藏共产党分子的庇护地，其结果是美国政府的一些重要情报轻而易举地到达了苏联人的手上。麦卡锡由此指责这些保护共产党分子的政府部门是叛徒，出卖了美国的利益。从作为一个共和党人的身份来看，麦卡锡对杜鲁门民主党政府的攻击可以说并没有什么特别的地方，麦卡锡的演讲原本就是共和党林肯日宣传活动的一部分①，利用这个机会对政党敌手进行一番攻击也是美国政坛上屡见不鲜的事。但是，有一点仍然值得注意，麦卡锡的讲话并不是泛泛而论，而是很有针对性，非常切近时政。在演讲一开始，他就开门见山地提到了美国遇到的一个严重问题，即二战结束到冷战开启这段时间内世界格局的变化产生了对美国不利的局面，简单来说，就是苏联势力范围的扩大，美国势力范围的退缩。麦卡锡专门用了一组数据来说明这个问题，在 1944 年时，苏联势力土地上的人口是 1 亿 8 千万，而全世界的总人口是 16 亿 2 千 5 百万，到了 1950 年苏联势力范围的人口增加到了 8 亿，而美国势力范围的人口则缩小到了 5 亿，两者一比较美国的失败似乎显而易见。麦卡锡所说的苏

---

　　① 林肯日（Lincoln Day）为共和党的宣传和募捐活动日，多在每年的 2 月和 3 月举行，期间有专人做演讲。

联势力范围的扩大实则指的是中国发生的变化，以及苏联对东欧
的控制。显然，在麦卡锡的眼中，在这种冷战格局的对峙中，美
国是处在了下风。用他的话说则是，"这表明了在冷战中共产主义
胜利的快速进展和美国的快速失败"（McCarthy in Schrecker，
1994：211），美国这个光照沙漠的"灯塔"，在二战结束时是这个
地球上最强大的国家，但是麦卡锡向他的听众这么说道："不幸的
是，我们遭遇了悲惨的失败……"（同上）。而这在麦卡锡看来，
则主要是因为美国内部出了问题。他引用了一个历史学家的话来
说明这个问题："当一个伟大的民主被摧毁时，其原因不是因为来
自外部的敌人，而是来自内部的敌人。"（同上）这个内部的敌人，
在麦卡锡的眼里，来自政府内部，是那些政府的宠儿们，他们享
受了这个世界上最富裕的国家所能给予的最好的待遇——美好家
园、一流大学，最好的工作，却在进行着一些叛国的行为。而所
谓叛国行为则主要是指对一些共产党分子的包庇，麦卡锡特别提
到了三个例子。第一个是美国国务院的中国通约翰·斯维斯[①]，
麦卡锡指责他在中国共产党和国民党政府内战期间站在共产党一
边，向美国政府建议放弃对蒋介石的支持，认为共产主义才是中
国的希望。第二个是亨利·瓦德来[②]，他曾是国务院经济学家，
在30年代曾与美共有过接触，把一些情报转交给了另外一个曾是
苏联间谍的共产党人，在麦卡锡看来这是典型的美国政府内部的
苏联间谍案。第三个例子是著名的希思案件。麦卡锡提到的这些
例子并不缘于他本人的发现，而是一些在冷战开启后反苏和反共
思潮中早已经"名闻遐迩"的事件，麦卡锡重提旧案的目的是要

---

① 约翰·斯维斯（John Service，1909-1999），美国外交官，曾在二战前和期间在中
国工作，被认为是美国国务院中的中国通，是1944年到延安的美国军队观察团的主要成
员，预测中国共产党将战胜国民党成为中国的领导者。50年代初遭到麦卡锡指控，被认为
应对美国失去中国负责，后被国务院解除公职。

② 亨利·瓦德来（Henry Julian Wadeleigh，1904-1994）

从中找出美国国务院成为包庇，甚至窝藏这些所谓的共产党分子或者是倾向共产主义者的证据，从而证明他的内部敌人要比外部敌人更加危险的理论。像国务院这些政府部门不仅仅是包庇共产党分子，而且本身也受到了共产党的极大影响，在麦卡锡看来，这是"美国快速地失败"的真正原因。由此出发，麦卡锡把矛头直接指向了时任国务卿艾奇逊，指责他支持那些"把信仰基督的国度出卖给不信神的世界"的人（McCarthy in Schrecker，1994：214）。但同时，他认为艾奇逊的行为也会激起美国民众的愤怒，他们会起来讨伐政府，直至把艾奇逊及其同伙从政府中清除干净。麦卡锡如此结束他的演讲："他已经点燃了火花，这个火花正在引燃人们的道义讨伐，直至那些让人讨厌的思想歪曲者们一个个从我们的生活中被扫除干净，直到我们有一个诚实、干净的政府为止。"（同上）

麦卡锡的这些言论代表了冷战初期美国政治生活中的右翼极端思想，反苏、反共是他的基点，从这个基点出发，通过耸人听闻、夸大其词、无中生有的言论和不择手段、打倒一切的方式谋取其政治利益（Whitefiled，1996：38）。一个典型的例子是，麦卡锡在演讲中提到他手中握有一张 205 人的名单，这些人都是国务院工作人员中的共产党分子。麦卡锡的这个演讲之所以很快让他"名闻天下"，成为舆论关注的中心，也就是因为他信誓旦旦地声明握有这份名单。但是，这只是麦卡锡耍弄的一个手段，实际情况是这个名单的数目并不确切，而且基本上是生造出来的。几天后当被要求确定这个 205 人的名单时，麦卡锡改口说他没有说过是 205 人，具体数目是 57 人。根据记者安德逊和梅尔的调查，麦卡锡所说的 205 人这个名单源自前国务卿贝尔纳斯 1946 年 7 月 26 日回复一位国会议员的一封信，贝尔纳斯在信中提到国务院一个调查委员会对 285 个被怀疑有忠诚问题的工作人员进行了调查，其中 80 个人已经辞职或者是被解雇，剩下的 205 人仍旧处于调查之中，但是如果调查结果没有问题，这些人仍可以留在国务院工作。贝尔纳斯的信中根本没有提到这些人是共产党分子，而且从此信到麦卡锡 1950 年的责难讲话，已经过去了三年。但是在麦卡锡的口中，这些人却拥有了共产党分子的身份。57 人名单同样也是来自几年前的一个调查。1947 年国会一个委员会对国务院展开了调查，发现 108 人有忠诚问题怀疑迹象。这个由共和党组成的委员会立即展开彻查，试图以此作为攻击民主党的把柄，但是后来发现其中只有 57 人仍在国务院工作，而且联邦调查局已经对这些人做过调查，证明他们的忠诚没有问题。事实上来自密西根的一位国会议员对此印象非常深刻，他向国会宣布，国务院是一个早已经被清除干净的地方了（Anderson & May，1954：188-189）。但是，在麦卡锡的口中，这个数字摇身一变成为了共产党分子在国务院的铁证。麦卡锡的传记作者里夫认为麦卡锡为了自己的目的有意曲解了这些信息（Reeves，1982：228-229）。

麦卡锡的目的是通过在这种具体数字上做文章的手段吸引舆论的注意，为其增加政治资本，提高知名度，争取再次当选参议员。而不管这个数字是多少，怎样变化，其极度反共的姿态可以说是表明了他的敏感的政治嗅觉。具有讽刺意义的是，他的行为的结果甚至超出了他自己的意料。1950 年 1 月，在一次与朋友的聚会上，麦卡锡表露了他的忧愁，他非常需要有一个事件可以为他造势，争取能够在 1952 年再次当选参议员，他的一个朋友向他建议利用共产党做文章，麦卡锡接受了这个建议，他是相信政府工作人员中有很多是共产党员的。朋友又同时提示他要拿出具体数字来吸引公众注意力，麦卡锡果然这么做了。但是，要真的找出那些数据并不是一件容易的事，国会和联邦调查局早已走在了麦卡锡的前面，一次又一次的反共、驱共行为让麦卡锡寻找攻击把柄的真材实料并不是很多，于是捏造事实、编造数据便成为了他的一种可用的手段（Anderson & May，1954：173）。他手下的人在国会图书馆里帮助他找到了上面提到的那两个数据（同上：187），他自己则给这些数据赋予了新的意义，不过即便如此，对这种手段造成的结果也许很可能出乎他的意料之外。在威灵讲话以前，麦卡锡有两份演讲稿，一份是关于房屋住宅的，另一份是则是关于反共内容的。麦卡锡让他办公室的人写了第一份演讲稿。第二份则是付钱找了一个记者写的，里面的内容很多都是这个记者从麦卡锡以前的讲话和别的一些已经发表的报刊材料里拼凑过来的，其中有些地方还出现了错误，如关于 1950 年苏联势力范围的人口数据和美国势力范围的人口数据来自众议员尼克松两周前的一个讲话，但是尼克松说的是美国势力范围的人口有 5 亿 4 千万，而在麦卡锡的讲话中则缩小成了 5 亿；另外一个地方是一个人名的拼写错误，亨利·瓦德来，这个他举例说明共产党分子进入政府部门的第二个例子，原名是 Henry Julian Wadleigh，但在麦卡锡的演讲稿里则成为了 Julian H. Wadleigh（Reeves，1982：223-224），这说明麦卡锡本人很可能根本就不知道这个人是谁。不过，这些似乎都没有什么关系，他讲话中提到的那两个数据足以抵销这些微不足道的问题。在演讲以前，麦卡锡征求当地接待他的人的意见，询问他们用哪一个稿子，他被告知用那个反共内容的稿子。麦卡锡讲话几天后，他的名字很快出现在各种媒体的醒目位置上（同上：227），而美国国务院对麦卡锡的指责加以否定则更从侧面让麦卡锡名声远扬。这种情况很可能也出乎麦卡锡的意料之外，在好多场合他都否认说过拥有 205 人这个名单，而且名单的具体数字也会发生变化，一会儿变成了 57 人，一会儿又说他指的是 207 个危险分子（同上：227），这与麦卡锡一贯的虚张声势的作风是一致的。但是另一方面麦卡锡也敏锐地感觉到了机会的来临，威灵讲话 11 天后麦卡锡又在国会重复了他的讲话，此后更是掀起了一个又一个极端行动大潮，矛头不仅仅指向艾奇逊，而且还指向了美国国防部长马歇尔，指责他是共产党的同谋者，应对美国丢失中国负责（Fried，1997：90），而杜鲁门和此前的罗斯福两位民主党总统的五届任期则被麦卡锡称为是"二十年的叛国"（Whitield，1996：38）。1953 年共和党人艾森豪威尔当选总统，势头正旺的麦卡锡并没有把这位共和党总统放在眼里，指责在他的政府里仍然留有共产党分子。在 1953 年年底，麦卡锡干脆把对杜鲁门和罗斯福"二十年叛国"的指责延长到了二十一年，加上了艾森豪威尔任上的一年。与此同时，再次当选参议员后，麦卡锡于 1953 年担任参议院调查活动小组主席，他利用这个职位对美国之音展开了调查，目的是要查询美国之音广播是否受到共产主义思想的影响，很多美国之音工作人员受到了麦卡锡领导的这个委员会的质询调查。麦卡锡还专门派人对美国政府新闻署设在海外的图书馆进行调查，清除一些有争议作家、共产党作家以及同情共产党的作家的作品，在麦卡锡和他的调查人员的压力下，很多图书被从书架上取下，而有些书则被焚毁。①

　　1950 年 3 月政治漫画家贺布劳克针对麦卡锡的行为作了一幅漫画，并称之为"麦卡锡主义"，此后，这个词很快进入了词典。贺布劳克把麦卡锡主义定义为一种政治行为，其特征是反对一些被认为是具有颠覆（制度）的行为，其手段则是采用人身攻击的方式，包括对个人的公开指控，而实际上这些指控很多是无中生有（Reeves，1982: 267）。麦卡锡一方面是有点惊诧于对他的批判，另一方面则是嗤之以鼻。但同时，他也做出了相应的回复，他说在他的老家威斯康星州，"麦卡锡主义就是指与共产主义作斗争"，此外，在他的助手的提醒下，他还自鸣得意地宣布，"麦卡锡主义

---

　　① 1953 年麦卡锡对嘲讽他行为的美国驻德国使馆新闻文化处官员、剧作家斯奥多·卡恩 Theodore Kaghkan 进行调查，从其作品中摘录出被认为是亲近或者是同情共产党的段落，胁迫他承认与共产党有关。后来，卡恩被国务院解职。见 Albert Fried, edit., *McCarthyism: The Great American Red Scare, A Documentary History* (NY/Oxford: Oxford University Press, 1997)。

就是美国主义的同义词。"（同上）

二

　　麦卡锡主义并不是空穴来风，麦卡锡所言也并不是"毫无道理"，在冷战氛围渐趋渐浓的 50 年代初，麦卡锡和麦卡锡主义的出笼有其逻辑的必然性，把早已蔓延在美国国内的冷战遏制气氛，尤其是反共浪潮推向了峰端。

　　对麦卡锡本人而言，与美国冷战的发展过程类似，他的反苏、反共姿态也有一个变化过程。在 1946 年竞选参议员时，他曾诉诸过反共手段，但同时也表明过对美苏对峙的焦虑，他曾发出警告，如果美国持续对苏施压，战争就有可能爆发，他甚至嘲讽过那些依靠攻击苏联而获得选票的人，在竞选上议员后，还说过对斯大林的世界裁军提议表示敬意的话（Caute，1972: 48），但很快麦卡锡就开始转向，反共成为了他的政治活动的主要内容和有力武器。在 1947 年 3 月的一次广播辩论节目中，麦卡锡称美国共产党是一个阴谋集团，只是露出了冰山一角，他赞同取消共产党，剥夺他们的投票权，并从行动方案的角度出发提出了几个具体措施，包括让司法部宣布共产党是受外国势力控制的组织，加强联邦调查局的权力，公开各个与共产党有关的组织，所有的在美国的共产党侨民都须被遣送回国等（Fried，1997: 76）。麦卡锡的这些言论其实都不是源自他自己的思想，他只是像鹦鹉学舌一样照搬自冷战开启以来越演越烈的反共大潮中的各种论调，几年后他终于寻觅到了自己的路子，拿出了他的杀手锏，一举成名。

　　回顾这个过程，可以发现没有冷战这个大背景也就不会有麦卡锡的发迹，没有冷战开始后美国政府进行的各种以反共为中心的冷战遏制行动，也就不会有麦卡锡主义的出笼。正如麦卡锡思想研究者史莱克讷所言，麦卡锡主义并不是一个孤立的行为，冷战初期在美国社会中狂热的反共行为和思想随处可见，"但是，整个社会并不会把消除共产党的影响作为社会生活的重中之重，如果没有政府在其中起到了主导作用的话。"（Schrecker，1994: 20）杜鲁门主义和马歇尔计划的出台定下了冷战的基调，杜鲁门在国会发表援助希腊和土耳其讲话一个星期之后，于 1947 年 3 月 21 日发布总统令 9835 号，宣布执行联邦政府部门忠诚安全行动，要求对政府部门工作人员和申请到政府部门工作的人进行忠诚检查，如发现工作人员和申请者有任何与共产党有联系或者是同情共产党的嫌疑，他们都将面临被调查和解雇的可能。工作人员如遭遇调查，可以到一个专门委员会申诉，但不会被告知是谁指控了他/她，此外，虽然被指控者可以请律师为其辩护，但政府部门往往会拒绝为其负担辩护费用，在这种情况下很多人会放弃申诉，选择离开工作职位。1953 年艾森豪威尔发布总统令，对杜鲁门的忠诚行动方案进行了修改，结果使得排除"危险分子"的过程更加容易。在 1947 年和 1956 年期间，大约有 2700 人在忠诚行动实施过程中被解雇（同上：39）。杜鲁门之所以要进行忠诚行动，一方面是缘于杜鲁门主义冷战思维的逻辑，另一方面则是因为来自国会保守势力的压力。1946 年国会选举后，共和党成为了国会的多数派，反苏、反共则相应地成为了其与民主党政府争夺更多政治权力的一种斗争策略，杜鲁门为了不让国会找到其对共产党软弱的把柄，主动在政府部门实施了忠诚行动方案。杜鲁门成立了一个专门委员会领导忠诚行动，但实际上联邦调查局是这个行动方案的主要设计者和实施者，长期担任联邦调查局局长的胡佛成为了忠诚行动的主要执行者。胡佛是杜鲁门政府中的反共老手[①]，杜鲁门宣布执行忠诚行动方案几天后，胡佛在国会作证，阐释清

---

① 胡佛（John Edgar Hoover 1895-1972），联邦调查局首任局长，并长期担任这个职务直到去世。早年在司法部调查局任职时曾积极参与 1919 年联邦司法部组织的镇压左翼激进分子活动。

除共产党的必要性，他深信美国共产党是受控于苏联、支持苏联，其宗旨是颠覆美国政府，共产党分子总的人数不多，但还是不能忽视，为此胡佛做了一个对比，1917 年十月革命后，在俄国每 2277 人中有一个共产党人，在 1947 年的美国，每 1814 人中就有一个共产党分子，而共产党的同路人或者同情者则更多，胡佛在长篇听证中最后强调，共产主义不是一个政党，而是一种生活方式，一种有害的、邪恶的生活方式（Hoover in Schrecker，1994：114－120）。杜鲁门在杜鲁门主义的宣言中从意识形态和生活方式的角度把世界一分为二，自由世界对峙专制国家，很显然，胡佛重复了这个论调，不同的是他把矛头对准了美国国内的共产党分子，把他们视为美国生活方式的颠覆者。

　　1948 年 7 月 20 日上午，美国共产党总书记尤琴·丹尼斯和另外 11 个美共领导人遭到了美国政府的逮捕，随后这些共产党领导人被送上法庭审判，罪名是宣传和教唆颠覆政府。美国学者、麦卡锡主义研究者史莱克讷指出，在美国政府精心构建反共舆论共识的过程中，没有什么会比法律程序发挥的作用更大（同上：22）。把共产党分子从持不同政见者转变成罪犯，一方面政府找到了一个对付共产党组织的有效渠道，另一方面也可以给政府树立一个按照法律办事的形象。但是在实际审判过程中，法庭很难有效地指控那些共产党人，因为美国共产党并没有公开地宣布过要诉诸暴力推翻政府，此外，共产党组织在言论自由的美国本身并不违法，因此，公诉人只能从马克思、恩格斯、列宁和斯大林的著作中找出一些相关言论，表明这些人的暴力倾向，此外，法庭找到了一些已经脱离美国共产党的前美共党员，让他们出庭作证表明美共曾经有过阴谋暴力推翻政府的计划，经过长时间的法庭审判过程，这些共产党人最后被判刑 5 年。"通过对这些共产党分子的审判，杜鲁门政府实际上塑造了美国公众对国内共产主义的看法。"（同上：22）与此同时，国会非美活动调查活动委员会在保护国家安全的名义下，也开始了一个又一个旨在清除共产党影响的听证调查活动，在希思案件等一些所谓的间谍案中扮演了主审官的角色。很多在三四十年代曾经参加过左翼活动的人上了这个委员会的黑名单，迫于强大的政治压力，有些人选择了揭发他人，给自己洗清"罪名"，在 40 年代末和 50 年代初，告密和揭发一时间成了一种"时尚"（见 David Caute 和 Victor Navasky），另一些人拒绝与调查机构合作或者否认对他们的指控，结果往往是受到了经济上的惩罚——丢失工作，在这段时间里，有 1 万多人因为被怀疑与共产党组织有关系而遭到雇主的解雇。（Schreckner，1994：76）

三

在这种"恐红"、反共氛围下，麦卡锡和麦卡锡主义的出现不是一种偶然现象。如果说麦卡锡现象有什么特别之处，那么其中之一就是作为右翼极端思想的代表，麦卡锡能够抓住在很大程度上由于政府行为导致的社会普遍存在的"恐红"心理，从个人的角度为这种心理提供一个宣泄口，在一定意义上，麦卡锡甚至还成为了"民意代表"。盖洛普公司 1950 年在康涅狄格州和宾夕法尼亚的两个县里做的调查表明，麦卡锡得到了一些人的羡慕，认为其"有勇气、真诚、态度强硬、无所畏惧、真正干事"。（Caute，1978：48）也许，这只是代表了一部分人的看法，对于麦卡锡的态度其实也有一个变化的过程，但值得注意的是，这是一个支持率上升的过程，盖洛普公司的调查表明，从 1951 年 8 月到 1954年 1 月麦卡锡的支持率从 15% 上升到了 50%（见 Rogin 232，Wikipedia Joseph McCarthy）。麦卡锡威灵讲话后不久，他的办公室就收到了很多来信，表示对他的感谢和支持，有些人还给他寄来了支票和钱，资助他继续他的工作。此外，麦卡锡也成为了美国社会和政坛上左右翼都可以利用的政治工具。麦卡锡的行为在国会遭到了一些人的反对,参议院曾组织专门委员会调查麦卡锡,指出他对国务院包庇和留用共产党分子和倾向共产党组织的工作人员的指控完全是无中生有,麦卡锡的行为完全是一个骗局,但是因为委员会中民主和共和两党成员间的分歧,委员会的报告在参议院没有通过,这反而让麦卡锡更加气焰嚣张。共和党女参议员玛格丽特·斯密斯在 1950 年 6 月 1 日的参议院讲话中,谴责麦卡锡行为及其造成的恶劣影响,斯密斯讲话的题目为"良心宣言",但是她只得到了 9 票支持(Freeland,1972:347,Fried,1997:81)。此后,国会中的一些共和党领导人看到了麦卡锡的利用价值,纷纷表示对他支持。1952 年准备入主白宫的共和党总统候选人艾森豪威尔在一次演讲中,在最后一分钟删除了一节关于为马歇尔辩护的文字,麦卡锡此前指控马歇尔是"叛徒"(Caute,1978:49)。尽管艾森豪威尔与马歇尔有着特殊关系——在第二次世界大战中,马歇尔曾是艾森豪威尔的上司,亲自提拔了艾森豪威尔,但显然艾森豪威尔不愿得罪麦卡锡,可见麦卡锡在当时美国政治生活中的分量不可小觑。

或许是出于政治策略和选举需要,麦卡锡的行为得到了一些近右翼思想的人的纵容和支持,但是即便是自称为左翼的一些自由派人士在面对麦卡锡时,也采取了一种迂回的暧昧甚至是肯定态度。一方面,他们对麦卡锡无中生有、捏造事实等极端行为表示了反感,但另一方面,对于麦卡锡坚决的反共立场,他们并不表示有任何疑问,甚至还相当赞赏。麦卡锡主义在美国造成的"白色恐怖"在西欧一些国家遭到了批评,但在戴安娜·特里林[①]看来,"那种说美国受到了歇斯底里行为的挟持,很是恐怖,这只是受到了共产主义蛊惑的说法。"(转引自 Caute,1978:53)针对

---

　　① 戴安娜·特里林(Diana Trilling,1905-1996)文学批评家,纽约知识分子一员,著名批评家莱昂尼尔·特里林的妻子。

西欧一些报刊关于麦卡锡主义对美国一些作家、记者等恐吓的报道，胡克[①]认为这不值一提，属于胡言乱语，不是清醒的报道（Caute，1978：53）。在麦卡锡主义掀起的反共、"恐红"浪潮中，这些原本就自我标榜为反共的自由派知识分子更是需要阐明自己的政治立场，尽管对麦卡锡主义对美国的核心理念如思想自由、个人自由造成的冲击不无怨言，但是，在冷战的氛围中，相比于共同的敌人"共产主义"，他们宁可忍受前者而不能不表明与麦卡锡反共立场的一致。于是乎，在与麦卡锡保持距离的同时，他们也要大声声明自己的立场，一方面这本来就是他们的立场，另一方面则可以避免成为麦卡锡主义的靶子。在这种情况下，这些自由派知识分子原本应该发挥的社会批评功能即便说不是丧失殆尽，也至少受到了极大的限制（见 Caute）。结果使得麦卡锡得到了左右两方面的纵容。

从 1953 年秋到 1954 年春夏之交，麦卡锡的触角开始伸向了美国陆军，认定共产党分子隐藏到了美国军队之中的麦卡锡或许以为，拿下了军队，其政治生涯中的名望也将随之达到顶峰。但是具有讽刺意义的是，这却成为他的滑铁卢。千百万美国人通过电视观看了麦卡锡与陆军的国会听证过程，麦卡锡性格中的一些致命弱点，如傲慢、刻薄、不诚实，被充分暴露出来，更重要的是，麦卡锡对美国军队的指控在很多人看来过于极端，触动了美国社会的根基，其凌驾于政府之上的姿态也让艾森豪威尔当局不能容忍，结果是他的支持率也随之快速下降。1954 年 12 月参议院通过了"谴责麦卡锡"议案，麦卡锡的政治生涯走向了终结。

1954 年 3 月新闻记者爱德华·穆鲁制作了一档有关麦卡锡的专门节目，对麦卡锡现象进行了分析，节目的最后，穆鲁指出：

---

① 胡克（Sidney Hook，1902-1989），哲学家，纽约知识分子一员，在 50 年代持强烈的反共态度。

"我们声称自己是自由的捍卫者，世界上什么地方只要有需要，我们就会出现在那儿，但是我们不能在国外捍卫自由，而在国内却摒弃自由，这位来自威斯康星的参议员的行为已经让我们在国外的盟友感到了诧异和沮丧，同时也给了我们的敌人诸多欢悦。这是谁的过错？其实真不是他一人之过，并不是他制造了恐怖的气氛，他只是利用了那种氛围，当然非常成功。"（见 Wikipedia，Joseph McCarthy）尽管脱离不了冷战氛围下的自我与他者间的界线划分，但穆鲁的分析还是很有见地，揭示了麦卡锡主义产生的原因。诚然，正是冷战思维导致的过度的"敌人意识"，才使得麦卡锡主义有了产生和发展的土壤，并在此基础上，走向极端，反过来损害了美国赖以自豪的"自由"和"民主"。

此外，随着朝鲜战争的结束和美苏两国高层寻求缓和步骤的开始，麦卡锡的极端行为势必也激起很多人的反感和不满，他们认为他损害了美国的国家利益。但是需要指出的是，麦卡锡的倒台并不意味着麦卡锡主义的被扬弃，事实上，正如美国学者弗里德所指出的，遭遇谴责的是麦卡锡的极端行为，而不是他的反共姿态（Fried，1997：142）。换言之，与麦卡锡主义挂钩的冷战思维并没有因为麦卡锡的倒台而偃旗息鼓，而是持续存在着，并成为了美国著名历史学家霍夫斯达德所说的"美国政治中的偏执风格"①，在很大程度上，正是这种"偏执风格"在 50 年代的冷战岁月里孕育了麦卡锡这个怪胎。

---

① 1964 年 11 月霍夫斯达德（Richard Hofstadter）在《哈波士》（*Harper's Magazine*）上发表《美国政治中的偏执风格》（"The Paranoid Style in American Politics"）一文，从分析麦卡锡言论入手，深入剖析美国政治生活中的一些极右翼行为。他把这种"偏执"描述为"极度的夸张，怀疑，专注阴谋的想象"（见 http://karws.gso.uri.edu/jfk/conspiracy_theory/the_paranoid_mentality/the_paranoid_style.html）。

参考文献

[1] Anderson，Jack and Ronald W May. *McCarthy: The Man，The Senator，The "Ism"*（Boston: the Beacon Press，1954）

[2] Caute，David. *The Great Fear: The Anti-communist Purge Under Truman and Eisenhower*（NY: Simon & Schuster，1978）

[3] Freeland，Richard M. *The Trueman Doctrine & the Origins of McCarthyism: Foreign Policy，Domestic Politics and the Internal Security 1946-48*（NY: Alfred A. Knopf，1972）

[4] Fried，Albert. edit. *McCarthyism: The Great American Red Scare: A Documentary History*（NY/Oxford: Oxford University Press，1997）

[5] Joseph McCarthy:http://en.wikipedia.org/wiki/Joseph_McCarthy

[6] Navasky，Victor S. *Naming Names*（NY: The Viking Press 1980）

[7] Reeves，Thomas. *The Life and Times of Joe McCarthy: A Biography*（NY: Stein & Day Publishers，1982）

[8] Rogin，Michael Paul. *The Intellectuals & McCarthy: The Radical Specter*（Cambridge，Massachusetts: The MIT Press，1969）

[9] Schrecker，Ellen. edit. *The Age of McCarthyism: A Brief History with Documents*（NY: St. Martin's Press，1994）

[10] Whitfield，Stephen J. The Culture of the Cold War，second edition（Baltimore，London: The Johns Hopkins University Press，1996）

McCarthyism: A Reasonable Outcome of the Cold War Mentality

Jin Heng-shan

Abstract: McCarthy and McCarthyism are mutually related with the Cold War mentality in the 1950s in America. What McCarthyism represents is the political force from the extreme right in the political life of the US in the 1950s, during its birth and development , it made a full advantage of the existing anti-communism and anti-Soviet Union sentiment in the society. At the same time, it acquired a good timing from the Cold War containment in the international policy and extreme caution against subversive tendency at home adopted by the US government. As a result, McCarthyism gave itself a fullest play. Consequently, it produced an ironic attack on the core American value of democracy and freedom, which, however, must have something to do with the Cold War mentality.

Key Words: McCarthy; Cold War mentality; America; anti-communism

论勃朗特姐妹小说中女性形象的塑造之比较

——以《简·爱》与《呼啸山庄》为例

汪玉枝

摘要：夏洛特·勃朗特和艾米莉·勃朗特是英国19世纪维多利亚时代著名的小说家。对她们的代表作《简·爱》和《呼啸山庄》深入细致的研究表明，尽管两姐妹有着共同的家庭和生活背景，但她们在小说人物尤其是女性人物的塑造方面却存在着微妙的差别。本文通过对这两部小说中主要的女性形象之比较性研究，再现她们刻画人物性格以及塑造人物角度上的区别，论证不同的个性特征、爱情观、价值观、艺术观导致了她们在刻画人物性格和塑造女性人物形象手法上各自不同的艺术特色。

关键词：维多利亚时代；女性；塑造；人物形象；比较性研究

一、引言

19世纪的英国是维多利亚女王（1837-1901）所统治的时代，这一时期的文学进程出现了一个令人不可思议的现象。女性作家层出不穷，三十多位有影响的杰出女作家脱颖而出，造就了史无前例的女性文学的繁荣，这其中就有美名远播的勃朗特三姐妹，尤其是两位姐姐：夏洛特·勃朗特（Chalotte Bronte，1816—1855）和艾米莉·勃朗特（Emily Bronte，1818—1848）。她们是富有天赋的作家而且都英年早逝。夏洛特出版了四部小说，但人们现在更多提及的是她的代表作《简·爱》（*Jane Eyre*）；艾米莉只写过一本小说《呼啸山庄》（*Wuthering Heights*），但是仅凭这一部作品，她就跻身于一流作家的行列，可见这部小说的影响力。

多年来，对《简·爱》和《呼啸山庄》的研究五花八门，从传记、心理分析、女性精神分析、象征主义、神秘主义、后殖民主义理论以及神话原型批评等视角进行的多角度、多层次的评论可谓层出不穷，但是对作品中两姐妹所着力刻画的女性形象，尤其是塑造这些人物形象所使用的不同角度和方式之深入细致的解读和探究却大为匮乏。本文旨在通过对两部小说中富有代表性的女性形象的塑造之比较性研究，再现两姐妹在刻画人物性格以及塑造人物形象视角、方式上的差异，论证不同的个性特征、爱情观、价值观、艺术观是导致这种差异的根本原因，凸显她们在塑造女性人物方面各自的出发点和写作特色以及由此而取得的小说艺术成就。

二、刻画人物性格上的差异

小说人物形象塑造的成功与否离不开对人物性格细致而卓有成效的刻画。《简·爱》与《呼啸山庄》之所以历经一个多世纪的考验，如今依旧受到众多读者的青睐，其主要原因之一就在于它们生动地刻画了简、凯瑟琳等众多令人难以忘怀的女性人物形象，充分表明了夏洛特和艾米莉塑造人物的文学天赋，使读者如见其人，如闻其声。然而在塑造人物方面，两姐妹确乎存在着一定的差异，尤其在人物性格的刻画上。但凡读过《简·爱》和《呼啸山庄》的人都会有相同的感慨与困惑：同样是代表作、同样是女主角，缘何这一母同胞的两姐妹会塑造出简与凯瑟琳如此性格特征反差强烈的人物形象呢？以下将通过对两部小说所着力刻画的女主角简与凯瑟琳人物形象的对比研究，揭示两姐妹个性特征、爱情观、价值观最终促成她们塑造出截然不同的人物画像。

　　人们常说"文如其人"。的确，尽管是亲密无间的两姐妹，有着同样的家庭背景，在同一个环境中长大，受过相同的教育，有着类似的生活经历，但她们的个性却有着不小的区别，也使得她们笔下的人物秉承着各自不同的性格特征。在《简·爱》中，简是文明社会里不断提升自我形象，追求自由、平等、美好爱情并最终获得个人幸福的新女性，也是夏洛特心目中理想女性的代表。在塑造简这一角色时，夏洛特倾注了自己所有的认知、希望和梦想，更不惜以自身经历为蓝本，冒着被嘲弄、被鄙视的风险，只为了使这一人物在读者眼中真实可信。从这个意义上来说，简的性格就是夏洛特个性特征率真的体现。夏洛特对人物性格特征生动逼真的刻画无疑给《简·爱》这部传世力作添加了浓墨重彩。小说中所着力刻画的女主角简聪慧、诚实，年幼时即父母双亡，过着寄人篱下的生活，遭受过压迫、不平等的待遇以及种种艰难困苦。尽管如此，她依然不断成功地维护了自己正义的原则和做人的尊严及道德。她还珍视智力和爱情的成就感，坚信性别和社会的平等将征服维多利亚时代对妇女和穷人的偏见。在这诸多方面，她总能以智慧取胜。例如，她挣脱了李德太太对她的虐待；以一个地位底下的家庭教师的身份打败了高贵、美貌的英格拉姆小姐；用勇敢和真情征服了骄傲自大、原本看不上她的罗切斯特先生；摆脱了与之无爱可言却向她求婚的约翰·里沃斯；赢得了曾经粗鲁对待她的美丽骄傲的表妹乔治安娜的信任；通过遗产的分割，获得了两位表姐真诚的爱和表哥的刮目相看。她的"成功"数不胜数，正是在这些成功面前，她不断提升了自我的善良、聪慧，以及坚强不屈的精神面貌。

　　当然，简·爱这一女性人物最鲜明的性格特征主要还是体现在爱情方面。在她的身上，夏洛特寄予了自己所极力推崇的爱情观、婚恋观、价值观以及自身隐秘的情感世界。作为桑菲尔德贵族庄园的家庭教师，她以真挚的情感和高尚的品德赢得了主人的尊敬和爱恋，但是命运对她如此残忍，她为这段婚姻付出了难以估量的代价，然而自始至终她都一直坚持着自己的信念，执着于自己的理想与追求。为此，简不安于现状、不甘受辱、敢于抗争。在这个浮华的世界，人们都疯狂到似乎为了金钱和地位而放弃爱情，很少有人会像简这样为爱情、为人格抛弃所有，而且义无反顾。

在追求爱情的同时追求精神上的平等是简·爱这一人物形象最大的亮点。当简发觉她深深地爱上了主人罗切斯特后，在地位如此悬殊的情况下，她却敢于去爱，因为她坚信人在精神上都是平等的。一个穷教师斗胆爱上一个上流人物，在等级森严的社会观念看来，无异于痴心妄想，因此其行为本身就是向社会及偏见的大胆挑战。当然它也就意味着遭受嘲笑或羞辱，只有像简·爱这样蔑视权贵的人才能去坦坦荡荡地爱。她直白地告诉罗切斯特先生："我现在不是按照习俗和常规跟你说话，甚至也不是用肉体跟你说话，而是用我的灵魂跟你的灵魂说话。就像是两个人穿过坟墓，平等地站在上帝脚下，因为我们是平等的。"（夏洛特·勃朗特，2006：274）基于精神的平等，她表达爱情的方式不是一味的赞美，更不是祈求，归根结底，她追求的是两颗心的平等结合。简非常地重视自我，视自我为自己的主人。当他们的结婚计划成为泡影时，罗彻斯特提议到法国去过同居生活。尽管这个方案对于热恋中的人来说具有巨大的诱惑力，但是她却断然拒绝了。简虽然深爱着罗切斯特，舍不得离开他，但她不愿这样不明不白地待在他的家里，她必须以一个妻子和一个丈夫的关系生活在一起，她必须保持个人的尊严。坚定地选择离开正是简的可爱之处，尽管不知出路在何方，她还是坚决地逃离了。

虽然她逃离了，但是，真诚而炽热的爱情使得简并没有在感情上抛弃罗切斯特，相反，她的爱情像殉道一般，专一到打算为其作永远的牺牲，贫困时是这样，富有后更是这样，她绝对不会因为罗彻斯特身体上的残缺而抛弃他。因此，在罗彻斯特的庄园被烧毁、疯妻被烧死、他自己也眼睛瞎了后，简义不容辞地回到了他的身边嫁给了他，从中可看到简所追求的不是物质财富，而是真正意义上的纯洁爱情。两年之后，罗切斯特的一只眼睛被治好了，他看到了简为他生的第一个孩子，因此简的爱情还包含着甜美的结局。从简·爱身上，我们看到了当今新女性的性格特征：自尊、自重、自立、自强，这正是简·爱人格魅力之所在，也是夏洛特在小说中刻画的人物性格成分最饱满、最感人的一位。

　　通过简，作者不仅留给了我们一个永恒难忘的小说角色，而且表达了自己对爱情、理想的追求，对实现自我价值的渴望以及对人间真情的向往。据伊莉莎白·盖斯凯尔夫人在其传记《夏洛特·勃朗特的一生》中的记载，夏洛特曾经热烈地爱上了她的法文老师埃热先生，被埃热太太发觉后，匆匆逃离了他们生活的圈子。1847 年《简·爱》出版，使得夏洛特几乎一夜成名，作者的生活经历也备受读者关注，人们普遍认为主人公简·爱就是夏洛特自己。小说中差不多每个人物在现实生活中都能找到原型，作者将自己的人生阅历，尤其是自己追求爱情的个人隐私包括爱情观统统融入自己的作品中，仿佛在叙述自我往事、情愫、希冀、惆怅、绝望、痛苦和幸福。无论是作为情感丰富，憧憬美好爱情的女作家，还是作为柔情似水，刻骨铭心地爱着自己老师的夏洛特，她都自觉或不自觉地依照自发的冲动书写着小说人物的命运。简·爱与罗切斯特先生之间的社会地位差异、年龄差异以及简·爱对罗切斯特的苦恋，正是夏洛特与埃热先生关系的写照。

　　在埃热太太察觉了她的恋情后，夏洛特感到十分羞愧，仓惶离开深爱之人，以逃避这被认为是不道德的爱情，以抑制自我，维护自己"淑女"的形象。但现实的无望，可以在艺术作品中梦想成真，于是作家摆脱了那个年代要求妇女"贤惠、温顺、禁欲、克制"的羁绊，任由爱情恣意地爆发。通过简·爱，夏洛特表达了自己对自由的渴望、对旧有道德规范的颠覆、对合理合法性的追崇以及通过角色的塑造激励女性不断提升自我与社会地位的使命感，于是，我们看到了一个勇于冲破压抑和禁锢女性牢笼的勇敢的夏洛特，也读到了一个主宰自己命运，勇于成为强者的简·爱，更看到了一个"十九世纪最具反抗性、自我意识最为强烈的女作家"（褚蓓娟，2006：8）。从这个意义上来说，夏洛特对简性格的塑造几乎就是以自己为蓝本的，简讲出了夏洛特不敢说的话，做出了她不敢做的事，也成就了她连想都不敢想的爱情，实现了她梦寐以求的人生价值观。

如果说夏洛特勇敢的个性使她敢于在小说人物性格的塑造上直抒胸臆，那么在性格上显得羞怯、拘谨、内向，但内心情感强烈的艾米莉则更多依赖于迂回曲折的方式。所以，她不会有姐姐那样的奇遇与勇于自我"曝光"，过人的想象力和暗流涌动的激情使得她的生活与她的作品之间有着难以跨越的距离。在艾米莉想象的王国里，在生长在与世隔绝，寂寞荒野的凯瑟琳身上，作者也同样寄予了自己的情愫以及对爱情的期盼与向往。那便是像这位女主人公那样，在旷野里自由地与自己的爱侣打闹嬉戏，互诉衷肠；像她那样拥有姣好的容颜，让两个男人同时如痴如醉地爱着她。可以说，凯瑟琳也是艾米莉心目中最令人艳羡的女性形象，是艾米莉隐秘情感与生活的曲折表述。

毋庸置疑，爱情也是《呼啸山庄》的基本主题，是艾米莉不为人所知的感情世界和神秘王国最吸引读者的篇章。然而，艾米莉笔下的爱情似乎全凭想象构成，由此创作的情爱丝毫不受道德、家庭、价值观的束缚，有的只是男女主人公之间海枯石烂情不变的旷世真情。由此而塑造的女主人公凯瑟琳的人物性格自然与夏洛特笔端下的简千差万别。艾米莉一生从未嫁人，也没有一次浪漫真情的记载，她恬淡、慵懒的外表下有着怎样激越的内心世界也少有人知。然而，通过凯瑟琳，我们仿佛看到了作者对爱情、对价值观、对自我内在性格的表露。那便是，爱就要爱得真诚，爱得死去活来，而且一切的道德标准、条条框框在爱的面前统统一文不值。透过凯瑟琳悲情的人物形象，作者暗示我们，哪怕因爱而彻底毁灭，只要曾经真的爱过便无怨无悔。因此，外表冷漠的艾米莉比情感显得溢于言表的夏洛特的内心世界更激情似火，由此塑造的凯瑟琳的人物性格也更具野性，更加极端，近乎疯狂。

　　与文明世界里逐渐变得优雅的简所不同的是，艾米莉刻画的《呼啸山庄》的女主角凯瑟琳是生活在寂寞的沼泽和苍凉荒原的"野姑娘"。父亲带回的弃儿希斯克利夫占据了本该全部属于她和哥哥的父爱。但所幸的是她和希斯克利夫自小彼此相爱，他们在令人惊心动魄的旷野中嬉闹，在暴风肆虐的山顶上相拥。长期的亲密相处和生活环境的熏陶使得凯瑟琳身上具有希斯克利夫所拥有的许多品格，对他，凯瑟琳有着某种与生俱来的亲缘感。戴维·西塞尔说："她和他都是风暴的孩子，这使他们之间有一条交织在他们本质之中的纽带。"（杨静远，1983：335）凯瑟琳富含激情，极具野性，其内心的风暴与荒野的风暴一同咆哮，使她发疯发狂，痛不欲生，因为她的哥哥在父亲去世后不久就拆散了她与希斯克利夫，迫使后者不堪羞辱和压迫而离家出走。

　　尽管在天性方面更看重希斯克里夫，但凯瑟琳却受制于当时那世俗的社会，受制于金钱、地位的诱惑，最终嫁给了画眉山庄的主人——埃德加。可是凯瑟琳选择埃德加从一开始就是个错误，正如她的感言："我对埃德加的爱像林中的树叶，时光会改变它的，我很清楚，就像冬天改变了树木。我对希斯克利夫的爱好似树底下恒久不变的岩石，给出的快乐虽然只有那一点，然而是必不可少的快乐。奈莉，我就是希斯克利夫！"（艾米莉·勃朗特，2006：84）她爱他是因为他更像她自己，可是嫁给希斯克利夫会降低她的身份，又诱使她最终违背了初衷，使希斯克利夫肝肠寸断，痛不欲生，引发了其疯狂的报复。因此，这一选择是后续悲剧的最根本的起因。读者看不到《简·爱》中文明世界的平静和优雅，只看到狂风呼啸的荒凉原野和冰冻的土地；只看到因压迫和虐待导致的不共戴天的仇恨和跨越生死、超越天地的激情和癫狂。

　　和简受过良好教育，遇事冷静、沉稳、机智所不同的是，凯瑟琳单纯善良、天真无邪。不管凯瑟琳的性格有多么喜怒无常，难以捉摸，但是单纯善良是她性格中最本质最原始的一面。孩童时期的凯瑟琳，在原始封闭的世界里生活着，我们看到的是她身上大自然的原始天性，那是一种单纯的不含杂质的野性美。在她嫁入画眉山庄以后，她曾严辞劝阻希斯克利夫，希望能够阻止复仇这场悲剧的发生。她这样做并非出自私心，而是出自她灵魂深处的善良和同情，她了解希思克利夫是怎样的人。天真、单纯、善良的她根本没有智慧周旋在两个男人之间，秉性和义务使她内心矛盾重重，精神分裂，年纪轻轻即在痛苦不堪中凄惨地死去，成为一个带有浓郁悲剧色彩的女性，且在死后魂魄也不得安宁，因为心碎的希斯克利夫始终在打搅着她的灵魂，死后十八年，他还打开她的灵柩去瞻仰她的遗容，他无法从对死去的凯瑟琳的恋情中解脱出来，最终不吃不喝苦恋而死，更加重了悲剧的气氛。和简的克制、内敛和非凡的忍耐力所不同的是，凯瑟琳就像是爆竹筒，一点就炸，她如孩子般地任性并恣意地发作。她失控的情绪和疯狂的状态不仅折磨着自己而且令爱她的人伤心欲绝，更碾碎了希斯克利夫在人世间唯一的安慰和希望。她以死引发了后者的癫狂和毁灭。因此，简带给爱人的是幸福和甜蜜，而凯瑟琳则带给两位同时爱她的男人不尽的悲伤。一个是人生成功的典范，一个是倍感失败的苍凉。至此，凯瑟琳这一人物的性格特征在艾米莉的刻画下生动而饱满：天真、任性、狂野，与简形成鲜明的对照，也成就了两个形象迥异却一样动人心魄的女性形象。

　　与姐姐敢爱敢作所不同的是，艾米莉始终将自己限制在与外界隔绝的隐秘的情感体验中。除了几次短暂的离家经历，她几乎一辈子生活在父亲坐落于荒野的牧师宅邸里。她对外部世界有一种不明缘由的胆怯，她恋家的程度，夏洛特曾有一句形象的描述："我心里感到，她若不回家一定会死去。"（莱恩，1990：109）因为母亲的早逝，作为长姐的夏洛特年幼就承担着照顾弟妹的重任，为她日后的社会责任感、使命感的建立打下了坚实的基础。在姐姐羽翼呵护下的艾米莉似乎对外界丝毫不感兴趣，她沉浸在自己的世界里，人生的价值观自然与姐姐有着不小的区别。和姐姐关心妇女的社会地位和社会现实所不同的是，艾米莉更关心的是隐藏于日常经验深处的心灵隐秘和理念，她所追求的是高于现实世界的丰富的心灵世界及其内在的生命力，其外表的怯懦和倦怠之下却掩藏着过人的想象力和涌动的激情，这使得她的生活与她的作品之间有着难以跨越的距离，所塑造的人物自然也与现实脱节。凯瑟琳还是凯瑟琳，与作者现实的生活仿佛毫无联系，只能说是艾米莉隐秘情感的代言人。虽然如此，对凯瑟琳性格的刻画以及悲剧色彩浓厚的爱情的描述，无疑也是成功的，诚如评论家莫里斯·梅特林克所言："任何爱情与她所描绘的相比都会苍白无力，只不过是逢场作戏罢了。"（杨静远，1983：215）作者对凯瑟琳这个"风暴的女儿"的刻画给读者带来的震撼力甚至超过了故事的第一主角——"风暴的儿子"希斯克利夫，令许多评论家认为小说的真正主人公非凯瑟琳莫属。

　　总之，两姐妹自身性格的差异、爱情观、价值观以及叙述故事时不同的出发点最终导致了各自小说中两位栩栩如生之女性主角性格刻画上的极大差异，也形成了各自塑造人物迥然不同的艺术特色。黑格尔就曾断言："凡物莫不相异。"（黑格尔，1980：251）正是这样的差异使我们得以欣赏到两个形象各异却同样光彩照人、令人难忘的女主人公。从某种意义上来说，她们就是夏洛特·勃朗特和艾米莉·勃朗特自身形象的缩影。

三、塑造人物角度上的差异

在塑造人物形象的方法尤其是在塑造人物的角度上两姐妹也各有特色，难分伯仲。深谙第一人称叙事视角会给读者带来真情实感的夏洛特，为达到自我表白的目的干脆用主人公自叙的角度来展开剧情，用"我"和"我的经历"塑造"我"和"我自己看到的人物"形象；而认为小说不可彻底"裸露自我"，倾向于"伪装"自我情感的艾米莉则采用了第三人称的角度来讲诉故事和人物的活动，用"她"和"她的经历"刻画"她"和"叙事者眼中的人物"形象。两姐妹性格的不同，写作的出发点、对小说艺术认识的不同，尤其是所使用的艺术表现手法的偏爱和目的，最终造成了她们在塑造人物形象时视角上极大的差异。夏洛特笔下主人公简的自叙，给读者带来真诚、亲切、连贯的表达；艾米莉则用一位房客的转述来演绎这个为爱情复仇的神秘莫测的故事。一个是娓娓道来，一个是时断时续；一个是作者自我情感的揭秘，一个是作者激越的想象力迸发时所绽放的花蕾，由此而塑造的人物形象自然也大有不同。这突出表现在两位女配角里德太太——简的舅母和小厄恩肖太太——法兰西斯的成功塑造上，从而使两姐妹不尽相同的艺术观昭然若揭。一个看重的是现实主义的艺术表现手法，且不乏浪漫主义的渲染力；一个是更倚重神秘主义和象征主义的小说叙事艺术。尽管艺术观的区别和塑造人物的角度以及小说人物叙事的艺术表现手法都不尽相同，但毋庸置疑，两姐妹都透过角色的出色表现达到了各自的创作目的。

夏洛特所刻画的里德太太是个性格固执、护短、忌妒心十足、记仇且狠心、愚蠢的女人。她虽然爱自己的丈夫，却因为妒忌里德先生对襁褓中失去父母的简的怜爱和重视超过对自己的子女而对简怀恨在心；她虽然也爱自己的子女，却因为溺爱和愚昧而将他们教导成了败家子、虚荣女和弃世者。她没有宽恕也缺乏慈悲，根本不懂得何谓美好的心灵和人生的追求，她和她的一儿两女都是没有灵魂的人，所以，她把简这个富有灵性的小孩视作异类，下意识地排斥和厌恶，面对简晶莹剔透的灵魂，她似乎看到了自己的粗鄙，因此更讨厌这个可怜的孤儿。

由于里德先生在世时对简付出了极大的爱心，里德太太自然也不好弃之不顾。可自己的三个孩子个个都不是省油的灯，因此，多出简这个相貌平平，似乎也不惹人怜爱的小东西着实令她忍无可忍，所以，在丈夫去世后，虽然有其遗嘱压制，但她对于简的迫害却一宗接着一宗。她不让自己的孩子和简在一起，痛斥简是个不讨人喜欢的坏孩子，面对儿子欺辱简，不但不闻不问，还残忍地将简关在"闹鬼"的红房子里。不久，干脆将简往条件极差的劳伍德女子学校一送了之，还诬蔑简是个"爱撒谎的魔鬼"，粉碎了简对新生活的憧憬和向往，且在简于劳伍德学习和教书的十年中一次都没有去看过她，真可谓狠心之至。更令人发指的是她居然对苦苦寻找简并要简继承其丰厚遗产的简的叔叔谎称简已在劳伍德那场大疫中病死了，可见她心胸狭隘之极。直到生命的尽头，里德太太依然没有和简爱握手言和，因为她骨子里对简的反感从来没有平息过。之所以内心不安和痛苦是因为没有完全履行她所深爱的丈夫的临终遗言，不知死后如何向先夫交待，可是她的内心深处还是不甘心。儿子约翰的堕落、自杀，女儿之间的相互倾轧使她倍感自己是个彻底失败的母亲。当她看到因为良好素养而变得优雅和神气的简站在面前时，自然没有了度量，到死都不改对简的态度，令简无奈而又痛苦，可见临死，里德太太也没错过对简的折磨，把自己完全变成了一个令读者深恶痛绝的反面人物。

在塑造里德太太这一人物的艺术方式上，夏洛特第一人称角度的切入可谓得心应手。作为与现实世界格格不入的、有着桀骜不驯气质的女作家，夏洛特似乎没有左思右想，而是一下子攫住汹涌喷薄的情感和欲望，笔触一泻千里，无拘无束。第一人称的运用使她可以借助小说人物之口，直白地道出心中的喜怒哀乐。联想到敏感的埃热太太间接地导致了夏洛特仓惶的出逃，以及她之如一扇门永远关闭了夏洛特热恋埃热先生的情感，也许作者正是运用了生活中埃热太太的原型，塑造了里德太太这一令人极度厌恶的人物形象。在现实生活中，夏洛特没有丝毫的理由声讨她，但在虚拟的小说的天地里，她尽可肆意地责难。评论家普遍认为第一人称的叙事风格给人以真实可信的感觉，夏洛特正是证明这一叙事手法之妙用的小说家。

　　读者不难看出，夏洛特借用了里德太太这一角色直截了当地发泄了自己郁闷而纠结的情绪，显示出作者的大胆与坦率。而艾米莉选用第三人称的叙事手法则顺应了她的个性特征和小说创作的艺术观，她不可能像姐姐那样不加遮掩地直接道出自己的爱恨情仇。她用第三者间接地表述，正好可以躲在角色的背后，用一个似乎与小说人物不相关的陈述者讲一个与自己没有关联的惊心动魄的故事，哪怕在故事里实际抒发的是自己不为人知的激情，这也正是作者认同以第三者讲诉传奇故事，可以尽可能神秘迷人这一观念的佐证。于是，小厄恩肖太太便走进了我们的视线。

　　和财产丰富、社会地位高贵的里德太太所不同的是，呼啸山庄的第二代继承人小厄恩肖的太太法兰西斯，既没有钱也没有门第可以炫耀，小说中，她甚至没有自己的姓氏。在老厄恩肖去世前，她的卑微使得小厄恩肖都不敢让她登堂入室。她是干什么的、出生在哪里、家境如何，她从来都开不了口，连对下人也闭口不谈。和傲慢十足、整日板着面孔，动辄要惩罚简的里德太太所迥然不同的是，她的孤陋寡闻、她的小家子气使她对山庄的一切都感到新奇和高兴，而且对丈夫所有的安排心满意足，从不刻意去麻烦他和其他人。在新结识的人员中，拥有凯瑟琳这个妹妹起初也着实让她高兴了一阵子，还慷慨地送她不少礼物，这些都表明她的天性是很单纯和友善的。里德太太会为了自己的不痛快对可怜的小简·爱颐指气使，无端责罚，而小厄恩肖太太却"不是那种只为自己的缘故，就把全家搅得鸡犬不宁的人。一踏进门来，她看到的每一件东西，发生在她周围的每一件事儿，似乎都叫她高兴。"（艾米莉·勃朗特，2006：44）。能干且霸道的里德太太似乎有着很坚固的神经，而小厄恩肖太太仿佛神志脆弱得都无法应对公公的入土、吊唁工作。她坐在那里浑身发抖，心惊肉跳，歇斯底里地叙述她是多么地害怕看见黑色，惧怕死亡。与青春已逝、红颜已老的里德太太所不同的是，她年轻美丽，两只媚眼如宝石般光芒四射，她的美貌与乖巧也许正是小厄恩肖抛弃传统婚姻观而深爱她的原因。和尖刻、精力充沛且健康状态奇好的里德太太相比，她虽然年轻却很瘦弱，连上楼梯也气喘吁吁，有时候还咳得厉害，说明她已患上了当时是不治之症的肺结核。她远比丈夫早逝的里德太太幸运，虽然她一文不名，可小厄恩肖不但娶了她，给了她社会地位和一个家，而且对她宠爱有加，言听计从。她只消一开口，她丈夫没有不答应的事。她害着痨病，却勇敢地为古老的厄恩肖家族诞下了最后一位继承人。她爱着他的丈夫而她的丈夫更爱她。当有人提醒小厄恩肖冬天她就挨不过去，不该娶回这样一个姑娘时，小厄恩肖的咒骂和愤怒喷涌而出，他对妻子的溺爱简直到了崇拜的地步。儿子的诞生使他心花怒放，也使他的妻子神采飞扬，但也因此断送了她的性命。

　　小说中对于这位女主人的刻画笔触甚少，但却引人入胜，仿佛让读者又看见了一个嫁入豪门，且获得了真挚爱情的"灰姑娘"式的人物，那饱满的形象令人们对于作者寥寥几笔就能让人物"活起来"的本领叫绝，同时也不免猜测，艾米莉笔下如此生动的"灰姑娘"又是谁？对比之下，里德太太的令人厌恶和小厄恩肖太太的甜蜜、可爱形成了鲜明的对照。出身、人格、个性、环境等诸多差异造就了两个有血有肉、形态迥异的女性，她们也是两姐妹小说人物塑造不同的艺术手法的产物。

纵观《简·爱》整本小说，现实主义与浪漫主义的相结合始终贯穿在叙事过程中。如里德太太的形象在实际生活中不乏其人，也得到了读者的认同。简是现实生活中的新女性，但在其内心深处，她的思想和情感又处处体现了浪漫主义的色彩。意识流手法的运用、对真挚情感和美好生活的憧憬、梦境的运用和对大自然喜悦与悲苦的描写，既塑造了一个现实主义的简，又刻画了一个浪漫主义的简。

除了使用姐姐类似的小说表现手法外，艾米莉还将象征主义的艺术手法运用于人物刻画中，且处处营造出浓郁的神秘色彩。法国诗人瓦莱里认为，"象征主义作家视现实世界为可鄙的、不真实的，他们力图超越现实而进入超验的心灵世界和内在生命的实体。"（转引自朱立元，2005：11）而这恰恰是艾米莉艺术观的映照。象征主义的盛行时期要推算到 19 世纪 80 和 90 年代，可见艾米莉已超前了数十年，这正是她的天赋所在。象征主义反对写实主义与印象主义且不乏晦涩神秘的色彩，这一特点在艾米莉塑造凯瑟琳和法兰西斯的形象时起到了别的表现手法所难以替代的作用，从而使得人物的形象更具复杂性、梦幻感和立体感。一如法兰西斯神秘难猜的身世一样，小说中人物身上所显现的复杂难解的象征意义，使艾米莉本人也成为英国文学史上著名的"司芬克斯"之谜。

两姐妹在小说人物塑造的角度、表现手法上的差异，英国著名小说家弗吉尼亚·伍尔夫曾有精彩论断："《呼啸山庄》比《简·爱》难懂得多，因为艾米莉比夏洛特更有诗人气质。夏洛特写作时总带着激情滔滔不绝地对我们说'我爱！我恨！我在受苦！'《呼啸山庄》则不同，那里没有'我'，既没有家庭教师，也没有雇家庭教师的人。那里有'爱'，但又不是常见的男女之爱。

艾米莉的创作灵感显然来自某种更为混沌的思绪。"（伍尔夫，2011: 183-184）这种"混沌"对比于夏洛特人人可感的"真实"，使得两姐妹的创作手法以及塑造人物的意图都是那样的泾渭分明。

四、结语

众所周知，人物是小说的核心，人物塑造得成功与否是小说能否被读者欣赏的关键，因此《简·爱》和《呼啸山庄》的持久魅力离不开其众多人物尤其是女性人物卓有成效的刻画。承上所说，在此方面，由于两姐妹性格特点各异，爱情观、价值观和艺术观的不同，导致了她们的表现手法以及所描绘的人物形象都存在着种种差异。如果说简是在文明世界中逐渐成长起来的优雅女性，那么，凯瑟琳就是远离都市的、寂寞荒野的一朵野雏菊；前者真实感人，后者飘逸、神秘。如果说里德太太是上流社会势利、冷酷的女主人，那么小厄恩肖太太就是柔弱迷人、善良的"灰姑娘"；前者是文明社会的蛀虫，后者是不乏神秘象征色彩的人世间的匆匆过客。她们或多或少地折射出作者的人生经历甚至生活的透视，反映了作者不同的性格特征、艺术风格和创作理念。但不管怎样，夏洛特和艾米莉透过女性细腻、敏锐的视角将笔下的众多女性人物刻画得生动逼真，惟妙惟肖，从而使她们的作品带有一种女性的温情和特有的魅力,也使得这两部世界名著有口皆碑，家喻户晓，具有震撼人心的艺术力量。一直以来，无论文学界怎样地"改朝换代"，夏洛特·勃朗特和艾米莉·勃朗特在英国乃至世界文坛所享有的盛名从未动摇过。时值今日，依然有众多的读者和学者在研读和欣赏她们的作品，为她们各自笔下的女性人物形象所吸引，所倾倒。

参考文献

[1] Bronte，Chalotte. *Jane Eyre.* Amazon: Michael O'Mara Books Ltd.，2011.

[2] Bronte，Emily. Wuthering Heights. Norton Critical Editions. W.W. Norton & Co.，2003.

[3] Saussy，Haun，ed.，*Comparative Literature in an Age of Globalization*，Baltimore: The Johns Hopkins University Press，2006.

[4]艾米莉·勃朗特.呼啸山庄.陆扬译.武汉: 长江文艺出版社，2006.

[5] 褚蓓娟. 简·爱（序）. 连洁译 【M】. 武汉: 长江文艺出版社，2006.

[6] 弗吉尼亚·伍尔夫.读书心得. 刘文荣译 【M】. 上海: 文汇出版社，2011.

[7] 黑格尔. 小逻辑 【M】. 北京: 商务印书馆，1980.

[8] 玛格丽特·莱恩. 勃朗特一家的故事. 杨静远译 【M】.上海: 上海译文出版社,1990.

[9] 夏洛特·勃朗特. 简爱. 连洁译 【M】. 武汉:长江文艺出版社，2006.

[10] 杨静远. 勃朗特姐妹研究 【M】. 北京: 中国社会科学出版社，1983.

[11] 朱立元. 当代西方文艺理论 【M】. 上海: 华东师范大学出版社，2005.

On the contrast of moulding the female images in Bronte Sisters' novels—Take *Jane Eyre* and *Wuthering Heights* as an Example

Wang Yu-zhi

Abstract: Chalotte Bronte（1816-1855）and Emily Bronte（1818-1848）are the famous British novelists of the Victorian Age in the 19th century. Profound and detailed study of their masterpieces *Jane Eyre* and *Wuthering Heights* shows that there exist subtle differences in their moudling the characters，especially female characters in their novels，although the two sisters have the same family and living background. This essay embodies the differences in dispositions of the characters they portray，and in the perspectives they use to depict them through the comparative study of the main female characters in the two novels，proving that it is their different specific personality，attitudes towards love，value and art that lead to their different artistic features when they mould the characteristics of the figures and when they use the methods in portraying them.

Key Words: Victorian Age; femininity; moulding; images of characters; comparative research

多元文化主义与当代美国少数族裔文学

陈俊松

摘　要：多元文化主义是 20 世纪 80 年代诞生于美国社会的一种引起广泛争议的社会政治理论和文化运动。它对美国文化传统和价值体系提出了鲜明的挑战，并对社会生活各个领域产生了巨大的影响。本文试图对当代美国少数族裔文学在二战后的兴起和发展作一个较为细致的梳理，以此来考察多元文化主义在美国文学领域的反映和影响。20 世纪 60 年代以来，美国各个少数族裔文学争相消解"WASP"文化一统天下的局面，形成了多话语、多中心、多文化的态势。当代美国少数族裔文学成功地实现了从沉默到喧哗、从边缘到中心的艰难演变，并成为美国多元文化主义最鲜明的体现和实践。

关键词：多元文化主义；少数族裔文学；WASP；影响；演变

引　言

早在立国之初，美国就是以一个移民国家的面貌出现在北美大陆。此后的几个世纪，移民不仅没有因为美国社会的发展而停止，而且表现出明显的持续性和多源性。发生在 19 世纪和 20 世纪的三次移民大潮更是深刻地改变了美国的社会和文化面貌。美国文化可以称之为一种移民文化，"合众为一"是其最突出的特点。然而，随着外来移民逐渐适应了美国社会的生活，站稳脚跟后，他们追求平等权利的呼声日益高涨。在 20 世纪 60 年代民权运动、女权运动、反主流文化运动的影响和催生下，多元文化主义（Multiculturalism）应运而生，并在 80 年代形成了一种潮流，产生了巨大的社会影响。有美国学者指出，"作为一种运动，多元文化主义虽不是美国独有的，但在美国的确是最典型的。它是作为民权运动的第二次浪潮而出现的，这次浪潮改变了美国二十世纪五六十年代的社会面貌"（Rogers，1996：1）。

　　然而，尽管多元文化主义无处不在，却始终未受到应有的关注和重视，学者们对其态度也各不相同。有研究者甚至坦言，"多元文化主义对很多人来说仍是个谜，对一些人来说是个负担，而对另一些人则是个威胁"（Kottak and Kozaitis，2002：47）。多元文化主义尊重和接受美国种族和族裔多样性的现实，反对传统的"熔炉"（melting pot）文化，认为"熔炉"即是"融合"（assimilation）。在"熔炉"文化的理念下，多元性变成了同一性，外来移民想要融入主流文化必须以去除母国文化和身份特征为代价。多元文化主义比"文化多元主义"（Cultural Pluralism）走得更远，后者仅仅突出美国民族和文化的多样性，而前者则强调了美国各民族和文化之间的平等和对话。多元文化主义者更愿意将美国现存的社会和文化特征称作"色拉盘"（Salad Bowl）或"马赛克"（Mosaic），因为在这种更为宽容的态度里，各种文化可保持其各自的习俗和特色。

　　多元文化主义对美国社会方方面面均产生了影响，但程度最深、范围最广的无疑还是在美国的文学界。美国文学的发展历程清楚地揭示了这样一个规律：社会运动的兴起往往会带来文学的发展。多元文化主义运动势必影响到美国少数族裔作家的文学创作和表述。本文将从当代美国少数族裔文学的兴起和发展来透析多元文化主义在文学领域的反映和实践。

　　多元文化主义最显著的表现就是身份认同，即"一种经个人内化了的，有共同身份或经历的人群在心理和政治上的倾向性"

（Kottak and Kozaitis，2002: 50）。二次世界大战以前，美国少数族裔作家和占据主流文化地位的"WASP"作家的关系如同立国之初的前辈作家与英国作家的关系，在遭受拒绝和争取认可中痛苦挣扎。这一情形在二战后发生了根本性的变化。

正如有的学者所说，"近年来，各种不同的发出他/她们自己的声音、讲述他/她们自己的故事的美国少数族裔群体迅速崛起……现在人们发现这些基于种族背景的文学正日趋繁荣，吸引着更大、更广泛、超越种族界限的读者群"（Castro，1997: ii）。此前少数族裔文学难以进入主流文学经典的"传统"开始有所改变。在著名的《哥伦比亚美国文学史》的前言中，主编埃默里·埃里奥特（Emory Elliott）曾写道："美国的文学的历史不是一个故事，而是很多个不同的故事"（Elliott，1988: xxi）。在众声喧哗的美国当代文坛，与厄普代克（John Updike）和欧茨（Joyce Carole Oates）等少数坚持现实主义传统的作家和一批影响较大的后现代主义作家如约翰·巴思（John Barth）、托马斯·品钦（Thomas Pynchon）、库尔特·冯内古特（Kurt Vonnegut）等遥相呼应的是少数族裔作家群体。这其中最具代表性的有非裔美国文学、犹太裔美国文学、亚裔美国文学、印第安本土美国文学，等等。这些少数族裔作家或者从母国文化中吸取营养，为美国读者讲述带有浓郁异国情调的故事，或者书写自身融入美国文化过程中的辛酸血泪，再或者以自己民族的口头文学传统重述古老传说，但都走过了一条从沉默到喧哗、从边缘到中心的艰辛之路。

一、非裔美国文学

非裔美国文学，也称为"美国黑人文学"。虽然"美国黑人文学的诞生比起任何别的民族文学来要艰难得多"（王家湘，2006: 1），但它在美国各少数族裔文学中显得最为成熟，成就也最为卓著。前辈作家弗雷德里克·道格拉斯（Frederick Douglass）是黑人文学的先驱，他的《弗雷德里克·道格拉斯的生平记述》（*Narrative of the Life of Frederick Douglass，an American Slave*，1845）是早期黑奴传记文学中的优秀代表。威廉·布朗（William W. Brown 1814?—1884）是第一位发表小说、剧本、游记的非裔美国作家，其自传《逃奴布朗自述》（*Narrative of William W. Brown，a Fugitive Slave*，1847）发表后引起轰动。20年代的哈莱姆文艺复兴（Harlem Renaissance）则是20世纪黑人文学的第一次繁荣，尤其是诗歌方面，涌现了一大批优秀的作家，如卡伦（Countee Cullen）、福斯特（Jessie Redmon Fauset）、休斯（Langston Hughes）、约翰逊（James Weldon Johnson）、麦凯（Claude McKay）、图默（Jean Toomer）等。当然，20世纪上半叶美国最有影响的黑人领袖是杜波伊斯（W. E. B. Du Bois），他是哈佛大学第一个获得博士学位的黑人，其代表作《黑人的灵魂》（*The Souls of Black Folk*，1903）被广泛认为是最重要的黑人文学作品之一。到了四五十年代，又出现了抗议作家理查德·赖特（Richard Right）和鲍德温（James Baldwin）、埃里森（Ralph Ellison）、赫斯顿（Zora Neale Hurston）等一大批重要作家，诞生了《土生子》、《看不见的人》、《他们眼望上苍》等经典名作，黑人文学经历了第二次繁荣。70年代以后，女性作家艾里斯·沃克（Alice Walker）、托妮·莫里森（Toni Morrison）等和伊什梅尔·里德（Ishmael Reed）、欧内斯特·盖恩斯（Ernest Gaines）等新一代作家崛起，形成了美国黑人文学的第三次繁荣。尤为值得一提的是托妮·莫里森成功地克服了身为黑人和女性的双重阻碍，获得了1993年的诺贝尔文学奖，而成为20世纪唯一一位荣膺此殊荣的黑人作家。90年代末《诺顿非裔美国文学选集》（*The Norton Anthology of African American Literature*，1997）出版问世，很多大学也开设了非裔美国文学方面的课程。与此同时，许多黑人作家也步入被白人长久统治的学术领地，成为著名大学的教授。这标志着非裔美国文学已经从边缘进入了主流，得到了学术界的广泛认可。

　　当然，非裔美国文学也并非铁板一块，其内部也存在不同的主张和激烈的争论，有时黑人作家还面临艰难的"两难"抉择。例如，理查德·赖特作品中的主人公通常是愤怒的、没受过教育、在沉默中奋起抗争的黑人。他的小说（如《土生子》、《黑孩子》等）反复强调的一个主题是：在美国黑人和白人之间有一道隔膜。而稍后登上文坛的拉尔夫·埃里森则经常在作品中刻画受过教育、具有自我意识、思想上更加包容的黑人形象。在埃里森看来，黑人的困境（如在《看不见的人》里）是一个巨大的隐喻，表现了人类在一个冷漠、无序、杂乱的世界里想要寻找一个稳固的个人身份而不得的境遇，超越了黑人的个别民族属性，具有普遍意义。他还认为美国并不存在一个固定的非裔美国民族形象，他们可以创作他们自己的文化形象。因此，在文学评论界，赖特被称为"抗议文学"（protest literature）的开拓者，而埃里森则被视为抱有融合的幻想（integrative imagination）。二人的政治思想和美学原则迥然有别，而获得诺贝尔奖的莫里森则选择了中间道路，着力描绘美国黑人在一个不公正的社会里努力追溯本民族的历史、寻找自我、探求出路的经历。

二、犹太裔美国文学

　　比起非裔美国文学，犹太裔美国文学的情况似乎更为复杂，因为前者不管怎样还有一个共同的祖籍，而后者则在世界各地飘零长达几个世纪。从某种程度上说，美国似乎成了犹太人的"希望之乡"，犹太裔美国文学在自身的发展过程中取得了举世瞩目的成就。

　　犹太裔美国文学的历史悠久，早在 19 世纪末就出现了用意第绪语（Yiddish）创作的戏剧。两次世界大战之间，犹太美国文学经历一次大的发展，涌现出了一批优秀作家和代表性的作品。纳撒尼尔·维斯特（Nathanael West，1903—1940）和克利福德·奥德茨（Clifford Odets，1938— ）分别是 30 年代最著名的犹太小说家和剧作家，小说《孤心小姐》（*Miss Lonelyhearts,*1933）和剧本《等待老左》（*Waiting for Lefty*，1935）、《天之骄子》（*Golden Boy*，1937）分别是其代表作。但犹太裔美国文学真正走向繁荣兴旺是在二战以后。小说家诺曼·梅勒（Norman Mailer，1923—2007）、约瑟夫·海勒（Joseph Heller，1923—1999）、J. D. 塞林格（J. D. Salinger，1919— ）、艾萨克·巴舍维斯·辛格（Isaac Bashevis Singer，1904-1991）、索尔·贝娄（Saul Bellow，1915—2004）和剧作家阿瑟·米勒（Arthur Miller，1915—2005）等一群颇有影响的作家在美国文坛成功崛起，发表了他们各自的代表性的作品，并最终使犹太文学成为美国文学中一支独立的力量。70 年代，两位重要的犹太作家索尔·贝娄和艾萨克·巴舍维斯·辛格分别于 1976 年、1978 年获得诺贝尔文学奖，犹太裔美国文学从此正式进入了主流文学经典的行列。与此同时，活跃在文坛上的还有一批成为中坚力量的犹太作家，如伯纳德·马拉默德（Bernard Malamud，1914—1986）、菲利普·罗斯（Philip Roth，1933— ）等。此外，一批新人也登上了文坛，如保罗·奥斯特（Paul Auster，1947— ）、后现代主义作家多克特罗（E. L. Doctorow，1931— ），以及犹太女作家辛西娅·奥齐克（Cynthia Ozick，1928— ）等。需要指出的是，有的犹太裔作家在其作品中专注于表现犹太移民在融入美国社会进程中的心路历程（如辛格和贝娄），有的却不一定着力表现犹太人的生活（如罗斯），但共同的文化背景早已化作他/她们的集体无意识，犹太身份和犹太传统还是他/她们挥之不去的文学主题。

　　在作品关注的题材方面，索尔·贝娄擅长于刻画美国中产阶级在物质充裕、精神困乏的当代社会中渴望寻找精神家园和慰藉过程中的困境，如《摇来荡去的人》、《及时行乐》、《赫索格》、《洪堡的礼物》等。菲利普·罗斯从自己在多所大学任教的经历中获得素材，创作了多部以大学教授或作家为主人公的作品，如《乳房》、《情欲教授》、《鬼教授》等。而 E.L.多克特罗则更多地关注美国的历史，堪称美国历史的编年者。他的作品频频以真实的历史事件为题材，艺术地再现那些曾引起骚乱、动荡，甚至战火纷飞的历史画卷，如《拉格泰姆时代》、《比利·巴思格特》、《但以理书》、《大进军》、《荷马与兰利》等。

三、亚裔美国文学

《哥伦比亚美国文学史》将"亚裔美国文学"定义为"华裔、菲律宾裔、韩/朝鲜裔和南亚美国作家用英语发表的，描写他/她们在美国的经历的文学作品"（Elliott，1988: 811）。虽然亚裔美国文学的成就和影响都不及非裔和犹太裔美国文学，但经过几代作家的不懈努力已经取得了长足的进步，在当代美国文坛业已牢牢地占据了一席之地。亚裔美国文学，尤其是华裔美国文学，是近年来在美国文坛上发展迅速、地位日趋重要的少数族裔文学中的一个成功范例。

跟其他少数族裔文学一样，亚裔美国文学同样也经历了一段艰难、曲折的历史。我国学者指出，"尽管亚洲人早在十九世纪中期就到了美国,亚裔美国文学的兴起几乎是一个世纪以后的事情"（吴元迈，2004: 66）。地理环境、文化心理等多方面的巨大差异使得在相当长的一段时期里，美国主流批评家和读者都只把华裔美国文学作品当作社会学、人类学的文献，而不是文学作品看待。此外，华裔美国文学的发展过程中还过多地受到政治、军事、外交、经济等方面的影响。美国社会长久的对华人的偏见和种族歧视最终导致了 1882 年"排华法案"（the Chinese Exclusion Act）的通过，直到 1943 年才被废除。这一对华人的敌对政策持续了长达半个多世纪，极大地影响了早期华裔美国文学的起步和发展。

因此，华裔美国文学的真正兴起和发展是在"排华法案"被废除，美国对华移民政策有所缓和以及在美华人地位开始改善以后。

在早期向西方介绍中国文化的作家中，最著名的是林语堂，他的英文著作《吾国与吾民》（*My Country and My People*，1937）在美国和欧洲广受欢迎，尽管国内学界批评林语堂对当时人民大众在外来侵略下的生死挣扎视而不见。而在美国出生的第一代华裔美国作家中，刘裔昌（Pardee Lowe）和被称为"华裔美国文学之母"的黄玉雪（Jade Snow Wong）最为知名，《父亲和光宗耀祖的后代》（*Father and Glorious Descendant*，1942）和《华女阿五》（*Fifth Chinese Daughter*，1945）分别是他们的代表作。前者欢呼美国为"上帝自己的国度"，视中国传统习俗为"老掉牙的破烂"，把中国人描写为"毫无感情的机器人"，后者向美国读者介绍了充满异国情调，趣味横生的华裔美国家庭和社区，尤其是旧金山唐人街的生活。两者都或多或少地对华裔美国人的家庭、社区、种族持有批评态度。但最能反映唐人街美国华人社会生活的作品当推雷霆超（Louis Chu，1915—1971）的《吃碗茶》（*Eat a Bowl of Tea*，1961）。小说描写了美国禁止华人女性入境，华人社区畸形的"单身汉社会"及其在二战后的解体。总的说来，这一时期华裔美国文学在美国主流文坛基本上是处于"沉默"的状态，只有到了 70 年代以后，情况才发生根本性的改变。

1976 年汤亭亭（Maxine Hong Kinston，1940— ）的《女勇士》（*The Woman Warrior*）的出版标志着华裔美国文学繁荣时期的到来。除《女勇士》外，她的《中国佬》（*China Man*，1980）和《孙行者》（*Tripmaster Monkey*，1988）也都获过美国主流文学大奖。当代美国文坛上，还活跃着一批华裔美国作家，如叶添祥（Laurence Michael Yep，1948— ）、谭恩美（Amy Tan，1952— ）、任碧莲（Gish Jen，1955— ）、李健孙（Gus Lee，1946— ）等，发表了《龙翼》（*Dragonwings*，1975）、《喜福会》（*The Joy Luck Club*，

1989）、《灶神娘娘》（*The Kitchen God's Wife*，1991）、《正骨师的女儿》（*The Bonesetter's Daughter*, 2001）、《典型的美国佬》（*Typical American*, 1991）、《梦娜在希望之乡》（*Mona in the Promised Land*, 1996）、《中国仔》（*China Boy*，1991）等一系列拥有广泛影响力的名篇。除了小说外，华裔美国作家中还有赵健秀（Frank Chin，1940— ）和黄哲伦（David Henry Hwang，1957— ）两位杰出的剧作家。赵健秀的《鸡笼中国佬》（*The Chickencoop Chinaman*，1972）是第一部进入美国主流的华裔美国戏剧，也是历史上第一个华裔美国剧本。此外他的《龙年》（*The Year of the Dragon*，1974）和黄哲伦的《蝴蝶君》（*M. Butterfly*，1988）都已成为华裔美国文学作品中的经典之作。

尤为值得一提的是，赵健秀及其同仁致力于重新发现被美国主流文学史遗忘和历史湮没的亚裔作家和作品，主编了《唉咦！：亚裔美国作家选》（*Aiiieeeee!: An Anthology of Asian-American Writers*，1974）和《大唉咦！：华裔及日裔美国文学选集》（*The Big Aiiieeeee: An Anthology of Chinese-American and Japanese-American Literature*，1991）两部具有里程碑意义的文学选集，"撕破了主流社会对亚裔/华裔文学的封锁和禁锢，其导言被誉为亚裔/华裔美国文学的独立宣言，'堪与爱默生的《美国学者》相比拟'"（王守仁，2002: 353）。近年来，亚裔/华裔美国作家的作品被收入多种文选（如《诺顿美国文学选集》），权威的美国文学史（如《哥伦比亚美国文学史》、《剑桥美国文学史》等）中也辟有专章论述亚裔美国文学，亚裔/华裔美国文学已经成功地由边缘挤入了中心。

在华裔美国文学中，在具体如何书写中国文化和刻画华人/华裔形象这个问题上，作家之间往往有不同的策略。在华裔作家中，这种分歧有时会引发严重的个人恩怨。这其中最主要的就是赵健秀对汤亭亭、谭恩美等人的猛烈抨击。赵健秀以保持真实的中国文化传统为名，批评汤亭亭在作品（如《女勇士》）中严重歪曲中国传统故事（如花木兰代父从军的故事），刻意迎合美国读者对古老、落后的东方猎奇的口味。但汤亭亭似乎没有被赵健秀的批评所影响，继续推出了几部重要的作品，进一步提升了华裔美国文学的声誉。其实，在发扬和再现中国传统文化方面，赵、汤二人并非对立，只是在美学原则和具体表现手法不同而已。

三、印第安本土美国文学

　　如果把"美国"看作是一个地理概念，而不是政治概念，那么美国文学的源头既不是 1492 年哥伦布发现了新大陆后的各种历史文献，也不是 1607 年首批英国移民横渡大西洋抵达弗吉尼亚建立第一个永久性殖民地以后的殖民记述，而是在此之前就存在长达数千年的印第安原始居民创造的本土文学。而在 1988 年出版的《哥伦比亚美国文学史》之前的美国文学史都对此只字不提，或语焉不详。进入 20 世纪，特别是在非裔美国文学、犹太裔美国文学、亚裔美国文学都已被公认为美国主流文学中的重要组成部分后，印第安本土文学进入主流文学就是理所当然的了。

　　印第安居民用他们的口头传统创作了悠久、辉煌的文学，其起源要比美国白人"主流文学"早数千年。在这一文学传统中，"有独特的传世神话，有优美的传说，有史诗式的部落历史和部落文化英雄故事，而印第安人传统的典仪和曲词作品，更是集中展示了印第安人丰富的想象力"（张冲，2000:6）。然而，随着欧洲移民的大量到来和对原有文化的侵蚀，尤其是英语成为整个北美的主导语言后，印第安口头文学的发展严重受挫，在 17 世纪经历了一次大的断裂，并于 18 世纪末以英语书面文学的形式开始其作为"弱势文学"的新的发展。

　　20 世纪 60 年代末以前，印第安本土文学一直还处于沉寂的状态，被出版界和评论界所冷落。但 60 年代末，特别是进入 70 年代后，美国印第安文学异军突起，一扫过去那种沉闷的局面。

本土文学进入了一个空前繁荣的时期，涌现了一批影响巨大的作家和代表性的作品，这就是美国文学史上著名的"印第安文艺复兴"。当代印第安作家继承了民间口头文学传统的现实性，又从西方文学传统中不断吸取营养，因此他/她们的作品既带着浓厚的印第安风情，又具有试验创新的精神。1969 年，同时身为大学教授的基阿瓦人（Kiowa）小说家斯科特·莫马迪（N. Scott Momaday，1934— ）的小说《黎明之屋》（*House of Dawn*，1968）获得普利策奖，标志着当今美国文坛上，印第安本土文学开始拥有了一席之地。女作家莱斯利·西尔克（Leslie Marmon Silko，1948— ）的长篇小说《仪式》（*Ceremony*，1977）和短篇小说集《讲故事者》（*Storyteller*，1981），前者表现了回归印第安传统，主张人和大自然/动物的依赖与和谐，后者再现了当代印第安人社会和生活中的文化和历史的冲突，主题深刻，影响巨大。詹姆斯·威尔奇（James Welch，1940— ）是 70 年代最受欢迎的本土作家，代表性作品有《血色寒冬》（*Winter in the Blood*，1974）、《吉姆·隆尼之死》（*The Death of Jim Loney*，1979）、《傻瓜乌鸦》（*Fools Crow*，1986），等等。以后现代手法创作著称的杰拉尔德·维兹诺（Gerald Vizenor，1934— ）出版了《圣路易斯熊心的隐秘》（*Darkness in Saint Louis Bearheat*，1978）、《忧伤者：美国猴王在中国》（*Griever: An American Monkey King in China*，1987）。后者获当年的全国图书奖，小说的形象直接取材于中国古典小说《西游记》，但其实与印第安传统文学中的"恶作剧者"形象更为接近。

当然，当代最重要、也最多产的印第安本土作家是路易斯·厄德里奇（Louise Erdrich，1954— ）。她从小受印第安文化熏陶，以反映保留地印第安人的生活和文化见长。自 80 年代以来，她每两三年就有一篇长篇小说问世。长篇小说《爱药》（*Love Medicine*，1984）、《甜菜女王》（*The Beet Queen*，1986）、《轨道》（*Tracks*，1988）、《宾戈厅》（*The Bingo Palace*，1994）和短篇小说集《燃情故事集》(*Tales of Burning Love*，1996) 是以当代北达科他印第安人的生活为背景写成的系列作品。《爱药》获全国图书评论界奖，引起了评论界对她的作品的广泛关注。

印第安文学已经进入美国大学课堂，1995 年美国第一部印第安本土文学集《青烟升起：北美印第安人文学大全》出版，标志着印第安本土美国文学和其他少数族裔美国文学一样已经成为主流文学不可或缺的一部分了。

结　语

人们用共同的知识、价值观念和经历将社会组织成有凝聚力的社会群体。过去，人类学家们倾向于把文化看作是一种预定的规范，而不是形成新的社会身份的基础。他们把文化当成是社会粘合剂，而不是能将社会分割成有凝聚力的小群体的力量。然而，跟语言一样，文化也存在差异性和多样性，在有些地区这种差异性会表现得尤为突出。不同的民族文化在一个社会集聚的最佳状态就是相互尊重，平等共存。多元文化主义为民族文化特性发展日益多元化的美国提供了一个可供参考的路径。

20 世纪 60 年代以来美国各个少数族裔文学在多元文化主义和其他各种社会运动的催生下，在前辈作家开创的创作道路上继续前行，书写当代少数族裔在美国这个移民国度的生活经验，不断把各自不同的文化传统带入美国大众的阅读活动。尽管各个少数族裔文学内部存在分歧和争论，但它们最终都以更为自觉的母国民族文化意识争相消解"WASP"文化一统天下和"欧洲中心论"主导人们精神、心理世界的局面，形成了多话语、多中心、多文化的态势，成功地实现了从沉默到喧哗、从边缘到中心的艰难演变，并成为美国多元文化主义最鲜明的体现和实践。

参考文献

[1] Castro，Rafaela G.，et al.，eds. *What Do I Read Next? Multicultural Literature* [M]. Detroit: Gale，1997.

[2] Elliott，Emory，et al.，eds. *Columbia Literary History of the United States* [M]. New York: Columbia University Press，1988.

[3] Kottak，Conrad Phillip and Kathryn A. Kozaitis. *On Being Different: Diversity and Multiculturalism in the North American Mainstream* [M]. Second edition. Boston: McGraw Hill，2002.

[4] Rogers，Mary F. *Multicultural Experiences，Multicultural Theories* [M]. New York: The McGraw-Hill Companies，Inc.，1996.

[4] 王家湘. 二十世纪美国黑人小说史[M]. 南京：译林出版社，2006.

[5] 王守仁. 新编美国文学史（第四卷）[M]. 上海：上海外语教育出版社，2002.

[6] 吴元迈. 20 世纪外国文学史（第五卷）[M]. 南京：译林出版社，2004.

[7] 张冲.新编美国文学史（第一卷）[M]. 上海：上海外语教育出版社，2000.

Multiculturalism and Contemporary Ethnic American Literature

Chen Jun-song

Abstract: Multiculturalism was a political philosophy and a cultural movement that caused widespread controversies in America back in the 1980s. It did not only emerge to challenge the American cultural tradition and values, but also extended its enormous impact to every field of the society. The present paper, based on a detailed critical review of the rise and development of contemporary ethnic literature after WWII, intends to examine the reflection and impact of multiculturalism in the history of American literature. Since the 1960s, American ethnic literatures, in their competing efforts, have disintegrated the American traditional cultural spectrum with WASP as the overarching power. Painstakingly, contemporary American ethnic literature has changed its overall silent and marginalized status into an articulate and mainstream one, and thus become the most powerful embodiment of multiculturalism in America.

Key Words: multiculturalism; ethnic American literature, WASP; influence; evolution

解读布宁创作中的"秋"的图景

刘玉琴 叶静静

摘要： 论文通过分析布宁十月革命前"怀旧"和"乡村"主题代表作品中的 "秋"的图景，阐明作家借"秋景"抒发对日趋走向衰败的贵族生活的留恋、对整个俄罗斯的热爱及其对俄国现实和俄罗斯民族命运的担忧；同时，通过解读布宁创作晚期"爱情"主题代表作品中的"秋"的图景，揭示到了人生之秋的他，虽然半生在异乡他国，仍然爱恋俄罗斯，并对生与死、爱情有独到的哲思。

关键词： 布宁创作；秋的图景；俄罗斯民族命运；人生哲思

引言

秋，四季中最为多彩、最富诗意的季节，作为永恒的创作主题，在众多俄罗斯作家的创作中占有举足轻重的地位。 伊万·阿列克谢耶维奇·.布宁（1870-1953，又译蒲宁），诗人、小说家、翻译家，是俄罗斯文学史上第一位获得诺贝尔文学奖的经典作家，也是俄罗斯 20 世纪侨民作家的代表，不管是在俄罗斯还是他乡异国的创作中，他对"秋"情有独钟。布宁的故乡奥尔洛夫省地处俄罗斯腹地，风光秀丽如画，他生长在祖父留下的农庄，自幼细心体察大自然的无限美妙，对自然的描写可谓得心应手。本文将通过分析布宁十月革命前及侨居法国晚期创作中的"秋"的图景，阐释作家热爱俄罗斯，关切祖国命运，对生与死、爱情的哲思。

一、布宁十月革命前创作中的"秋"的图景

本部分将以长诗《落叶》(1900 年)、短篇小说《安东诺夫卡苹果》(1900 年)、中篇小说《乡村》(1910 年)为例解析布宁笔下的"秋"的图景。

1. 布宁长诗《落叶》(1900)是 20 世纪初俄国诗坛上的一首名诗,长诗问世时的副标题为"秋天的长诗"(也翻"落叶时节")。作者题词后又将此诗献给高尔基,高尔基读后称布宁为"当代第一诗人"。同时,《落叶》得到了托尔斯泰等众多诗人作家的高度评价,1903 年此诗获科学院普希金文学奖。

《落叶》不仅摆脱了当时流行的悲秋、伤秋的哀怨俗调,而且一反通常对秋天的空泛赞颂,选取最有代表性的俄罗斯大自然——森林作为咏叹秋天的寄喻。全诗描写细腻、色彩亮丽、充满动感,给人一种情绪高亢的印象。

该长诗共 166 行,分为 9 段,段落不拘一格。最短的为开头的 4 行,最长的段落为结尾的 32 行。第一、二段(14 行)描写色彩斑斓的初秋森林;第三段描述多彩而"沉寂""的秋天白日;第四、五两段(43 行)描述秋寒渐浸,凄清荒凉的黄昏和夜晚。第六、七两段(33 行)表达秋雨秋风愁煞人的晚秋;第八段(20 行)写秋末女神南移上路的早上;第九段(32 行)写秋末冬初。让我们来欣赏一下第一、二段:

> 森林,像一座精致的宫殿,矗立在旷地后面;
> 红明紫暗的门墙,照耀得人心迷目眩。[1] (43)

诗中"像一座精致的宫殿"、"红明紫暗的门墙",勾勒出金秋俄罗斯森林的美丽,为全诗谱成亮丽基调。

> 在蓝天的映衬下,淡黄色桦树梢头晕光闪闪;

苍老的枞枝，像绣出的图案；

枫树的树荫宛如屋顶上敞开的天窗，透射进一条天光。

夏日把树木晒得干爽，橡树和松树的气息在林间弥散。

终于，秋之神像一位孀居女子，

不声不响地来到这五光十色斑斓的官殿。 [1]（43）

　　这一段布宁依然描写多姿多彩的林木、五光十色斑斓的官殿、敞开的天窗，段末自然而巧妙地引入了一位孤独而柔美的秋神，为的是以秋神的观察和印象取代其主观描述的地位。

　　我们知道长诗《落叶》的意义在于吟诵森林在秋日里由盛到衰的整个过程，因而第一、二段初秋的艳丽只是全诗的铺垫和渲染，与第三至第八段逐渐灰暗衰败相呼应。第八段描写"彩楼"中的秋神默默地收拾打扮，凄楚地移步登程，就像已经南飞的候鸟一样，踏上了南去的孤独旅程，离开曾繁茂一时而如今破败得难以存身的森林。至此秋天已成尾声，秋色的诗似乎也应当结束了。

　　然而布宁诗兴大发，继续写下以下第九段，请欣赏：

永别了，森林！……那一位轻柔洁白的雪姑娘

就要给死寂的原野换衣裳……

自当惊奇：一夜之间变样：彼此难分，全然素裹银装。

黑貂喜洋洋，撒欢儿蹦跳；银鼠贪玩耍，松貂更活跃。

追逐滚打，为取暖来回跑；钻松软的雪堆，打开通道。

……

须夜晚，透过玲珑的花窗，可翘望天宇万盏灯火闪亮。

璀璨星盾嵌北斗灿烂辉煌，彼时沉寂，猛起连天大火。

惊烈焰熊熊，喜林木无伤——冷火却原是绚丽的北极光。 [2]（78）

　　之所以说布宁在这首诗上没落入悲秋、伤秋的哀怨俗调，是添加了全诗中行数最多的结尾段落，为整篇诗增亮了光彩。秋神

顺应自然界变化，匆匆离去，虽不免有些凄凉，然而秋末冬初轻柔的白雪将改变死寂如灰的自然景色，充满光明的韵调；各种喜爱初雪的小动物顽皮嬉闹，衬出林间充满生机；尤其星光和北极光更添加了灿烂辉煌的色彩，使人不由地充满兴奋昂扬的情绪。

通过分析和欣赏《落叶》，读者不难感受到：诗人捕捉到了世界生生不息的脚步；捕捉到了"使世界前进"的永恒之美，同时，也倾听到诗人的心声：留恋走向没落、衰败的"美好贵族生活"，更寄希望于未来的俄国社会变革。

2. 20 世纪最初十年，布宁的小说创作进入一个新阶段。短篇小说《安东诺夫卡苹果》（1900 年）就是他的开端之作。小说从八月写到十一月，以时间为线索，描绘出俄罗斯农村秋天的美好图景。共由果园丰收图景、庄园生活图景、狩猎图景、小地主生活图景四幅极具表现力的画面构成。整篇小说用回忆的口吻，将读者笼罩在"安东诺夫卡苹果"的馥郁甜香中，抒发对过去生活的留恋、对时世变迁的惆怅和感伤。

> "……我至今还记得那凉丝丝的静谧的清晨……记得那座满目金黄、树叶开始凋零，因而显得稀稀落落的大果园，记得那槭书的林荫道、落叶的幽香以及——安东诺夫卡苹果、蜂蜜和秋凉这三者的芬芳。空气洁净得如同不复存在一般，果园里到处是人声和大车叽叽嘎嘎的响声……" [3]（33）

第一部分诗人用视觉、嗅觉、听觉，概括性描写与细节描写相结合的手法尽力描绘蓬勃的果实丰登之秋，展示旧式地主生活的诗意，作者的主观情绪跃然纸上。

但是到了作品的第三部分，对果园的描写，就完全是另外一番样子了：

> "自九月初起，我们那儿的果园和打麦场就开始变得空旷了……同时，在北半天，在沉甸甸的铅灰色的乌云上方，水汪汪的浅蓝色的天空

冷冰冰地、明亮地闪着光,乌云则慢慢地凝聚成为连绵不绝的含雪的云峰……风并没有停息。它骚扰着果园,撕碎着不停地从下房的烟囱里冒出来的缕缕炊烟,并且重又去驱赶如发绺似的不祥的乌云。乌云在低空飞驰着,转眼间,就像烟雾一般,遮蔽了落日。余辉熄灭了,像一扇小窗户那么大的一块蓝天闭合了,果园显得荒凉、沉闷,雨重又淅淅沥沥地飘落下来……起初是悄悄地、战战兢兢地下着,后来越下越密,最后终于变成了与黑暗与风暴为伴的倾盆大雨。使人忐忑不安的漫漫长夜开始了……" [3]（42）

小说结尾部分

"……一团团烟雾在漂浮,蜡烛发出昏黄的光,吉他给调好了弦……

暮色中刮起了一阵狂风,

霎那间风吹开了我家大门——

……虽然心里充满忧愁和绝望,但还是鼓起勇气,参差不齐地应和着:

霎那间风吹开了我家大门,

那白雪掩埋了大径小道——" [3]（50-51）

　　这样两幅衰败凄凉的画面饱含悲观色彩,读来给人一种窒息的感觉。因时过境迁,诗人惆怅感伤,小说宣告了在时代的重压下,乡村贵族老爷旧式生活的衰落终成现实,庄园的景致一去不返。

　　整篇小说展现在我们面前的就是地主庄园兴衰的全过程,作家表现的秋天就象征"贵族老爷的生活步入了秋末"。

　　3. 中篇小说《乡村》（1909-1910）是布宁重要的作品之一。这是一篇思想层次多、容量大的小说。它展示了 1905 年革命失败后俄国乡村的风貌。通过季洪和库兹马两兄弟的所见所感,再现了一个贫穷、衰败、落后、暗无天日的俄罗斯乡村对农村阶级关系的变动和革命运动反响图景。

文中有多处提及"秋景"，其中第三部分有这么一段描述：

> "冰冷的狂风暴雨，白天黑得像傍晚，田庄上到处是泥泞，上面撒
> 落一层椴树的小黄叶，杜尔诺夫卡周围是一片无边无际的耕地和冬麦
> 地，乌云一片片飘来，没有个尽头，使人对这万恶的地方感到深恶痛
> 绝。这里一年有八个月刮着暴风雪，四个月是阴雨天的……"。[3]（383~384）

于是冬季便急速而至，

> "在青灰色的天空下，白茫茫的田野显得更加广阔，更加荒
> 凉。……又刮起了暴风雪……暴风雪过后，结了一层灰色冰层的田野
> 上又刮起凛冽的寒风，把山沟里那些孤零零的橡树上仅剩的褐色枯叶
> 一扫而光……"[3]（386）

阴雨连绵、寒冷的秋天令人厌恶！可漫长的冬季来势更猛！作
者如此安排为的是自己情绪的观照，他认为：1905 年的革命让俄
罗斯民族丢失了宝贵的传统，革命改变不了俄罗斯命运，只能让俄
罗斯人天性中的弱点——愚昧、懒惰、无责任心、野蛮、自私和麻
木不仁暴露无遗。小说以新媳妇和杰尼斯卡的婚礼作为结尾，描写
"新媳妇"出嫁时遮天蔽日，一阵紧似一阵，猛得吓人的暴风雪、
"茫茫雪雾"中"阴暗如晦"的"天光"和被白雪覆盖、"不见杜尔
诺夫卡"的大地[3]（413）（413）。狂风暴雪的黄昏暗示着新媳妇未来悲
剧性的命运、杜尔诺夫卡村悲剧性的命运，乃至整个俄罗斯悲剧性
的命运。在布宁看来，更大规模的革命运动正在酝酿中并必将爆发。
果戈里曾说："罗斯，罗斯，你到底奔向何方？"不难看出，作者
在《乡村》中给出悲观的回答——革命必将使俄罗斯走向死亡。

二、布宁侨居法国晚期创作中的"秋"的图景

本部分将以布宁短篇小说《幽暗的林间小径》（1946）和《寒
冷的秋天》（1944）为例展现布宁笔下的"秋"的图景。

1. 由三十八篇小说构成的短篇小说集《幽暗的林间小径》是布宁晚期创作的重要作品，也是俄罗斯文学史上唯一的一部被称为"爱情百科全书"的爱情小说集。本文即想对与小说集同名的《幽暗的林间小径》中的秋图景略加解析。

> "那是秋季一个寒冷的阴雨天。图拉城郊外的一条大路被来往车辆压出了一条条黑糊糊车辙，积满了雨水……"

年近六旬的退役军官尼古拉外出办事，坐着一辆溅满污泥的马车疲惫不堪地来到了一个驿站。驿站的另一半是个简单的客栈，而经营这家客栈的竟是尼古拉三十五年没见的旧日情人娜杰日达。尼古拉在二十岁左右时曾经与娜杰日达深深相爱，但因娜杰日达女奴的身份，尼古拉最终抛弃了她。然而这段爱却令娜杰日达终生难忘，为此付出了一生的代价，再也没爱过，更没嫁人。

小说中男女主人公几处对白对揭示主题十分有力，如尼古拉说："一切都会过去，一切都能忘掉。"娜杰日达立即回答说："一切都会过去，可不是一切都能忘掉！"[3]（243）

> "淡淡的夕阳在西沉时终于露了面……让马车不时地从一道黑糊糊车辙驶上另一道，选择泥浆较少的地方……落日将黄澄澄的余晖洒在空旷的田野上"[3]（244）

这是小说结尾部分的秋景，显然不同于开头部分的。小说中的"秋的图景"即象征迈入人生秋季的尼古拉一生毫无快乐可言：他的妻子背叛了他，而他爱她"爱到神魂颠倒的地步"；他的儿子长大后成了浪荡子，而他小时候"把他当成宝贝，把一切希望都寄托在他身上"。同时又象征了人间万事万物的缺失美：男女主人公的爱恋就像缤纷绚丽的秋——热烈、短暂、凄惨，在布宁看来，这种爱情就像闪电一样稍纵即逝，爱得越强烈，夭折得越快，但夭折并不等于死亡，它将变为记忆，成为永恒存在的方式，使生活诗意化。

2. 布宁写于 1944 年二战期间的小说《寒冷的秋天》讲述了一

对订了婚并即将举行婚礼的情侣,因战争打响未婚夫不得不去前线并很快战死。尽管日后未婚妻的生活坎坷,但她至死深爱着他。小说女主人公父亲"看由茶吹中开腾起的热气而打湿的窗户"说:"今年的秋天来得特别的早,特别的冷。"之后,女主人来到阳台门旁用围巾擦拭玻璃窗看到"乌黑的天空把洁白如冰的星星映托得格外明亮……'多么寒冷的秋天啊!'——他们念起了费特的诗……"

小说接近尾声——主人公在临终前说道:

> "回想起自己走过的一生,我常常自问我这一生中有什么可让我刻骨铭心的呢?答案是只有那个寒冷的秋夜让我魂牵梦萦。它就是我的一切,其他的不过是浮云。" [4]

小说的女主人公对其未婚夫的至死不渝的爱的表白,隐含了作者深切的爱国思乡之情!这也正是布宁一生对俄罗斯刻骨铭心、魂牵梦萦的爱!

在这篇小说中布宁并没有用过多的笔墨直接描写秋景。但以寒冷秋天冠名小说,足见"秋的分量"。此文本中的"秋"象征人生命中的秋天,创作此小说时布宁已年逾古稀。而"寒冷的秋天"更映衬出作者内心的凄凉痛楚:在国外生活已三十多年,依旧深爱着祖国俄罗斯,可回归祖国却总是那么地遥不可及!

结语

正如勃洛克所说:"很少有人能像布宁那样熟悉和热爱大自然。正是由于这种爱,诗人才能目光锐利而远大,他的听觉和色彩感受才那么丰富。" [5] (358) 乡村题材是他早期散文小说的核心,也是他一生从事诗歌创作歌颂大自然的不竭源泉。在《落叶》、《安东诺夫卡苹果》中布宁开篇就高调赞美秋天,但不同基调的结尾部分,最终绘出了两幅异样的秋图景:"雪姑娘就要给死寂的原野换衣裳,万家灯火闪亮,绚丽的北极光""……蜡烛发出昏黄的光……暮色中刮起了一阵狂风……白雪掩埋了大径小道——" [3] (50-51) 然而,迥然不同的秋图景在《乡村》中

——"潮湿、阴冷、泥泞、昏暗、狂风暴雨、狂风暴雪"。从这三部作品我们看到作者的心路变化：从挽留贵族生活及认同贵族衰败是顺应自然和前进——对终成事实的贵族衰败忧伤及未来前途的迷茫——对 1905 年革命的失望及大革命的悲剧性预计。十月革命后，同其他俄罗斯流亡作家一样，布宁选择离开俄罗斯的主要原因是在对待"革命"问题上与苏联政府发生严重分歧。布宁不得不侨居国外，在他晚年（20 世纪 30~40 年代）的作品中，爱情成了他的主要题材。小说《幽暗的林间小径》和《寒冷的秋天》情调低沉、悲观。一片风景一种心情，绘景而见情，文本中的秋景描写数来也不多，却暗示作者年逾古稀，自己已步入人生的秋季，虽然侨居国外，但恋国的惆怅、忧郁和悲伤的情绪与日俱增，唯独在写作中探索到了一种从感情上跟祖国联系的独特方式。在他的作品中幸福而短暂的爱情与悲剧死亡主题并存。总之，通过解析布宁不同时期创作中的"秋"的图景，我们被作家的高尚爱国情怀和独特的人生哲思所深深折服。

参考文献

[1]赵洵译. 夏夜集：蒲宁抒情诗选. 成都：四川文艺出版社出版，1985.

[2]王庚年. 评伊·阿· 布宁的长诗《落叶》. 广西师范大学学报（哲学社会科学版），1991（3）.

[3]冯玉律，冯春译. 幽暗的林荫小径：蒲宁中短篇小说选. 上海译文出版社，2007.

[4] Иван Бунин. Холодная осень. http://ilibrary.ru/text/1055/p.1/index.html

[5]徐稚芳. 俄罗斯诗歌史. 北京大学出版社，1989.

nterpretation of the "autumn" pictures in Bunin's Writing

Liu Yu-qin　　Ye Jing-jing

Abstract: Through the analysis of Bunin's depiction of "autumn" in his writings before October Revolution on the themes of "nostalgia" and "rural", the essay reveals the author's linger to the decaying lifestyle of aristocrats, his worry for the destiny of Russia, his love for Russia after years of drifting abroad, and his unique perspective for life, death and love.

Key words: Bunin's writing; "autumn" pictures; the fate of the Russians; philosophical thinking of life

宫廷恋歌——骑士文学的奇葩

冯晓春

摘要：大约从 12 世纪中期开始,德语渐渐成为一种文学语言。与此同时，随着骑士地位的日益显赫，随着宫廷对文学艺术的大力支持，骑士文学逐渐取代了以往的僧侣文学。一种新的文学形式——宫廷恋歌开始崭露头角。它以骑士对高高在上的贵族妇女的倾慕和热情讴歌为主要内容，表现的不是情爱，而是骑士的内心世界和艺术理想。宫廷恋歌造就了瓦尔特等杰出的恋诗歌手，使德国文学经历了前所未有的辉煌，并为后人了解骑士制度及骑士文学提供了重要线索。

关键词：宫廷恋歌；爱情；骑士文学

一、引言

随着巴巴洛萨大帝及史陶芬王朝政权的扩展巩固，随着骑士在十字军东征时代地位的日益显赫，骑士文学逐步形成并取代了之前的僧侣文学。封建宫廷为供自己娱乐，供养了大批骑士文人，成了培植骑士文学的场所。而骑士文学讲述骑士的爱情与冒险，歌颂骑士的崇高和荣誉，反映骑士的理想与感情，强调世俗内容，与封建主的要求不谋而合，进一步促进了骑士文学的发展。[①]其中涌现出两种极具代表性的文学形式——骑士史

---

① 参见 Martini, Fritz. *Deutsche Literaturgeschichte.*Stuttgart: Alfred Kröner Verlag. 1978. S.65.

诗和宫廷恋歌。目前，广大中国读者对于骑士史诗已有一定的了解，但对宫廷恋歌似乎知之甚少。实际上，宫廷恋歌以独到的方式展现了骑士的内心世界和艺术理想，它的发展和骑士阶层的上升、发展和衰落紧密相连，堪称骑士文学中的一朵奇葩。[①]

二、起源

宫廷恋歌，德文为 Minnesang，其中 Minne 一词源自拉丁语 memoria，意指"记忆"（Gedächtnis），后来转义为"怀念"（Andenken）、"友情"（Freundschaft），最后专指"对异性的爱"（Liebe）；中世纪的时候，"Liebe"一词专门用来形容人类对上帝的爱，偶尔也会在宫廷诗中出现，因为从精神上来说，对女性的爱与对上帝的爱在本质上是想通的，爱极其相似。[②]

宫廷恋歌的起源要追溯到 12 世纪初法国南部的普罗旺斯。当时，由于法国宫廷和城堡中积聚了大量的骑士，而妇女人数寥寥无几，造成严重的性别比例失调，而且贵族们在闲暇之余需要开展游戏以打发饱食终日而无所事事的日子，再加之欧洲人刚刚接触到神奇的东方文化（阿拉伯文化）[③]，因而一种新形式的宫廷诗歌游戏应运而生。游吟诗人们创作了大量歌颂贵族妇女的诗作，而这一文学题材流传到了意大利的各个宫廷，并进一步向前推进：到了德国西部，特别是莱茵河周围地区，这一风格独特、主题鲜明的文学样式很快得到迅速的传播。而在德国东部，恋歌更多地

① 参见 Hoffmann, Friedrich G. Rösch, Herbert. *Grundlagen, Stile, Gestalten der deutschen Literatur.* Frankfurt am Main: Hirschgraben Verlag. 1973. S.48.

② 参见 Brackert, Helmut. *Minnesang Mittelhochdeutsche Texte und Übertragungen.* Frankfurt am Main: Fischer Taschenbuch Verlag. 1983. S.24.

③ 与欧洲的爱情诗相较，阿拉伯爱情诗具有相似的风格与母题，且同样常使用第一人称，侧重于女主人的景仰和倾慕。因此，阿拉伯爱情诗的文学形式流入欧洲后，对整个欧洲骑士文学都产生了重大影响。

受到了当地民歌曲风的影响。翻开保存至今的当时的民歌诗集，从结构上看，这些歌曲韵律工整、韵脚整齐；以内容而言，有很多姑娘都畅所欲言，大胆表达对小伙子的爱慕和追求。有一首中世纪的民歌，据传是一位年轻妇女写给自己的情人（一位神职人员）的。直到今天，它朴素优美的语句及真挚的感情仍能振颤每一位读者的心灵。

> 君身属我兮我身属君，
> 此情君应知之深！
> 我今将君兮
> 心头锁；
> 钥匙儿失落兮，
> 君只得永在我心头存！[①]

不过需要指出的是，真正意义上的宫廷恋歌，更倾向于受到法国南部诗风的影响，内容上也与它更贴近。

三、特点与形式

从当时法国的诗歌来看，当时骑士用诗的形式向女主人表示爱慕之情是骑士应尽的义务。他借用这种方式来抬高女主人的荣誉，为主人服务，这便是宫廷抒情诗的由来。正因为这种诗是对女主人尽义务：歌颂她的美丽，抱怨她对自己的冷酷无情，渴望得到她的爱情，因而常常给读者以言不由衷、虚情假意的感觉。此外，还有一种形式的抒情诗，叫做"破晓歌"（Tagelied）。它往往讲述骑士和已婚的贵族妇女在经过一夜缠绵之后，因为怕被守

---

① 引自张威廉译注. 德国名诗一百首. 上海：上海译文出版社，1988 年，第 3 页。

夜人发现，被迫在破晓之时分离的情景。①"破晓歌"也因此得名。它生动地展现了情人间缠绵悱恻的爱情和临别时依依不舍的情景。虽然有人尝试将它划入宫廷恋歌的范畴，不过严格说来，它的内容和格式都与宫廷恋歌有很大不同，因此不能算在其中。

当时的骑士和游吟诗人借助宫廷恋歌向女性大献殷情。不过，受到追求的往往是当时有身份、有地位、已婚的贵族妇女。因为未婚女子无法进入这个社交圈，理所当然不能成为被歌颂的对象。有趣的是，由于这些已婚贵族妇女的丈夫大多在场，诗人对贵妇表达爱慕时，不便直呼其名，而是委婉含蓄地表达出自己对心上人的渴慕、爱的喜悦与煎熬。诗人心知肚明：他尽情歌颂的这种感情，自己永远都无法获得，他追求的心上人，自己永远都无法占有，因为她已名花有主。正因为如此，宫廷恋歌排除了充满肉欲和色情的描写，诗中歌颂的"女士"到最后常常会变成一个理想中的妇女形象，她也因此而具有道德上的教育力量。总体而言，早期的宫廷恋歌更像是一出宫廷游戏，充斥着低三下四的求爱、热烈的渴望和冷漠的拒绝。②

传统的宫廷恋歌，总共有三节，前面两段押韵相同，称为起首诗节，第三段为终曲，格式上与前两段稍有不同。同时还配有音律，不过绝大多数宫廷诗的音律都没有流传下来，因此已无法吟唱。宫廷恋歌在内容上可以分为两种，一种是描写所谓"高级爱情"的诗，即表现对贵族已婚妇女的爱慕和追求；另一种是描写"低级爱情"的诗，即民间女子的真情实爱。其中以前者的数量居多。

---

① 另有一说，当骑士与女主人幽会时，门外有守卫把守，黎明时分他负责叫醒主人，催促骑士离去，以防被人发现。据《德国文学史》（安书祉著. 德国文学史（第一卷）. 南京：译林出版社，凤凰出版传媒集团，2006年）。

② 参见 Beutin. Wolfgang. J. B. Metzlersche. *Deutsche Literaturgeschichte: von den Anfängen bis zur Gegenwart*. Verlagsbuchhandlung. 1979. S.39.

四、发展

纵观宫廷恋歌的历史发展，大致可分为三个阶段：

1. 早期宫廷诗歌

从 1150 年起到 1170 年，在多瑙河畔的巴伐利亚和奥地利出现了早期的宫廷诗歌。当时，普罗旺斯诗人的爱情诗还没有在该地区形成影响。从根本上说，这两个地区的诗风没有因果联系。这一时期的代表诗人有屈恩贝格（Kürenberg）和迪特马尔斯（Dietmars von Aist）。他们创作的宫廷诗歌，体现了简单务实的爱情观，表达了朴实无华的情感，摒弃了对妇女的虚幻崇拜，显得真实感人。在这些诗中，将鹰作为恋情的标志，对情敌的妒嫉，对自然的描摹，以及遭人拒绝后的痛苦是常见的主题。在这里有必要对"鹰之歌"作一下解释。在中世纪，饲养鹰是骑士阶级的特权，装扮鹰的细致程度代表了对身在远方的恋人的思念的强烈程度。①由此可见，以屈恩贝格和迪特马尔斯为代表的早期恋诗歌手在讲述爱情方面进行了深入挖掘，形象生动地将骑士阶级的生活展现在广大读者面前。早期宫廷恋歌中弥漫着孤独和思念的情绪，与后来描写所谓"高级爱情"的诗歌中的思念有明显区别：因为前者的感情是有节制的。

2. 中期宫廷诗歌

1170 年到 1190 年，在莱茵河上游地区形成了创作宫廷恋歌的新群体。这一时期是德国文学史上真正的宫廷恋歌的发展时期，也是它的顶峰时期。普罗旺斯地区诗歌的热情奔放和充满艺术气息给这一时期的德国宫廷诗歌打上了深深的烙印。"高级爱情"是

---

①参见 Beutin. Wolfgang. J. B. Metzlersche. *Deutsche Literaturgeschichte: von den Anfängen bis zur Gegenwart*. Verlagsbuchhandlung. 1979. S.39.

这个时期最常见的诗歌形式。对于女主人的效忠，永远无法得到回应的爱是这个时期常见的主题。这个巅峰时期自然涌现出了一大批杰出诗人，其中主要以豪森（Friedrich von Hausen）、海因里希（Heinrich von Morungen）、莱玛（Reinmar von Hagenau）和瓦尔特（Walter von der Vogelweide）为代表。

1）豪森的弗里德里希（Friedrich von Hausen，约 1150—1190）

豪森的弗里德里希来自莱茵河中部地区，是沃尔姆斯地区的恋诗歌手。他曾在弗里德里希皇帝手下当差，是帝国一位极有政治影响的人物。1190 年 5 月 6 日，他在第三次十字军东征中，不幸坠马而死。

豪森的弗里德里希是历史上第一位有据可查的恋诗歌手。普罗旺斯地区的诗风影响也最早体现在他的作品中。他的诗歌，常常以心上人的冷漠回应和诗人望尘莫及的绝望为主题。豪森的弗里德里希在诗歌中描写的很多爱情经历，都是他的亲身感受和真情流露。正因为他有参与十字军东征的经历，他认识到"效忠于女主人"与"为上帝服务"这两项义务不能兼顾，他最终的态度是：拒绝爱情。①

2）莫伦根的海因里希（Heinrich von Morungen，1150—1222）

莫伦根的海因里希（下文简称海因里希）是图林根地区的骑士，生前服务于迈森侯爵，1222 年死于莱比锡的托马斯修道院。

从形式上来看，海因里希的诗作受到了普罗旺斯地区诗风的影响。但他擅长推陈出新，在选题、格式上赋予宫廷诗歌以新的活力。他把爱情看作一种神奇的力量，而自己则时时受到它的威胁。另外，他的诗也不乏宗教的内容。在诗人开来，通过圣洁的

---

① 考虑到弗里德里希是德国常见的名字，易引起混淆，此处采用诗人全名。

② 参见安书祉著. 德国文学史.（第一卷）. 南京：译林出版社，凤凰出版传媒集团，2006 年，第 94 页。

爱，人类的心灵才能获得拯救，并因此靠近上帝。在他的诗中，真实与梦幻总是以一种谜一样的方式重合在一起，给人似真还假的感觉。他擅长运用语言并发挥自己无尽的想象，在他的笔下，女主人时而个性乖张、难以取悦，时而高贵美艳、形象多变。与弗里德里希不同的是，海因里希尽管也有十字军东征的体验，但在他那里却鲜少有爱情与上帝的矛盾冲突。[①]

3）哈格瑙的莱玛（Reinmar von Hagenau，约 1170—1210）

哈格瑙的莱玛（下文简称莱玛）来自阿尔萨斯的骑士，曾在维也纳担任莱奥波德五世（执政期 1177——1194）的宫廷诗人。他是瓦尔特的老师，也是公认的宫廷恋歌的大师级人物。作为经典宫廷恋歌中最循规蹈矩的代表，莱玛对于宫廷恋歌所有的形式和表达都了若指掌。他提倡的爱情观，并非遥不可及，而是在现实生活中可以实现的。在他的诗中，贵族与鹰，史陶芬时代骑士们的坚强和自信，乐于接受爱情的欣喜和面对失败的苦涩，是永恒不变的主题。莱玛的诗歌也夹杂宗教内容。他把所谓的"典雅爱情"[②]发挥到极致，但他的诗歌由于过分拘泥于形式，缺乏个人感情色彩，失去了后续发展的动力。[③]

4）福格威德的瓦尔特（Walter von der Vogelweide，约 1170—1230）

福格威德的瓦尔特（下文简称瓦尔特）是蒂罗尔地区的贫穷骑士，曾为莱奥波德五世效劳，是位宫廷诗人。1194 年，莱奥波德五世去世，其子弗里德里希继位。由于同老师莱玛对诗歌创作的意见不合，瓦尔特被新君取消了俸禄，被迫开始了颠沛流离的生活。后来他于 1220 年得到主人弗里德里希二世的一块封地，定

---

① 参见，安书祉：《德国文学史》（第一卷），第 98 页。

② 所谓"典雅爱情"，是指向高不可攀的女主人表达爱情，希望获得恩宠，但主要还是以表达心灵诉求为主。

③ 参见安书祉著. 德国文学史.（第一卷）. 第 99 页。

居在维尔茨堡附近直到逝世。

　　从严格意义上说，瓦尔特不能算经典宫廷诗人中最具代表性的人物，但他堪称宫廷恋歌最完美的终结者。从他开始，宫廷恋歌的创作进入了一个全新的境界：瓦尔特在宫廷恋歌中融入了自己的个人体验，将自己的心灵感受付诸文字，而这也是他同莱玛风格迥异并最终导致分道扬镳的真正原因。瓦尔特是迄今为止传世作品最多也最有名的恋诗歌手。然而，在他的大量作品中，描写"高级爱情"的诗，即对贵族妇女的歌颂和追求的诗，只占了极小的一部分。他最美的抒情诗，是描写所谓的"低级爱情"，即描写普通民间女子的真实爱情的诗。他不屑于像很多诗人那样把对贵妇的爱慕描写得卑躬屈膝、极尽讨好。他敢于突破，超越了宫廷诗歌的狭隘范围，大胆泼辣，自然朴素，别具一格。《菩提树下》（Unter der Linden）是他最著名的诗篇。全诗共分四节，下面仅以其中两节为例：

> 在郊野的
> 菩提树下，
> 我和我的情郎在那里相会，
> 你们会看到，
> 我们在采折着
> 花儿和草儿。
> 森林的前面
> 汤达拉达伊！
> 夜莺的歌声多么甜蜜。①

　　这是诗歌第一节。开篇以一个普通少女的口吻描写少男少女相会时的情景。少女初恋时的喜悦和坦率的感情溢于言表。甚至

---

① 引自余匡复著. 德国文学史. 上海：上海外语教育出版社，2001年，第30页。

连夜莺的歌声听上去也甜蜜感人。这种朴素迷人的文字和感受与大多数矫揉造作的"高级爱情"诗比起来，显得清新动人。接下来：

> 要是有人知道
>
> 我酣卧的姿势，
>
> 我的天哪，我真要羞死！
>
> 我的情郎
>
> 怎样和我亲热，
>
> 并无他人知道，
>
> 除了他和我，还有一只小鸟
>
> 汤达拉达伊！
>
> 它可不会把我们出卖。[①]

这是全诗的最后一节。在这一节中，描写了少女和她的情郎在郊外缠绵，柔情蜜意的场景。虽然文字中已隐约透露出两性之间的亲密关系，但是诗人并没有进行露骨的色情描写，而是通过一个少女的害羞心理来捕捉微妙的情感，这样的写法，生动而不夸张，风流而不下流，真实而不做作。

值得一提的是，瓦尔特生活在德国政治和经济分裂的年代，连年征战使国家不断衰弱。对此，诗人痛心疾首，他站在皇权一边尖锐地讽刺教皇对德国的无耻搜刮。正因为如此，瓦尔特被认为是德国文学史上第一个抒情诗人和政治诗人。[②]

3. 后期宫廷恋歌

后来，亨利七世（执政期 1220—1235）的宫廷出现了一个诗歌创作的小团体，也具有一定的文学影响。他们创作的作品，代表了宫廷恋歌的后期发展形式。这一时期的代表诗人有布克哈德

---

① 同 P126 注①的内容。

② 参见安书祉著. 德国文学史.（第一卷），第 106 页。

（Burkhard von Hofenfels）、戈特弗里德（Gottfried von Neufen）和乌里希（Ulrich von Winterstetten）。他们完成了从"高级爱情诗"到社会诗的过渡。然而，由于宫廷恋歌创作在巅峰时期所取得的辉煌成就掩盖了后期的其他作品，因此这个时期的作品并没有赢得巨大的社会反响。

到了 13 世纪末，随着骑士阶层的没落，宫廷恋歌渐渐失去了社会影响并最终被其他文学形式所代替。

五、影响

在德国文学史上，宫廷恋歌就像是飞逝而过的一颗流星。流传后世的宫廷抒情诗和诗人的名字很多，但由于没有留下为之伴奏的曲调，使诗歌本身的魅力大打折扣。因为年代早已久远，又因为同当下的现实情况缺乏交接点，且很多关于诗人的具体资料、作品的详细介绍已经无从考证，因而渐渐被广大读者淡忘。尽管如此，宫廷恋歌的形式却得以保存下来，并且在以后的"工匠之歌"里，还依稀可见它的影子①。

在这一封建时期，封建诸侯比以往更积极地参与到文学和艺术事业中来。他们不仅扶持了大批骑士诗人，提供了资金和场所，更有甚者，如亨利六世（执政期 1190—1197），即巴巴洛萨之子，亲自参与宫廷恋歌的创作，他的诗作《王位与爱情》被收录在很多恋歌集中。

宫廷恋歌从发展到辉煌到没落经历了一百年时间，它的文学影响不容忽视。通过宫廷诗歌，人们可以了解当时骑士阶级的生活习惯，气质习性，所思所想，他们的荣耀与辉煌，失败与痛苦。宫廷恋歌的发展、兴盛与衰落同骑士阶级的发展、兴盛和衰落几

---

① 参见 Rudolph, Johannes.*Aus altdeutscher Zeit von den Anfangen bis zur Dichtung des Barock*. Stuttgart: Ernst Klett Verlag. 1965. S.6

乎是同步的。如果想要了解德国骑士文化，宫廷恋歌不失为一个重要、有趣、弥足珍贵的线索。况且，"爱情是人类永恒的主题"。宫廷恋歌通过描写爱情，强化了这个人类的永恒主题。读者不妨静下心来，捧起这一首首古老的诗歌，也许会发现，它至今依然可以打动现代人的灵魂。

参考文献

[1] 安书祉著. 德国文学史（第一卷）[M]. 南京：译林出版社，凤凰出版传媒集团，2006.

[2] 余匡复著. 德国文学史[M]. 上海：上海外语教育出版，2001.

[3] 张威廉译注. 德国名诗一百首[M]. 上海：上海译文出版社，1988.

[4] Beutin，Wofgang. *Deutsche Literaturgeschichte von den Anfängen bis zur Gegenwart* [M] Stuttgart: J.B.Metzlersche Verlag. 1979.

[5] Brackert，Helmut. *Minnesang Mittelhochdeutsche Texte und Übertragungen* [M] Frankfurt am Main: Fischer Taschenbuch Verlag. 1983.

[6] Hoffmann，Friedrich G. Rösch Herbert. *Grundlagen，Stile,Gestalten der deutschen Literatur* [M] Frankfurt am Main: Hirschgraben Verlag. 1973.

[7] Martini，Fritz.*Deutsche Literaturgeschichte* [M] Stuttgart: Alfred Kröner Verlag. 1978.

[8] Rudolph，Johannes. *Aus altdeutscher Zeit von den Anfängen bis zur Dichtung des Barock* [M] Stuttgart: Ernst Klett Verlag. 1965.

Courtly Love Poem
——masterpieces of the Knight Literature

Feng Xiao-chun

Abstract: German emerged as a literary language in the middle of the 13th century. At the same time，Knight Literature was gradually formed and replaced the previous Monk Literature with the rising position of knights and the support of arts and literature through the court. A new form of poetry，courtly love poem，with the central theme of admiration for unapproachable，unyielding high noble lady，was widespread. Actually，it describes less an erotic experience than the inner world and artistic ideal of knights and court lovers. Courtly love poem brings out great courtly poets such as Walter von der Vogelweide，produces a radiant literary flowering which had never existed before，and provides an important clue for future generations to understand the Knight system and literature.

Key Words: courtly love poem; love; Knight Literature

罗伯特·弗罗斯特诗歌的孤独特质解析

何晓嘉

摘　要：罗伯特·弗罗斯特被称为美国现代诗歌史上的两面神，他以和蔼的诗人、农夫和哲学家的形象示人，其诗作却常在朴实清新的表面以下隐藏着深深的孤独。笔者从成因、表现及诗人对孤独的态度三方面对弗罗斯特诗歌中的孤独进行了深入解读。

关键词：弗罗斯特；孤独；黑色诗歌；矛盾；折中

一、前言

作为 20 世纪美国最负盛名的诗人之一、四次普利策奖得主，罗伯特·弗罗斯特（1874-1963）因其善以新英格兰的自然风光为背景，以传统诗歌的形式、朴素浅近的语言表现人生的哲思，常常被看成一个温和睿智的自然诗人，他本人却反复声称，"我不是一个自然诗人，在我的每首诗里都有一个人。"纵观弗罗斯特的诗歌，他所说的"一个人"有时是他自己的写照，有时则是全人类的缩影，但无论怎样，这个人身上很多时候都仿佛伴随着人类与生俱来的孤独和疏离，是一个孤独者的形象。美国诗人、评论家 Randall Jarrell 将弗罗斯特视为一个最微妙也最悲哀的诗人（Jarrell，1947）。弗罗斯特诗歌的忠实爱好者、1987 年的诺贝尔文学奖得主 Joseph Brodsky 也认为，仅凭弗罗斯特质朴睿智的乡绅形象很难想象他笔下世界的阴郁（Brodsky，1997）。的确，作为美国诗坛上著名的"两面神"，他一方面拥有在美国数量最为庞大的读者群，另一方面却有着难以排遣的孤独和疏离感。他使用大量微妙的隐喻来表现这种孤独，并因此被誉为"黑色诗人"。

本文希望通过结合弗罗斯特的自身经历和所处的时代、文化背景，分析其诗歌中孤独或显或隐的表达方式，论述诗人对孤独的态度，对诗人的孤独做深入的解读。

二、 孤独之旅的历史成因

弗罗斯特生活在一个迅速变革中的时代。生于 1874 年的他历经两次世界大战和第二次工业革命，见证了巨大的社会变革，包括贫富分化、经济危机、移民问题、迅速城市化，等等。现代文明和工业化浪潮给人们带来了物质上的繁荣，其代价却是人自我的丧失，以及人与人之间往日的和谐友好关系的变味。孤独、疏离、沮丧、茫然成为在机械文明挤压下的现代人内心的真实写照。弗罗斯特被誉为机械文明语境下的田园诗人，他笔下的田园风光远远多于对摩天大楼和轰鸣的机器的描写，可是工业化时代给他造成的孤独在他的诗作里却仍是有迹可寻的。他早年为生计奔波，19 世纪 90 年代也曾经在纺织厂做工人，亲眼目睹纺织厂里"赶时髦的厂钟改变了快慢差率，／一声声敲响像一道道催命符"（弗罗斯特，2002：347）。弗罗斯特后来在 1905 年和 1906 年写的两首诗作《纺织厂城市》和《当速度到来的时候》也都显示，这个从大自然中汲取灵感的新英格兰诗人同样敏感地体会到了工业化浪潮给人与自然、人与人的关系带来的改变。

伴随着战争、工业化进程以及现代思潮而来的是宗教信仰的日渐式微。一战后的人们不再满怀虔诚地等待末日救赎的降临。被认为与弗罗斯特同为美国 20 世纪诗歌两大中心之一的艾略特在他的《荒原》中描绘，象征着人类文明的河边的帐篷已经破碎，象征着上帝的仙女也不知何时弃人类而去，人类的精神世界一片荒芜，不再有昔日的痕迹。一方面是一战后的艾略特在哀叹被上帝抛弃的人类的命运，另一方面以爱默生和梭罗为代表的超验主义也深深地影响了弗罗斯特的宗教观。超验主义相信人与"超灵"

之间的直接交流，其结果是大大弘扬了人性，却使得传统观念中的上帝形象在人们生活中悄然隐退。弗罗斯特曾在演讲中提到："我不知道我是否在那三个教派的教堂都接受了洗礼。但正如你们所意识到的一样，这一切在很大程度上都受惠于爱默生。"（弗罗斯特，2002：1068）当弗罗斯特的传记作者 Lawrence Thompson 问及他的宗教信仰时，弗罗斯特表现得闪烁其辞。他多年来一直在相信和怀疑、虔诚与叛逆之间徘徊，直至垂暮之年，弗罗斯特还写过一首只有两行的小诗《上帝哟，请原谅》："原谅吧，哦，上帝，原谅我对你开了些小玩笑/ 我也会原谅你，上帝，原谅你对我开的大玩笑"（弗罗斯特，2002：602）。难怪有评论家评论，"弗罗斯特的诗歌探讨了一个古老的自相矛盾的主题，这个主题就是缺席和存在。"在现实存在和上帝缺席的交织作用下，弗罗斯特精神上的孤独具备了更普遍的意义。

弗罗斯特的孤独更多地与他不幸的家庭生活息息相关。他曾说，"诗歌的成功不等于生活的成功，我的生活充满了不愉快的回忆，不但不值得任何人效仿，我自己也没有勇气再活一遍。"的确，他终其一生忍受着一个又一个亲人的离去，饱受抑郁症的困扰。这些伤痛和失落都给他的诗歌打上了孤独的烙印。弗罗斯特的童年里留下了酗酒父亲的暴戾身影。他 11 岁时，父亲因病去世，留给家庭的只有贫穷。长大成人后他曾经进入哈佛和达特茅斯学习，在求学期间，学业压力和墨守成规的同学都让弗罗斯特落落寡合，最终选择了退学。恋爱受挫使弗罗斯特品尝了被拒绝的苦涩滋味。婚后夫妻之间的不和谐让夫妻双方都陷入了抑郁的泥潭不可自拔，甚至一度企图自杀。在婚后的家庭生活中，打击接踵而至：两个子女早逝、一个女儿发疯、还有一个儿子自杀……最后六个孩子中只有两个比父亲活得长。多舛的命运使弗罗斯特的诗歌中"死亡、枯竭、疾病、婚姻的苦涩、寒冷、崩溃触手可及"（Parini，1993：42）。即使在成名之后，"抑郁的阴影依然挥之不去，折磨着他。在这样一种心境里，弗罗斯特曾经暗示自己甚为关切诗歌中的黑暗主题"（Thompson,1970: 588）。无奈之下，"他把诗歌看作是在这个混乱的宇宙中生存下去的心理方式"（法甘，2004：4）。弗罗斯特最终在这样不幸的生活中活了下来，且得享高寿，但长期生活在精神崩溃边缘的经历却使他的诗歌却不可避免地染上了孤独的色彩。

三、不同角度的孤独侧影

在一个迅速工业化的社会里，人们心中的孤独几乎是不可避免的事情，即使对于弗罗斯特这样一个田园诗人来说亦是如此。他的叙事诗《熄灭吧，熄灭》就描述了工业社会的无情与冷峻，以及由此产生的孤独感。诗名用典出自莎士比亚的戏剧《麦克白》。那个一路弑王篡位，无恶不作的麦克白将军最终面临众叛亲离、夫人自杀时，面对人生的虚无发出了万念俱灰的呼号，"熄灭了吧，熄灭了吧，短促的烛光！人生只不过是一个行走的影子，一个在舞台上指手划脚的拙劣伶人，登场片刻，就在无声无息中悄然退下。"而弗罗斯特在诗中要表现的，却是一个弱小生命的悄然退下：傍晚时分的伐木场，远山绵延，"微风吹过，飘来一股木头的香味"；人们继续着下班前的忙碌，没有人注意到那个"干大人的活，心底里却是小孩子"的男孩。然而，悲剧骤然发生，工场里的电锯和小男孩的手几乎是在一瞬间"相遇"了——"那只手哟！"伴随着一声惨叫，失去手的孩子生命垂危。人们围拢过来。从"微弱"、"更弱"到"消失"，消失的不仅有孩子的心跳和脉搏，更有人们对同类最起码的关心和同情——人们终究是背过身去，各忙各的了，因为"死去的不是他们自己"（弗罗斯特，2002：181）。也许，生存环境过于严酷，以至于人们没有心力去关心一个小生命的消逝？Robert Faggen 认为家人对男孩之死表现出的冷漠是一种"社会达尔文主义的，公事公办的对情感的摒弃"（法甘，2004：241）。

轰鸣不已的电锯是那个冷漠无情的工业社会的缩影，而人们转身离去的背影则更让人感到一阵孤独的寒意。

如果说《熄灭吧，熄灭》描写了人们在祸从天降时表现出的对同类的漠然的话，《各司其职》则是日常生活中麻木不仁的芸芸众生的写照。这首诗表面写的是蚂蚁，"蚂蚁真是个奇特的物种，／总是忙忙碌碌行色匆匆，／即便是遇到同胞的尸体，／它也不会有片刻的停留——／好像对此完全无动于衷。……现场不会有蚂蚁们围观，／因为这对它们无关痛痒。／这不能被说成无情无义。／只能说是彻底的各司其职"（弗罗斯特，2002：366）。对照人类社会里那些终日为了生计而各司其职，却不知关怀和温暖为何物的人们，我们只能感叹在这个巨大而冰冷的工业社会里，人已经被异化成了漠然的蚂蚁。

所有这些，都不由让人联想到弗罗斯特写的另一首诗《火与冰》。在那首诗里，弗罗斯特明确地指出，冰，也即冷漠，也是毁灭这个世界的力量之一，因为"要说毁灭的能力／冰也十分强大，／足以担负毁灭的重任"（弗罗斯特，2002：286）。

隔膜的夫妻关系也是弗罗斯特诗中经常出现的主题。在《家庭墓地》这首具有自传性质的诗里，读者可以看到人与人之间交流的极度匮乏是如何造成日益加深的隔阂乃至悲剧的：由于孩子的夭折，家庭陷入了巨大的悲痛。虽然丈夫也遭受着丧子之痛，但在他看来，生活还是要继续；妻子不能理解丈夫的这种"麻木不仁"，指责丈夫"你要是有点感情该多好！"（弗罗斯特，2002：74），丈夫为此承担了丧子和被误解的双重痛苦。面对孩子的离去，夫妻俩不仅不能互相安慰，反而是隔阂越来越深，加重了彼此的心灵创伤。弗罗斯特通过诗歌告诉人们，自我封闭是人类最大的敌人之一，因为它隔绝了所有人与人之间的沟通。诗中那埋葬着孩子尸体的小小坟冢，正象征着人们对彼此封闭的心灵和由此带来的家庭悲剧。

　　在弗罗斯特写的《补墙》这首诗中，一对邻居共同修葺的一面墙是他们之间沟通的壁垒。具有讽刺意味的是，他们在一起工作，可合作的目的却在于隔绝彼此。诗中的"我"还对修墙的必要性心存疑虑，"我在垒墙之前就应该问清楚，/ 我会围进什么，又把什么围在墙外？"而他的邻人却重复着古老的谚语"篱笆牢，邻居情久长"，他"一只手抓紧一块石头，就像 / 旧石器时代的野蛮人手执武器一样"（弗罗斯特，2002：52）。显然，邻里之间"紧闭的心门比花岗岩更能排斥任何一个不受欢迎的主意"（Gerber，1966：192）。不可否认，"墙"于个人有保护的功能，有其合理性和必要性，但它同时又是人与人之间沟通的障碍。弗罗斯特诗中这种生存悖论的出现使得他的诗歌具备了更大的思想张力，他的描述使人们对隔膜与孤独有了更多的理解和思考，又在某种程度上帮助人们从中超越出来。

　　弗罗斯特的孤独还和他心目中上帝的缺位有关。他母亲是个虔诚的基督徒，但弗罗斯特却更热衷于詹姆斯的信念意志哲学和伯格森的创造进化论，主张通过哲学而非宗教的方式来看待自我和世界。在他的诗歌中不时表现出对神性的思考。作为现代性主题之一的"上帝的缺席"在他的诗作《启示》中可见一斑："归根到底都一样，从遥远的上帝，/ 到爱玩捉迷藏的孩子/ 要是他们藏匿得过于隐蔽，/ 就只能说出自己藏在哪里。"（弗罗斯特，2002：751）在这首诗里，上帝像捉迷藏的孩子，可惜他藏得过于隐蔽了，让芸芸众生无从寻找。弗罗斯特通过这样一个比喻表达了他的不可知论观点以及对人类的孤独的生存状态的思考。在《和平的牧羊人》里，诗人更是以沉重的心情写道，"且看人们如何争战。/ 十字架、王冠、天平秤，/ 统统是刀剑"（弗罗斯特，2002：714）。上帝的缺位使得诗人的孤寂感变得更加无法安慰。在《好的安慰》里，诗人感叹，"没有什么能完美地疗伤，/ 无论是在法律里、福音里、还是药草里"（弗罗斯特，2002：730）。那么到底什么才是好的安慰呢？诗人似乎没有找到答案。在 1945 年和 1947 年，弗罗斯特已年过七旬时，他又出版了两部诗剧《理性假面具》和《仁慈假面具》，其题材和人物均直接来自《圣经》，讽刺和调侃了基督教信仰中公正与仁慈之间的冲突。在《理性假面具》中，诗人调侃道，如果真的要"善有善报，恶有恶报"，那么上帝就只能根据人的行为进行奖惩，反而因此失去了自由。这样上帝岂不是太累了？所以现实的状况往往是"在人应得和实际遭遇的祸福之间，/ 不存在人能够推断出的任何联系"（弗罗斯特，2002：514）。在《仁慈假面具》中，他依然冷眼打量着神的仁慈和人被驯化了的正义。看来，弗罗斯特一直到最后都没有走出他与自己和与这个世界的无休无止的争辩。

四、矛盾和折中：面对孤独的二元论

　　弗罗斯特巧妙地、不落痕迹地把他的孤独写进了诗歌里，使之与他的忧郁气质完美地融合在一起。那么，他又是怎样对待这种孤独的呢？弗罗斯特的传记作者 Jay Parini 这样评价弗罗斯特："他是一个喜欢有人陪伴的孤独者，一位渴望大众认可的遗世独立的诗人，一个愿意融入环境的叛逆者。"（Parini，1999：12）的确，弗罗斯特就是以这种矛盾和折中的二元论态度面对着他的孤独。

　　《白桦树》一诗很能阐释弗罗斯特折中的人生哲学。在诗中，读者能体会到诗人生活的艰辛，因为"人生太像一片没有小路的森林，/你的脸因撞上蛛网而发痒发烧"，难怪诗人会生出对孤独的向往之心——"我真想离开这人世一小段时间，/ 然后再回到这里重新开始生活"。可同时他又不想走得太远："但愿命运别存心误解我的意思/ 只成全我心愿的一半，把我攫去，/ 而不送回。人世是最适合爱的地方，/ 因为我不知还有什么更好的去处。"（弗罗斯特，2002：162）在这里弗罗斯特朴素自然的行文风格和他的人生态度相得益彰：他认识到必须和自己的失望作对，对生活有妥协、有接受，一边保持着心灵清醒的痛苦，一边如他逝世后的墓志铭所言，"和世界保持情人间的争吵"。

《雪夜在林边停留》也表达了类似的思想：寂寂的雪夜里，孤独的诗人驻马林边，看纷纷扬扬的雪花从树梢飘落，"林中万籁俱寂，了无回声，/ 只有柔风轻拂，雪花飘落"。诗人渴望在这里暂时摆脱尘世生活的重压，在暗夜的孤独中寻找灵魂的安慰，然而马儿的铃铛把诗人从无边的思绪中拉了出来，让他意识到自己"还有许多诺言要履行"（弗罗斯特，2002：291），于是诗人带着一些不舍，策马而回。诗末两句重复的"安歇前还须走漫长的路程"让读者和诗人一起发出了喟叹：孤独或许是美丽的，但现实却不允许人沉湎其中。

如果说读者从以上二例读出了弗罗斯特的折中思想的话，《补墙》给人的感觉则是诗人是一个表现自相矛盾的高手。美国学者恩特迈耶认为，"《补墙》是弗罗斯特被引用最多的名篇之一，它的力量来自对立"（袁若娟，2006：39）。矛盾的核心是补墙有无必要。诗人思忖着通过修墙究竟圈进来了什么，又圈出去了什么：墙隔绝了人们之间的交流，造成了孤独，但障碍给人带来的安全感也是值得肯定的，何况，共同修墙的行为还能够带来邻里间些许浅淡的友谊。墙的一边种着苹果树，另一边种着松树。程爱民认为"pine 和 apple orchard 的平行和对比极有可能包含着一个双关语——pineapple"（程爱民，2001：82）。pineapple 在美国口语中代表着热情的邻里乡情。弗罗斯特仿佛是在暗示：pine 和 apple 如若合为 pineapple，固然是理想的邻里关系，但这又是否有消解彼此独特个性的危险呢？当两人最后在"修"与"不修"的观点冲突中共同完成了修墙的行为时，诗人不仅没有刻意偏向某种观点，得出定论，反而在这个过程中和邻居建立了某种联结。

总之，弗罗斯特是一个在孤独中歌唱的诗人。他对世界的态度，没有华兹华斯式的柔情，但也不像 T. S. 艾略特那么充满失望，而是显得矛盾、折中。在他 89 岁高龄，肯尼迪总统为了纪念他，发表了一篇名为《美国的艺术家》的讲演，称弗罗斯特"对陈腐平凡的现实有毫不留情的直觉，……他察觉到了人生的悲剧，这种感觉使他既不会自欺，也不进行廉价的安慰"（Kennedy，2007：215）。美国诗人兼评论家 Jarrell 则说："当你理解了弗罗斯特的诗歌，你就会十分透彻地理解世界对于一个人意味着什么。"（Jarrell，1973：26）也许正是因为对这个世界有着深刻的了解，弗罗斯特孤独地徘徊在工业社会的边缘，品尝着人与人之间疏离的苦恼，踯躅于现实和理想之间，苦恼而又明达地审视着尘世的生活。

五、结语

诗无达诂。对于弗罗斯特这样一个诗人来说，任何企图对他的作品风格做一言以蔽之的努力都可能是片面的。本文通过不同角度的分析，指出读者在欣赏他的田园情怀的同时不应忽略了他的诗歌中隐藏的孤独特质。

工业化进程给社会带来的改变、传统宗教影响的弱化和自身不幸的生活经历造就了弗罗斯特的孤独，拓深了其诗歌的艺术内涵。弗罗斯特的特点在于他在抒发孤独时不仅有一种"知止"的节制态度，更能借朴实而用意精深的语言勘破人生的严峻，从中提取出深邃的哲理。他面对孤独时的矛盾和折中体现了他在矛盾中寻求平衡和超越的哲学观。从"孤独"的角度进行解读，有助于更为深入地了解弗罗斯特和他的诗歌。

参考文献

[1] Brodsky，Joseph. *On Grief and Reason: Essays* [M]. New York: Farrar Straus Giroux，1997.

[2] Faggen，Robert. *The Cambridge Companion to Robert Frost* [M]. London: Cambridge University Press，2001.

[3] Gerber，Philip. *Robert Frost.* 2nd ed [M]. Boston: Twayne Publishers，1982.

[4] Jarrell，Randall. "Tenderness and Passive Sadness" [J]. *The New York Times.* June 1st 1947.

[5] Jarrell，Randall. *Poetry and the Age* [M]. London : Faber and Faber Limited，1973.

[6] Kennedy，John. "The Artist in America". *An Integrated English Course. Book 7* [M]. Edited by He Zhaoxiong. Shanghai: Shanghai Foreign Language Education Press，2007.

[7] Parini，Jay. *Robert Frost: A Life* [M]. New York: Henry Holt and Company，1999.

[8] Thompson，Lawrence. *Robert Frost: The Years of Triumph 1915-1938* [M]. New York: Holt，Rinehart and Winston，1970.

[9] Thompson，Lawrence. *The Early Years 1874-1915* [M]. New York: Holt，Rinehart and Winston，1966.

[10] 程爱民. 论弗罗斯特名诗《修墙》的结构与修辞方法 [J]. 解放军外国语学院学报，2001 4.

[11] 法甘. R..罗伯特·弗洛斯特》[M]. 上海：上海外语教育出版社，2004.

[12] 弗罗斯特. 普瓦里耶等编. 曹明伦译. 弗罗斯特集:诗全集、散文和戏剧作品 [M] 沈阳：辽宁教育出版社，2002.

[13] 袁若娟. 美国现代诗歌精选评析 [M]. 郑州：河南大学出版社，2006.

Robert Frost in Poetical Solitude

He Xiao-jia

Abstract: Robert Frost is often regarded as a divided poet. He is known as an amiable farmer, a poet and a philosopher, yet it's worth noting that his poetry is pervaded with loneliness and melancholy. This paper is aimed to give an in-depth analysis of his loneliness in terms of how his life and age influenced his writing, how loneliness is presented in his poetry and how the poet treats his loneliness.

Key Words: Robert Frost; loneliness; darkness; contradiction; compromise

社会语用距离与翻译中的礼貌原则

摘　要：礼貌是一种社会文化现象，也是人际交往的基本准则。话语是交际双方特定社会语用距离的反映，话语礼貌取决于交际双方对交际语用距离推断的一致程度及后起的应对策略。交际语用距离在动态语境中推断和确定并随交际因素的改变而改变，话语礼貌具有相对性、动态性和可协调性。翻译应当重视语用距离与话语礼貌的关系、语言选择对话语礼貌策略的影响，明确话语礼貌拟定的相对性、动态性和可协调性，力图实现礼貌对等。

关键词：语用距离；礼貌原则；动态语境；翻译

一、引言

　　语用学对礼貌问题的研究随着一系列理论的提出而逐步深化。海外学者 Lakoff[1]，Leech[2]，Brown & Levinson[3]，Fraser & Nolen[4]，Blum-kulka[5]及国内学者陈融[6][7]、刘润清[8]、顾曰国[9][10]、何兆熊[11]、徐盛桓[12]、王建华[13][14][15]等均有过深入讨论。Leech[2]基于会话合作准则提出六项礼貌原则，解释了人们使用间接语言而违反合作原则的原因，但对于话语礼貌的界定显得过于绝对，很难用于指导具体的话语分析和翻译实践；Brown & Levinson[3]从社会学角度来界定话语礼貌，一定程度上减弱了其绝对性，但面子论本身依然存在局限性。顾曰国[10][11]进一步修补了 Leech 礼貌原则中"策略准则"和"慷慨准则"[3]的不足，并根据中国语言文化特点提出了新的礼貌原则。王建华[13][14]针对 Leech 及 Brown & Levinson 理论的不足，提出礼貌具有相对性、切适性和可洽商性，并且突出了语用距离对话语礼貌界定的重要性。

　　本文尝试在辨正对待国内外学者已有研究的基础上，探讨社会语用距离对交际语用距离与话语礼貌的影响，及其对翻译研究的启示。

二、社会语用距离与话语礼貌

　　礼貌是交际双方社会语用距离的特定反映，而社会语用距离无疑又是交际双方礼貌策略运用和话语礼貌在篇章文本中通过文字表征的决定因素。话语是否礼貌不完全取决于其直接与间接程度，而在于交际双方对动态语境的把握是否确切，即：发话者与受话者对交际过程中双方语用距离推定的一致程度，一致程度越高则话语礼貌程度越高；一致程度低则话语礼貌程度低。Verschueren[16]认为语言使用过程是使用者处于语言内部和外部的原因，在不同的意识程度上不断进行顺应性选择的过程，这种选择既包括语言形式又包括交际策略，会在很大程度上影响话语的礼貌程度。人类之所以可以进行语言选择是因为语言具有变异性、商讨性和顺应性。语言的变异性指语言具有一系列可供选择的可能性；商讨性指所有的选择都不是机械地或严格按照"形式—功能"关系做出的，而是在高度灵活的原则和策略基础上完成的；顺应性指语言使用者能够从可供选择的项目中进行灵活的变通，从而达到交际目的[17]。

　　语用距离指交际双方在特定的交际环境中所感知和确认的彼此之间的关系密切程度，可用语用亲密度（intimacy degree of pragmatic distance）来描述[14]。把这一概念放在整个社会范畴内考察，则会产生社会语用距离，即：交际双方在感知和确认彼此关系时受到既有社会因素的制约，包括社会权势、亲密程度、文化差异和个性特征等。社会语用距离具有客观性和相对稳定性，是话语交际中的既定因素。交际双方往往根据以上四个变量来感知和推断社会语用距离（social pragmatic distance）或称作初始语用距离（initial pragmatic distance）[14]。发话者在当时社会意识形态下，根据双方社会权势与文化差异，同时参照受话者的个性特征推定彼此间的社会语用距离并进而推断交际语用距离。交际语用距离（ongoing pragmatic distance）[14]是交际双方根据社会语用距离及交际话语所推定的语用距离。交际语用距离具有灵活性和可协调性，是交际双方根据语境变化以及各种主客观原因做出的策略性调整，调整目的是为了实现话语礼貌。社会语用距离和交际语用距离并非绝对对应的两极，而是相互交叉并可能发生重合与转化。二者关系的变化取决于交际前后发话者与受话者对彼此语用距离的推定、执行与调整，即参照社会权势、亲密程度、文化差异和个性特征等对社会语用距离的推断，并根据社会语用距离而初步拟定的交际语用距离（包括语言形式和交际策略）；交际生发后，交际双方对语用距离进行再一次的推断和调整，依据是首次推断的一致性。若交际语用距离的推断完全一致，则交际发生后社会语用距离与交际语用距离重合；反之则需要重新推定交际语用距离，而二次推定的参数具有不确定性，需要依赖动态的语境变化和双方具有的独特社会心理因素，带有一定的主观性。如图 1 所示：

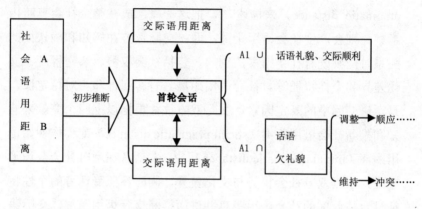

图 1

　　交际双方 A 与 B 处于既定的社会语用距离, 即双方相对而言的社会权势、亲密程度、文化差异和个性特征等; 话语发生前双方对语言形式和交际策略进行初步推断, 形成各自交际语用距离 A1 和 B1, 这一推断过程基本建立在共同的社会语用距离基础之上, 并受自身心理认知因素和个性特征的影响; A1/B1 形成之后双方进行首轮会话, 产生了具体的语言接触, 并产生两种可能的结果: A1∪B1 或者 A1∩B1。

　　A1∪B1: 发话者与受话者根据社会语用距离对交际语用距离所做出的推断基本一致, A1 与 B1 重合, 则双方的语言形式和话语策略都可为对方所接受, 话语的礼貌拟定成功, 交际顺利进行。

　　A1∩B1: 发话者与受话者根据社会语用距离对交际语用距离所做出的推断存在差异, A1 与 B1 部分重合, 交际双方采取不同的语言形式和话语策略, 话语可能会欠礼貌, 并由此使交际受挫; 交际受挫后之后, 双方对交际语用距离再次进行推断, 并开始第二轮会话; 这时存在两种可能的情况。情况一: 交际的一方主动调整自身交际语用距离, 顺应对方, 使话语礼貌程度增强, 交际顺利进行; 情况二: 交际双方均维持初始交际语用距离, 并保持使用相应的话语形式和交际策略，礼貌程度再次降低，并导致话语冲突加剧。如：

例（1）我这时很兴奋，但不知道怎么说才好，只是说：

A1 "阿！闰土哥，——你来了？……"

…… 他的态度终于恭敬起来了，分明的叫道：

B1 "老爷！……"

我似乎打了一个寒噤；我就知道，我们之间已经隔了一层可悲的厚障壁了。**A2** 我也说不出话。

他回过头去说，**B2** "水生，给老爷磕头。"

B3 "老太太。信是早收到了。我实在喜欢的不得了，知道老爷回来……"

A3 "阿，你怎的这样客气起来。你们先前不是哥弟称呼么？还是照旧：迅哥儿。"

B3 "阿呀，老太太真是……这成什么规矩。那时是孩子，不懂事……"　（引自鲁迅《故乡》）

这是鲁迅《故乡》中作者 A 见到闰土 B 时的一段对话（通过上下文可知，作者母亲与作者的态度、立场几乎完全一致，可视为作者二次言语的代言人）。A 对 B 到来的期盼十分急切，幼时一起玩耍的情景已历历在目，因此表现出溢于言表的激动。从前文叙述可知，A 早已视 B 为自家兄弟，没有社会等级与权势差距的概念。这种社会语用距离初步推定决定了交际语用距离中 A 与 B 之间地位平等、语用亲密度高；而 B 的态度虽然没有具体交代，但在下文的对话中清晰可见。

首轮对话中 B 的回答表明他与 A 对双方语用距离的推断出入很大，属于图 1 中的 **A1∩B1**，且一致程度极低。"老爷"是旧社会对上层权贵的一种尊称，按照 Leech 的礼貌原则，B 的回答无疑是礼貌的，因为 B1 提高了 A 的地位，是对对方的赞扬和对自身的贬低；然而 B1 显然不符合 A 的期待，礼貌的判定必须依赖于双方对语用距离推断的一致性。因此，在 B 看来礼貌的话语实际上并不礼貌，使得 A 感到丝丝的心痛。首轮对话发生冲突，源于交际的话语缺乏切适性。接下来的对话中 A 与 B 都对话语形式和交际策略做出调整，以适应话语礼貌的要求。

二轮对话中，A2 是 A 根据首轮对话的冲突，对交际语用距离重新作出推断，然后采取的调整策略。A 针对"老爷"的称呼，在二轮对话中没有采取任何语言形式，保持了沉默，表明 A 采取顺应策略，认可 B 在首轮对话中的交际语用距离；B 则继续坚持原语言形式和交际策略，并进一步遵照"自卑而尊人"[10]的社会等级观念，丝毫不敢有一丝僭越。

三轮会话中，B 没有感觉到 A 话语策略的变化（沉默），或者已知交际语用距离的差异但依然坚持自己的交际策略，这表明除了社会权势、亲密程度和文化差异之外，交际者的个性特征也是影响话语交际的重要因素。三轮对话中，**A3** 试图根据自身对语用距离的推断改变 B 的交际策略，但以失败告终。A3 认为双方关系应该更加亲密，体现在称呼上则为 B 应称呼 A 为"迅哥儿"而非"老爷"，而 B 则再次维持自身交际策略，B3 表明了 B 在三轮对话中采取维持策略，交际的继续进行在于 A 方采取了顺应策略，以沉默的方式接受 B 的"礼貌"。但对于 A 方来说，B 的话语根本不符合其对礼貌方式的期待，从动态语境、礼貌的切适性及可协调性原则看来是不礼貌的。

话语礼貌的拟定具有可协调性，礼貌原则并非恒定的，它随着社会语用距离和交际语用距离的变化而变化，同时受到交际双方主观因素的影响，话语礼貌具有动态性（dynamic）和切适性（appropriateness），因而也具有可协调性（negotiability），礼貌原则的把握必须依靠具体的交际语境。

三、动态语境中话语礼貌的可协调性

话语礼貌是交际过程中发话者与受话者根据语用距离推断和把握的，礼貌程度的高低取决于双方交际语用距离推断的一致程度。交际语用距离受到客观和主观语境的影响。客观语境指交际时的客观存在，如具体时空因素和各种复杂的社会文化状况；主观语境指交际者的主观因素，如性格、爱好、情感、语言特点等，尤其是具体心境[18]。语境因素是一种动态的知识，也是时刻左右交际发生的综合因素。作为交际主体的发话者与受话者，其个性特征是动态语境中的主导因素。交际者对语用距离的不同把握会产生不同的话语策略，彼此的话语策略是否为对方所接受，也成为判断话语礼貌的重要因素。如例1，在相同的客观语境条件下，A 与 B 对语用距离的推断背道而驰。A 所期待的"迅哥儿"在 B 看来应转化为尊称"老爷"，而 B 所认为的尊称在 A 看来是一种可悲的隔阂，是双方关系疏远的表现。差异源于双方对交际语用距离的主观判断，包括价值观念的新旧、等级制度的制约程度、个人情感和心理特征等。

语境产生于语言的使用过程和交际双方对彼此间社会语用距离的把握与调整，并随着交际过程的发展与语用距离的变化而不断变化。王建华认为[15] 交际者个体是交际的主体，一切影响或可能影响语用距离的知觉和推断以及话语礼貌的确定的一切因素，都必须通过交际主体——交际者个体而起作用，离开了交际者个体，就无从谈交际行为，无从谈语用距离和话语礼貌。个体特征是动态语境的重要组成部分，也是交际语用距离推断的重要因素。以下以《红楼梦》第十八回中元春省亲时与其父贾政的一段对话为例，探讨动态语境中语用距离与话语礼貌的关系，及其对翻译研究的启示。

例（2）　[元春]又隔帘含泪谓其父曰："田舍之家，虽齑盐布帛，终能聚天伦之乐：今虽富贵已极，骨肉各方，然终无意趣。"

　　贾政亦含泪启道："臣，草莽寒门，鸠群鸦属之中，岂意得征凤鸾之瑞。今贵人上锡大恩，下昭祖德，此皆山川日月之精奇、祖宗之远德钟于一人，幸及政夫妇。且今上启天地生物之大德、垂古今未有之旷恩，虽肝脑涂地，臣子岂能得报于万一！惟朝乾夕惕，忠于厥职外，愿我君万岁千秋，乃天下苍生之同幸也。贵妃切勿以政夫妇残年为念，懑愤金怀，更祈自加珍爱。惟业业兢兢，勤慎恭肃以侍上，庶不负上体贴眷爱如此之隆恩也。"贾妃亦嘱"只以国事为重，暇时保养，切勿记念"等语。（引自曹雪芹《红楼梦》第十八回）

　　元春与贾政的对话是阐释动态语境中语用距离推断与话语礼貌显现的经典示例，这源于交际双方身份地位的特殊性与双重性，以及个体交际特征的个性突显。双方共有的特征是身份的双重性：元春既是贵妃又是女儿；贾政既是臣子又是父亲。双方如何选择各自的身份进行交际不仅取决于客观语境，还在很大程度上受到交际个体特征的影响。中国社会传统"三纲五常"的社会道德规范紧紧制约着交际双方的话语策略，在这种条件下社会语用距离的推断趋于一致；而交际语用距离的推断则依赖于动态语境，并受交际个体主观因素影响。

　　从第一句话可以看出，元春思家心切，她向往的是"田舍之家"的"天伦之乐"，而不是贵为至尊的皇家生活，因此才叹道"今虽富贵已极，骨肉分离，然终无意趣。"可见元春的含泪倾诉是一个女儿归省娘家的委屈，话中充满对合家团聚的期盼。这表明元春推断的初始交际语用距离较低，她希望和父亲以亲近的距离抱怨骨肉分离的伤痛和分享一朝团聚的喜悦。

　　而贾政的回答方式以"启"字开头，仅仅一字就表明他是以臣子的身份向主上告事。接下来的话更体现了其"自卑而尊人"的礼貌原则，这是汉文化中礼貌特征和礼貌原则的集中体现[19]，表明贾政对中国社会道德规范与伦理纲常丝毫不敢僭越。贾政以"臣"、"草莽寒门"、"鸠群鸦属"等自称，以"凤鸾"、"贵人"、"日月之精华"、"圣君"、"贵妃"称呼对方，涉及自身的动词用"征"、"肝脑涂地"、"报效"、"忠于"、"愿"等，涉及对方的动词则用"锡"、"昭"、"幸及"、"体贴眷爱"等，尽量降低自己地位，提升对方地位，旨在夸大对方对贾府的恩惠，强调皇恩的浩荡与其作为臣子的感恩戴德。

从首轮会话可见，贾政的"启"事与元春的期待背离，交际语用距离推断存在差异。交际语用距离的推断的不一致势必影响话语礼貌程度的实现，我们相信元春更加期待贾政以父亲的身份来与其交流，而非其堂而皇之的官场文章。从最后一句话可见，元春采取顺应策略，接受了父亲首先作为臣子的身份，但对贾政的关怀之语，字里行间仍透漏出女儿对父亲的殷切关怀。

话语礼貌不是绝对的，而是动态的交际语境中双方对语用距离不断的推断和调整，带有相对性和可协调性，而话语交际必须注重礼貌原则的切适性；话语礼貌具有动态性和灵活性，须置于动态的交际语境之中进行研究，判断话语礼貌的参照点应该是交际双方对交际语用距离推断的一致程度，以及在继起交际中所作的调整，任何把礼貌原则绝对化的论断都是有缺陷的，这一认识对翻译研究中的礼貌原则有意义深远的启示。

四、语用距离与翻译中的礼貌原则

汉英语言文化的差异性决定了汉英翻译中礼貌等值的相对性[20]，篇章言语行为的研究同样要遵循话语交际的基本原则，礼貌原则的相对性有助于揭示篇章言语行为翻译研究的科学内涵。语用学范畴内的基本原则可以用来检验翻译中礼貌对等论的合理性与可行性。语用距离与话语礼貌的关系对翻译实践具有指导意义，特别是对翻译策略的选择提供了更具说服力的参照标准。意义并非是由单纯的语言结构本身决定的，而是由整个语言交际的语境来决定的，翻译过程中对话语礼貌的理解必须依赖于交际中的语境因素，而译文中传递的应是原文的语言含义和语言的交际功能，译文应当以读者可接受的形式再现原文礼貌原则。以下引用例（2）的两种英译文，对比语义翻译与交际翻译中礼貌原则的实现方式，以及动态语境中语用距离推断在译文中的再现。限于篇幅，译文全文从略，引用译文 a 为杨宪益夫妇译[①]，b 为大卫·霍克思译[②]，以下皆同。

例（3）　又隔帘含泪**谓**其父曰：

a. With tears she **told** him，（Yang，X. Y. & Gladys Yang，Vol. 1 p255）

b. The sense of deprivation struck home to Yuanchun as she **addressed** him through the curtain.

（David Hawkes，Vol. 1 p317）

"谓"字的翻译体现出两种截然不同的语用距离，杨译"told"再现了元春渴望父女对话较亲近的语用距离，而霍译"addressed"显然将元春置于高高在上的尊贵地位，体现君王与臣子对话的情景模式。区区一字的翻译，营造出两种不同的交际语境，决定了交际双方的语用亲密度。

例（4）　贾政亦含泪**启**道：

a. With tears too he **replied**，（Yang，X. Y. & Gladys Yang，Vol. 1 p255）

b. With tears in his eyes the good man **delivered the following little speech** to the daughter he could not see：（David Hawkes，Vol.

---

① Yang, X. Y. & Gladys Yang tr. *A Dream of Red Mansions*. Beijing: Foreign Languages Press, Vol. 1，1994. 杨宪益夫妇译例均出自此书。

② David Hawkes tr. *The Story of the Stone*. Harmondsworth: Penguin Books, Vol. 1, 1973. 霍克思译例均出自此书。

1 p317）

同样，"启"的翻译也体现了译者在自觉选择交际语用距离。"replied"指一般对话的"应答"，语用亲密度高，而"delivered the following speech"则突显了贾政和元春是君臣的对话，是在极其正式场合下进行的"讲演"，是官场的交际言词，非父女之间的问候和关怀。杨译文的处理方式与"谓"字翻译完全不同，"启"是臣下对君主在非常正式场合的用法，而杨译转换为较为随便的"replied"，这表明译者没有注意到交际语用距离的变化，自然也就改变了原文礼貌原则的拟定方式。霍译表明了贾政的立场选择，但忽视初始交际语用距离，即在开始就改变了交际双方对语用距离的推断。

贾政接下来的一段话出现大量标记话语礼貌的呼语，根据呼语的礼貌级次分类[22]，贾政采用了"郑重式"的称呼语，同时遵循汉语文化中"贬己尊人"的话语礼貌策略。杨译与霍译除了语言形式和特点的选择略有不用之外，对礼貌原则的遵循基本保持一致，即通过抬高对方，贬低自己，夸大皇家的隆恩等来体现话语礼貌。但双方同时缺失的是首轮会话之后交际语境的变化和交际双方应对策略的调整，即元春的顺应和贾政的维持。

例（5）　贾妃亦嘱"只以国事为重，暇时保养，切勿记念"等语。

a. Then it was Yuan-chun's turn to urge her **father** to devote himself to affairs of state，look after his health and dismiss all anxiety regarding her. （Yang，X. Y. & Gladys Yang，Vol. 1 p255）

b. To this formal speech the Imperial Concubine made a formal replay：'**Sir**，it is of course desirable that you should exercise the utmost diligence when engaged upon business of state，but it is to be hoped that you will take sufficient care of your own well-being whenever not so engaged，and will under no circumstances vex yourself with anxiety on our behalf. '（David Hawkes，Vol. 1 p318）

　　杨译将直接引语转换为间接引语，直接引语和间接引语本身可以产生不同的语用距离[17]，译者对话语类型的选择主观上影响了原文的交际语用距离。间接引语消除了话语对交际语用距离的体现及判断和推定话语礼貌的直接依据。杨译文在间接引语中加入了"father"一词，再次拉近了交际语用距离。相比之下，霍译保持原文直接引语的话语类型，且加入"Sir"一词，保持其对初始语用距离的维持，强调交际者之间是君臣的对话。

　　李弘、王寅认为[23]语言运用时的情景、体现的功能等应当作为翻译的基础，翻译主要是要译出语句所发挥的功能意义和语用意义，强调语境对于理解和翻译的重要作用；而翻译的一般原则为：当形式、意义和功能发生冲突时，形式让位于意义，意义让位于功能。张美芳和黄国文也指出[24]：翻译研究的语篇语言学方法是对传统语言学方法的发展，重视语篇分析和语用意义，其研究对象不仅是原文和译文两种语言体系，而且还涉及语言体系以外的各种制约因素，包括情景语境和文化语境。可见，翻译应该把握语境的变化，捕捉交际过程中语用距离的调整以及由此带来的话语礼貌策略与表征的变化，并争取在目标语中再现这一过程，努力实现翻译的礼貌对等。

四、结语

　　综上所述，话语礼貌具有相对性，礼貌原则的拟定必须参照动态的交际语境。话语是否礼貌取决于交际双方对语用距离推断的一致程度，以及交际语用距离的应对策略；动态语境中个体的特性是影响交际语用距离推断的重要主观因素；翻译研究应当注重语言选择对话语礼貌策略的影响，明确话语礼貌拟定的相对性、动态性和可协调性，而译文语言的选择也要体现交际语用距离的差异，实现原文礼貌原则在译文中的对等。

参考文献

[1] Lakoff，G. *The logic of politeness; or，minding your p's and q's*[C]. Papers from the Ninth Regional Meeting of the Chicago Linguistics Society，1973，pp. 292-305.

[2] Leech，G. N. *Principles of Pragmatics* [M]. London and New York: Longman，1983，80-83.

[3] Brown，P. & S. Levinson. *Politeness: Some Universals in Language Usage* [M]. Cambridge: Cambridge University Press，1987.

[4] Fraser，Bruce and William Nolen. The association of deference with linguistic form [J]. *International Journal of the Sociology of Language*，1981，27，pp. 93-109.

[5] Blum-Kulka. You don't touch lettuce with your fingers: Parental politeness in family discourse [J]. *Journal of Pragmatics*，1990，14，pp. 259-288.

[6]. 陈融. 面子・留面子・丢面子——介绍 Brown 和 Levinson 的礼貌原则[J]. 外国语，1986（3）.

[7]. 陈融. 英语的礼貌语言[J]. 现代外语，1989（3）.

[8]. 刘润清. 关于 Leech 的礼貌原则 [J]. 外语教学和研究，1987，（2），42-46.

[9]. Gu，Yueguo. Politeness Phenomena in Modern Chinese [J]. *Journal of Pragmatics*，1990（14），237–257.

[10]. 顾曰国. 礼貌、语用与文化[J]. 外语教学与研究，1992（4），10-17.

[11]. 何兆熊. Study of Politeness in Chinese and English Cultures [J]. 外国语，1995（5），2-8.

[12]. 徐盛桓. 礼貌原则新拟 [J]. 外语学刊，1992（2），1-7.

[13]. 王建华. 礼貌的相对性 [J]. 外国语，1998（3），18-22.

[14]. 王建华. 话语礼貌与语用距离 [J]. 外国语，2001（5），25-31.

[15]. 王建华. 礼貌的语用距离原则[J]. 东华大学学报，2002（4），29-33.

[16]. Verschueren，J. *Understanding Pragmatics* [M]. London: Arnold，1999.

[17]. 徐学平. 顺应论与语用距离 [J]. 外国语言文学，2005（2），91-95.

[18]. 侯国金. 动态语境与语境洽商 [J]. 外语教学，2003（1），22-26.

[19]. 何自然. 语用学与英语学习 [M]. 上海：上海外语教育出版社，1997，115-119.

[20]. 孙志祥. 汉英翻译中的礼貌等值 [J]. 中国翻译，2003（6），20-22.

[21]. 周红民. 论语用学原理对翻译对等论的解释功能[J]. 外国语言文学，2003（4），46-50.

[22]. 肖旭月. 英语呼语的礼貌标记功能 [J]. 解放军外国语学院学报，2003（1），16-19.

[23]. 李弘，王寅. 语义理论与翻译研究——认知语言学对翻译的解释力 [J]. 外语与外语教学，2005（10），35-39.

[24]. 张美芳，黄国文. 语篇语言学与翻译研究 [J]. 中国翻译，2002（3）.

Social Pragmatic Distance and the Politeness Principle in Translation

Zhao Chao-yong

Abstract: Politeness is a socio-cultural phenomenon and one of the basic guidelines for human interaction. Language is a sign of social pragmatic distance between participants and politeness at the utterance level is determined by the uniform approximation of the pragmatic distance in communication predicting and the ensuing adjusting strategies. Utterance politeness is calculated and determined in the process of communication and it changes with the ongoing of communicative variables. Therefore, utterance politeness is characterized by relativity, dynamic and negotiability. Translation studies should attach great importance to the relationship between pragmatic distance and utterance politeness, the influence of wording on politeness strategies. Furthermore, the characteristics of utterance politeness contribute a lot to polite equivalence in translation.

Key Words: pragmatic distance; politeness principles; dynamic context; translation

文化教育篇

近代日本杂志媒体的"中国"与"中国言说"

——关于综合杂志《太阳》（1895-1928）研究[①]

潘世圣

摘要：从事日本研究，例如考察近代日本（1868-1945）的"中国观念"、"中国言说"等问题，对研究资源的选择至关重要，也是目前国内相关研究的薄弱部分。"综合杂志《太阳》（1895-1928）研究"，以在近代日本发生过很大影响的大型综合杂志《太阳》原本为考察资源，围绕《太阳》的"中国"这一母题，从若干角度、若干时期对多达 531 册的杂志文本进行阅读、辨识和分析考察，试图以新的材料和视角考察这一段令人纠结的近代日本和中国的历史图景。

关键词：《太阳》；中国；中国言说；中日关系；历史解释

一、超越单一视角与立场的研究指向

关于近代日本综合杂志《太阳》（1895-1928）的研究，其实是试图做一种尝试。那就是，以一本庞大的日本综合杂志为直接的考察资源，通过文献研究的手法，从不同角度对特定主题进行

① 本文系"综合杂志《太阳》（1895-1928）研究"的分支成果，整体研究得到 2007 年度上海市"浦江人才计划"项目以及日本住友财团 2010 年度"亚洲诸国日本关联研究助成"的资助，在此谨致谢意。文中有关《太阳》杂志的资料引用全部出自日本杂志的原本和原文，无特别标注者均为本文作者据杂志原文译出，请识者批评指正。

系统的综合考察。

　　《太阳》杂志是近代日本的第一本综合杂志，内容广博厚重，具有"百科全书"式的内容结构，同时又属于大众新闻媒体，对当时的日本社会、对于近代日本国民有过巨大影响。正如日本学者铃木贞美所说，在明治后期[①]，《太阳》对于国民舆论的形成发挥了重要作用[②]。

　　在中国的日本研究中，以来自日本且数量庞大的第一手文献资料为主体的研究历来不多，原因是有太多的困难。对于杂志《太阳》的研究，目前还处于完全的空白状态。首先，这是一本创刊于 110 多年前、停刊于 80 多年前的日本杂志，中国的图书馆里没有收藏，日本的图书馆里也很难找到完整的收藏。后来数码技术的发达，催生了电子复制品，但又伴随着研究者个人难以逾越的价格门坎。即便有了杂志文本，它的庞大数量、语言文化障碍，以及把握相关历史背景、周边情况所必须的知识结构，都需要诸多的努力[③]。它是日本杂志，从语言到内容再到背景都属"海外"和"异文化"范畴，在搜集、阅读和理解判识方面，都存在许多物理性困难；《太阳》创刊时间早，持续时间长，数量特别巨大，又跨越不同时代。它诞生于中日甲午战争（日本称为"日清战争"）期间的 1895 年 1 月，到 1928 年停刊，总共历时 33 年；月刊加上

---

　　① 关于明治时代（1868-1912）的分期，一般认为 1868-1884 为前期，1885-1912 为后期。参见《日本历史大事典》（东京：小学馆，2001）等。

　　② 铃木贞美：《明治时期〈太阳〉的沿革及地位》[A]，铃木贞美编《杂志〈太阳〉与国民文化的形成》，京都：思文阁出版，2001 年，606-607 页。

　　③关于《太阳》研究，在日本也还处于起步阶段。从上世纪七八十年代开始，断断续续有不多的零散论文出现，到 90 年代中期，日本"国际日本文化研究中心"的研究团队以《太阳》为对象，对"综合杂志《太阳》的跨学科研究"这一课题进行规模研究，其研究成果以论文集《杂志〈太阳〉与国民文化的形成》（铃木贞美编，京都：思文阁出版，2001）的形式公开出版发行，成为迄今为止最大的研究成果。此后也有若干研究论文发表，如筑波大学的研究生小组曾有过研讨，但数量很少。

不定期的"增刊"，共有531册；早期《太阳》存在于一百多年前，语言不同于今天，杂志内容涉及数不胜数的人物、事件，增加了研究的难度。特别是，在一些研究者的学术世界里还有一些观念与习惯的误区。比如喜欢架构宏大的历史框架，偏爱定向的大历史叙事，轻视多元视角多元叙事；喜欢追随域外理论话语的流行，轻视对文献资源的调查和实证考察；喜欢主观性议论评说，忽视对历史史实、历史材料的还原再现和解析；喜欢独特的断言结论，轻视逻辑、证据，轻视论证程序和过程，等等，不一而足。这些理由，也导致了《太阳》一直没能进入中国研究者的视野。

　　作为综合杂志，《太阳》包罗了极其丰富多彩的历史材料和思想材料。其中的"中国言说"和"中日关系图景"则是中国人最关心的主题。中国的研究者一直在不断思索该如何叙述自己的历史、社会、文化，在这个过程中，新的视角和方位，新的资源材料，有助于打破固定的意识框架和思考定势，获得开放的视野空间，进而更加有效地理解历史。正如思想文化史学者葛兆光先生所倡导的，摆脱中国认识中"以自我为中心的想象时代"，通过周边异域的"中国叙事"来认知历史中国和文化中国。作为来自异域"他者"的庞大记录，《太阳》杂志无疑是域外生产的极有价值的人文资源。

二、《太阳》的背景：屈辱的"甲午战争"

　　为何要在这里再叙作为近代历史片断的"甲午战争"，有两个原因。第一，《太阳》诞生的背景是"甲午战争"，或曰"甲午战争"催生了《太阳》，要理解那个时代的《太阳》，理解近代日本的"中国"和"中日关系"，必须很好地理解"甲午战争"。第二，关于"甲午战争"，中日这两个当事者双方的叙述有所不同，为客观全面地呈现历史情形，特别是有些细节，作者参照中国方面和日本方面的叙述①，针对各自的取舍详略配置，以描述历史事实为本，对《太阳》的背景——"甲午战争"做一简约回顾。

　　1868 年的"明治维新"以后，日本奉行"文明开化"、"富国强兵"的国策，厉行改革，国力迅速增强，开始憧憬帝国之梦，谋求对外扩张。于是围绕朝鲜半岛，日本的野心日益膨胀，在经过精心谋划和准备之后，终于掀起中日之间的冲突和战争。1894 年 7 月 25 日，在朝鲜牙山口外的丰岛冲，蓄谋已久的日本军舰向中国军舰发起攻击，击伤"广乙号"和"济远号"，又击沉运兵船"高升号"，俘获炮舰"操江号"。7 月 28 日，中日军队在牙山附近的成欢交战，中国军队败退。8 月 1 日，日本发布开战宣言。8 月 10 日，日本舰队炮击威海卫。9 月 13 日，日本将 1893 年设立的战时最高军事指挥机关"大本营"移至广岛。9 月 15-16 日，日本军队攻陷由清军把守的平壤。9 月 17 日，甲午战争中最重要的一场海战——黄海海战爆发。

　　这一天，日本海军中将伊东祐亨（1843-1914）统帅日本联合舰队，以一舰未沉赢得击沉北洋舰队五艘战舰、重创主力舰"镇远"和"定远"的战绩②，完全控制了战争的制海权，大清帝国的残阳凋零已在眼前。10 月 24 日开始，日军两路人马向中国本土展开攻击。一路在辽东半岛花园口登陆，11 月 7 日攻占大连，21 日占领旅顺；另一路从平壤北上，渡过鸭绿江，占领了丹东、海城等地。此后，清政府试图通过美国、英国等西方国家的斡旋，与日本谈判媾和事宜，被日方拒绝。1895 年 1 月，清军数次试图

---

　　① 取自中国与日本各自的主流记述。参考文献有郭豫明主编：《中国近代史教程（增订本）》（华东师范大学出版社，2001）、[日] 成美堂出版编辑部编：《图解　近代史》（成美堂出版，2010）、[日] 近代日中关系史年表编集委员会：《近代日中关系史年表》（岩波书店，2006）等。

　　② 这场海战，使得清政府苦心经营的北洋水师丧失了三分之一的军舰，战败成为定局。

夺回海城，均被日军打败。1 月 20 日，日军在山东登陆；1 月 25 日，伊东祐亨向北洋舰队提督丁汝昌（1836-1895）递送劝降书遭到拒绝。2 月 2 日，日军攻占威海卫，5 日击沉北洋舰队旗舰"定远号"，12 日，北洋舰队向日军投降，北洋海军全军覆没。19 日，李鸿章被任命为"头等全权大使"，负责与日本的媾和谈判。

近二十年前，笔者曾赴"马关"（今"下关"）进行资料文献调查，在下关市立大学图书馆查阅到一些珍贵的记录资料。据载，1895 年 3 月 19 日，李鸿章率领超过百人的庞大谈判使节团由海上抵达日本的港口小城马关（今山口县下关市），第二天上岸，下榻在名为"春帆楼"的日式旅馆①，开始与日本政府进行停战谈判。关于这些，日方资料中留下一些中方没有的特别记载，姑且录下，以为备考。3 月 20 日，李鸿章一行，走下悬挂着德国国旗的汽船，踏上海岸。码头上聚集了众多的市民，他们不是来欢迎李鸿章，而是来观看败国之将的。熙熙攘攘的人群中到处是"支那！支那！"的叫声。特别令人无法释怀的是，在战争中一败涂地、前来割地赔款让权的李鸿章，除了身边的数名清政府官员外，居然带来了众达一百多人的随员，以及大批生活用品。3 月 19 日，人们用了整整一天时间，将随船物品卸下并运上岸。数量庞大的物品中，有炊事用具、饮用水、蔬菜、肉类，甚至随员用的桌子、椅子，等等，应有尽有。其中特别醒目的，是李鸿章专用的轿子。据载，这座方圆四尺的轿子精致绝伦，四面是精美的罗纱，左右镶着八寸角的玻璃，上面是雍容华贵的天鹅绒；轿子由八名专属轿夫时时刻刻小心翼翼地守护着。这让日本人瞠目结舌，他们无法理解一个一败涂地的羸弱巨人以何种心情来安排如此奢侈的排场，所以不免以略有调侃的笔调，把上述作为罕见的异国奇事记

---

① 不同于中国，日式的旅馆一般兼有食和宿两个功能，实为料理店与旅馆的合一。

录下来。（下关市市史编修委员会，1883：336）我们无法猜测日本人面对这一切的心境，但作为中国人，笔者不禁"何至如此，而如此何能不败！"的沉重感叹。

谈判期间，李鸿章饱尝败者的屈辱，24 日，在结束当日谈判返回旅馆的途中，遭到一个名叫小山丰太郎的日本人的袭击①，脸上挨了一枪，被送进医院。历练老道的李鸿章心灰意冷，满怀苍凉，4 月 17 日，他无奈地在割地赔款让权的《讲和条约》②（《马关条约》）上签了字，第二天便匆匆离开马关这伤心之地。

甲午一战，庞大的清王朝毫无准备地惨败于东洋小国日本，宣示了一个古老帝国的败落。对日本来说，战争的进程和胜利，远比事先预想的更大，更迅速而顺利。伴随着举国上下欢呼胜利的游行和喧嚣，千百年来日本人对中华古老文明的憧憬和敬畏，急速沉没消失，胜者的自负、骄傲和狂热令仰视变为俯视，令尊敬变成骄横与蔑视。关于这一重大的"转变"，日本著名记者兼作家生方敏郎（1882-1969）曾经留下珍贵的纪录：

---

① 狙击李鸿章事件发生后，日本政府迅速采取了应对措施：3 月 24 日发生"枪击案"，27 日，下关市上属的山口县知事（县长）及县警部部长（警察局长）均被罢官免职；30 日，犯人小山丰太郎被判处无期徒刑（实际上此人在 1907 年出狱）。日方通过快速惩处犯人和责任人，把可能发生的对日方的不利降到最低程度，以利于在媾和谈判中获得最大利益。这与晚清政府处理与外国的争端形成一个极其鲜明的对比。有关事实可参见《近代日中关系史年表》（岩波书店，2006）。

② 俗称《马关条约》，日本方面的正式名称为《日清讲和条约》。主要内容：（1）中国承认朝鲜独立；（2）中国向日本割让辽东半岛、台湾及澎湖列岛；（3）赔偿白银 2 亿两（为清政府全年财政收入的 2.5 倍；约合 3 亿 1 千万日元，相当于当时日本国家预算的两倍多）；（4）向日本开放沙市、重庆、苏州和杭州等口岸；（5）签订日中通商航海条约，给予日本和欧美同样的权利待遇。后由于西方列强的干涉和压力，同意中国以 3000 万两白银赎回辽东半岛。最后日本共获得 3 亿 6460 万日元的赔款。日本将 6 成以上的赔款用于军备扩张，极大加强了其经济和军事实力。另参见郭豫明主编：《中国近代史教程（增订本）》、[日] 加藤阳子《战争的日本近现代史》（东京：讲谈社，2002）等。

随着日本在日清战争中的节节胜利，一般民众心里逐渐涌起蔑视敌手的情绪。对中国人的憎恶开始出现在画里和歌里。丝锦画上画的日本兵是勇猛直前，中国兵则是狼狈逃窜。夏祭上玩的小靶子都是中国兵，有的商店年底大甩卖，赠送顾客的小礼物竟是中国人人形的头。就这样，日清战争使日本人心中的中国形象发生了巨大变化。（生方敏郎，1978：41）

无论对中国还是对日本来说，1895 的甲午年，都是各自近代史上一个转折性的年头。《太阳》杂志，乘着日本战胜大清帝国的气运，于 1895 年 1 月问世。三个月后，《马关条约》正式签订，中日关系发生彻底逆转，此后的"中国图景"、"中日关系"充满了一个个悲剧，而这种中日关系力量对比的变化，也以各种形式投射在《太阳》杂志中，成为《太阳》与中国的基调之一。创刊之后最初时期的《太阳》，报道记述评论中国的比例远远大于其他时期的原因也在这里。

三、《太阳》的生成：兼并包容的大型杂志

对日本报刊出版界多少有些了解的人都知道，与中国不同，在日本，有一种名曰综合杂志的刊物，它的内容范围广泛，包括政治、经济、社会、文化评论、时事报道以及文艺作品，篇幅分量厚重，在报刊出版界占有重要地位。这类杂志在昭和（1925-1989）之前被称为"高级杂志"，后来则改称"综合杂志"。今天，仍有多种比较著名的综合杂志存在，如《文艺春秋》（文艺春秋社）、《中央公论》（中央公论社）、《世界》（岩波书店）、《新潮》（新潮社）和《正论》（扶桑社）等，作为日本报刊的重要品目，吸引着大量读者，向社会和公众创发各类信息。不过随着时代的变化，今日的综合杂志有些已具有浓厚的商业色彩，不免娱

乐猎奇以及渲染和噱头。当然，最初的综合杂志并不是这样。它的鼻祖就是《太阳》月刊，一本以社会启蒙为目的之一，严肃的、学术的，充满为社会引领方向之野心的综合杂志。

　　创办《太阳》杂志的，是当时很有名的出版社"博文馆"（1887年—现在）①，创办人则是博文馆创始人大桥佐平（1836－1901）和他的儿子大桥新太郎（1863－1944）。大桥父子在创办博文馆的当年就办起了文摘杂志《日本大家论集》，汇集各种报刊上发表的名家文章，推介给社会。这本杂志一出版就受到广泛欢迎，发行量很快达到一万册以上。后来，博文馆又相继办起多种具有"国粹主义"倾向的杂志，到1889年，虽然只有短短两年，已经拥有13种杂志；与此同时，又开始出版多种大型丛书，杂志和书籍齐头并进，出版社急速发展，迅速在出版界独占鳌头。

　　1895年1月，在"日清战争"（甲午战争）胜败已定，日本举国上下士气高扬的情形下，博文馆对其麾下的杂志进行整合，将原有的15种杂志合并为综合杂志《太阳》（1995—1928）、文艺杂志《文艺俱乐部》（1895—1933）和《少年世界》（1895—1834）这三大杂志。其中，《太阳》是以原《日本大家论集》、《日本商业杂志》、《日本农业杂志》、《日本之法律》和《妇女杂志》这五本杂志为基础，重新整合而成的。内容包括政治、经济、军事、时事、思想、文化、文学、宗教、教育等，遍及人文社会科学的所有领域；作者阵容庞大，聚集了当时最有名的评论家、学者、撰稿人以及其他各类名人；杂志篇幅达二百页之多，发行数量超过十万。这本日本第一部百科全书式的综合杂志，一跃成为杂志出版界的王者。②

---

　　① 1950年起更名为"博文馆新馆"，主要业务也由出版书籍刊物变为出版和销售日记本等，昔日光辉不再。

　　② 有关《太阳》的概况介绍部分，除参照杂志本身外，主要参考了［日］铃木贞美：《明治时期〈太阳〉的沿革及地位》（铃木贞美编：《杂志〈太阳〉与国民文化的形成》，京都：思文阁出版，2001）。谨记并致谢。

《太阳》的内容遍及人文思想学术，甚至包括自然科学的部分领域，学术教育和社会启蒙色彩浓厚，代表了当时日本言论界的最高水准。《太阳》的办刊原则和方针宽容开放，具有通俗性和大众性的特质。在面向整个社会和全体国民这种职业意识和商业意识的统领下，不像同一时代的《国民之友》（民友社 1887—1898）、《明六杂志》（明六社 1874—1875）、《日本人》（政教社 1888—1907）等杂志①那样，热衷宣传特定的政治思想主张。《太阳》没有划定特定的思想倾向和目标，也不以特定集团为自己的读者群，而把吸引所有阶层的读者，提供具有较大公约数的阅读产品，进行成功的商业运作，作为出版经营的宗旨。它集合各个领域的名家名士，聚合各种思想和见解，为海内外读者提供相互交换思想的素材和平台。杂志经常有意识地发表各种各样、甚至是完全对立的见解，不断引发争论，在近代日本杂志出版以及思想文化发展史上开启了一代新潮。

《太阳》的这个特点，有时被人视为缺乏个性。但《太阳》坚持为各个领域的第一流学者、论客提供发表言论的平台这一原则，所以当它成为学术研究资源时，它的普遍性和广泛性便成为不可替代的巨大优势。《太阳》成为了解那个时代的各种学说、各种文体流变的范本和标准，更成为记录那个时代各界的主流言说及其他言说的最佳媒体。换言之，透过《太阳》的日本研究、日本历

---

① 《国民之友》，评论杂志。1887 年，由德富苏峰的民友社所创办，1898 年停刊。倡导"平民主义"，后因德富苏峰转向"国权主义"，杂志渐渐一蹶不振。《明六杂志》，明治初期的思想团体"明六社"的机关杂志。1874 年创刊，以思想启蒙为特色，致力于介绍和普及欧美的各种思想思潮，但遭到日本政府的压制，一年后停刊。《日本人》，"国粹主义"文化团体"政教社"的机关杂志。1888 年创刊，反对过度模仿欧美文化，提倡保存和发扬日本固有的真善美，信奉国家主义。杂志经多次变迁，1907 年更名为《日本及日本人》。参见《辞林 21》（东京：三省堂，1993）、《日本近现代史辞典》（东京：东洋经济新报社，1978）。

史文化研究具有高度的有效性。

四、《太阳》与中国："中国"报道、言说和中日关系

　　《太阳》是综合杂志,作为研究资源具有复合性和多向性特点。在这之中,我们所设定的研究主题可以用"《太阳》的中国及中日"这几个字来概括。就目前对《太阳》杂志的粗略确认来看,它的"中国言说"和"中日关系图景"这一系统,具有很丰富的内容。这最大的起因固然在于近代中日两国的特殊关系,太多的关联,太多的纠葛,太多的冲突,太多的悲剧。《太阳》没有放过每一时代的纷纭变换,以各种形式:文字和图像、新闻报道和学术研究、宽容理性的和偏激极端的……,记录了近代中国的历史脉动、中日间的重大事件、中日关系的震荡;从"甲午战争"、"戊戌变法"、八国联军、武昌起义、军阀混战,直到 1927 年的国共分裂;从思想文化到风土人情,触角遍及各个领域。《太阳》的"中国"所包容的信息量大,信息的密度和质量也很高。

　　我们来仔细考察一下创刊后第一年的部分刊物。1895 年,几乎全年,《太阳》的焦点和世人一样,其"中国视线"全部聚集在中日这两大东亚国家之间的战事——"甲午战争"之上。

　　创刊号(1 卷 1 号)(1895.1)"政治"栏一半以上的篇幅讨论的是"征清(即征讨清国=中国)的结局将会怎样"的问题;"论说"栏的 11 篇文章中,有 5 篇是关于战争的:《战争胜利后的教育》、《战争胜利后的学术》、《战争与文学》、《对清战争》和《日本帝国的人物》;在"海外思想"、"英文"和"舆论一斑"等栏目中,也有角度不同的战争报道和解说,像《支那的将来》、《日本的胜利》、《高升号事件》、《支那的俘虏》、《支那士兵的残虐》、《东京祝捷大会记事》等,都是"甲午战争"的另一种直接记录。除此之外,还特意刊载了画家佐久间文吾(1868-1940)的西洋木版画《胜利的元旦》。

《太阳》1卷2号（1895.2）则更多地对"甲午战争"进行了细节报道。如"政治"栏中有：《清国的请和使》、《列国干涉的机势》《英俄的联合》、《弱邦的振兴与改革》；"海外思想"栏则可见《日清战争及其结局》、《日本的胜利》；"舆论一斑"栏有《媾和问题》、《媾和与列国干涉》；"英文"栏的文章也属必读，《金州附近的日本军队》、《身在广岛的大元帅陛下①的现状》和《支那的弱点》等，都是了解历史细节的有用材料。

1895年3月，清军彻底败北，中日进入停战媾和谈判阶段。这种情形自然也反映在《太阳》的报道评论上。针对那种趁战争胜利的机会一鼓作气吃掉中国的主张，"论说"栏的第一篇文章就是《评支那吞并论》。此文作者是日本著名政治家犬养毅（1855-1932），他在文章中从九个方面，即从"支那人的保守习惯"、"内陆各地的抵抗"、"易降服亦易反叛"、"征服（中国）耗费岁月"、"现在的中国并非元末明末那般混乱"、"财政困难"、"战线广大无边"、"与其他国家的关联"、"机会并非天赐而是人为"这几个方面提出不宜现在就谋求吞并整个中国。其他文章也开始对即将完全结束的战争进行总结：《日清两国海军的实力》、《北洋水师的名誉》、《日清开战的利害 清国外交的耻辱》、《李鸿章》、《战费 赔偿金》等。"英文"栏里也披露了一些过去在国内资料中看不到的"史料"。像《支那第二使节》、《全权大臣伊藤伯爵对支那使节团进行演讲》、《支那军队的战略未见明显改变》、《日本海军士官在大连湾访问美国法国军舰》、《威海卫的鱼雷艇》。

1卷4号上，已经有人开始探讨中国失败的原因，为此专门刊登了一篇讲演记录《支那衰弱的理由》。新增的"军事"栏详细报道日本军队在辽东半岛战地的进展动态，有《占领牛庄及营口》、

---

① 即明治天皇。甲午战争期间的日本最高军事统帅机关为"大本营"（开战后由东京移到广岛），天皇亲任大本营最高统帅。

《第一军占领田庄台》、《关于占领澎湖岛》等报道。这些与有关史书的记载大体吻合。李鸿章在下关被刺，也成为一大新闻。"社会"栏和"舆论一斑"栏各有相关记事：《关于李鸿章负伤》、《关于李使的来日》、《关于李使的遭难》。"英文"栏内容则反映了西方国家关注热点：《开战以来支那的损失》、《开战以来日本的利益》、《威海卫的支那人俘虏》、《水师提督丁汝昌的降伏》、《伊东海军中将致故丁提督的劝降书》，值得关注和思考。

　　到 1 卷 5 号刊行时，中日谈判已完了，《马关条约》也已签订，战争的结果是一大胜一大败。于是，有关"甲午战争"的文章报道也逐渐减少，主要集中在"媾和条约"方面。如《媾和谈判》、《媾和条约》、《休战协定》、《媾和大诏敕》、《致两全权的敕语》、《大本营移转》、《条约批准》、《外国干涉》等。

　　1 卷 6 号对中日报道的重点仍是"媾和条约"，特别是所谓"三国干涉"：《三国忠言始末》、《卧薪尝胆》、《条约交换始末》、《军备扩张与改良》、《军队的凯旋》、《今后的要务》、《赔偿金的用途》等。其中，对于以俄国为首的三国施加压力、逼迫日本归还辽东半岛，最终中国用 3000 万白银赎回了辽东半岛。这几乎等于到嘴的肥肉被人生生抢走，日本耿耿于怀，举国上下同仇敌忾，发誓"卧薪尝胆"，以图有朝一日雪耻报仇，为后来的"日俄战争"埋下了种子。另外，值得一书的是，本期杂志上刊登了谈判的两位主要人物——李鸿章和李经方父子的照片，耐人寻味。

　　总之，仅从创刊后半年 6 册杂志的刊载内容来看，《太阳》的"中国资源"包含了各个层面的信息，在量和质两个方面都很丰富。其"中国言说"较多地体现于"论说"类或"演讲"类中，而其他可以构成资料源的细节信息更多包含在各种报道记事中，这些时事性的文字记述，几乎都属于"历史现场"的记录记载，虽出自另一方当事人之手，仍然具有较高的历史价值和文献资料价值。

参考文献

［1］生方敏郎. 明治大正见闻史[M]. 东京：中公文库，1978.

［2］下关市市史编修委员会. 下关市史·增补改订版（市制施行－终战）[M]. 下关：1883.

［3］日本风俗史学会. 日本风俗史事典·缩刷本[M]. 东京：弘文堂.

［4］铃木贞美. 明治时期《太阳》的沿革及地位[A]. 铃木贞美编. 杂志《太阳》与国民文化的形成.京都：思文阁出版，2001.

［5］铃木贞美编. 杂志《太阳》与国民文化的形成[C]. 京都：思文阁出版，2001.

［6］永岭重敏. 关于明治时期《太阳》杂志的文化摄取[J]. 东京：出版研究，1991（21）

On "China" and "China Recognition" from Modern Japanese Magazine Media
——a study of a Japanese comprehensive magazine *The Sun*
(1895-1928)

Pan Shi-sheng

Abstract: For Japanese studies such as "View of China" or "China Recognition" in modern Japan (1868-1945), making a proper choice of study resources is of great importance and is also the weak part of relevant studies made at home. Based on the resources of *The Sun*, a comprehensive magazine with a great influence on the modern Japan, this paper presents an insightful discussion of a heated topic "China" of *The Sun*, through a careful investigation and analysis of 531 issues of the magazine from multiple perspectives, casting some light on the "factual situation" of a modern Japan and the relations between Japan and China in modern times.

Key Words: *The Sun*; China; China Recognition; Sino-Japan relations; historical interpretation

试论学位论文驱动环境下研究生学术能力的培养

王馥芳

摘要： 自从各高校取消了研究生在校期间发表一定数量的论文方可毕业这一学位授予"硬指标"之后，我国的研究生教育在某种程度上变成了学位论文驱动环境下的研究生教育。本文主要从导师对研究生的学位论文指导角度探讨培养研究生学术能力的一些具体措施。我们主要从选材、"璞玉"的长效琢磨和学位毕业的严格把关三个方面来论述如何在学位论文驱动环境下培养研究生的学术能力问题。探讨的目的在于促使我们对研究生教育作更多的理论思考，并由此在研究生的培养实践中探索出更好的、更科学的研究生培养方案和方法。

关键词： 学位论文驱动环境；学术能力；学术创新

一、引言

成功的研究生教育，当以培养学生的学术能力为己任。近年来，随着研究生教育的改革，研究生在校期间必须发表一定数量的学术论文方可毕业这一以前通行的学位授予"硬指标"被取消。我国的研究生教育在某种程度上变成了学位论文驱动环境下的研究生教育。有鉴于此，如何通过完成学位论文实践来培养和提高研究生的学术能力就成了当前我国研究生教育的重中之重。

目前，我国学者（如吴绍芬，2005）普遍认为我国研究生创新能力不足。有鉴于此，学者们从不同角度提出了不同的对策以探讨研究生学术能力的培养问题。姚利民、王燕妮（2006）从课程教学培养的角度探讨了研究生科研能力培养之对策。吴照云（2007）从调整课程设置、加强导师的指导作用和完善教学监控机制三方面着手，提出了提高研究生学术创新能力的对策。蔡理（2005）介绍了近年来对研究生创新思维和科研学术能力培养的主要实践和做法：从灌输新思想并建立创新思维的意识入手，通过做科研学术论文实践来提高研究生的科研学术能力。本文拟从导师对研究生的学位论文指导角度探讨培养研究生学术能力的一些具体措施。我们主要从选材、"璞玉"的长效琢磨和学位论文的严格把关三个方面来谈如何培养研究生的学术能力问题。

二、学术能力理论探讨

2.1 学术能力的界定

"学术能力"是研究生教育的核心问题。肖川（2007）认为学术能力即是从事学术研究的相关素质。具体而言，"学术能力实际上就指专门对某一学问进行系统的哲理或理论研究的能力。这些能力不仅包括思辨的方面，而且还包括实践的方面，还有感性的敏感力等方面"（肖川，胡乐乐，2006：1）。 他们把学术能力具体化为：问题的发现与提出的能力、文献的收集与整理的能力、概念的生成与厘定的能力、做出学术命题的能力、设计研究过程的能力、对学术前沿的敏感。北京大学哲学系张详龙教授（2009：6）认为："'学术能力'是指学生经过教学培养出的自学能力和在未来主动做研究的能力"。仔细分析这个定义，我们有四点质疑：

1）学术能力的形成和培养，未必一定和正规教学有关，历史上很多自学成才的学者，他们的成才经历充分说明，自学有时候也能成就卓越的学术能力。只不过相比而言，正规学校教育可以让学生在学术能力的发展方面少走弯路。

2）一般性的教学是培养不出学术能力的，充其量只能培养出知识的拥有者。只有基于学术规范之上的系统性研究教学，才能培养出具有较强学术能力的学生。

3）虽然学术能力的培养离不开、而且在很大程度上是基于良好的自学能力，但自学能力本身并不完全等同于学术能力，它只是学术能力的基础和前提。

4）"主动做研究的能力"这一表述有点过于泛泛而谈，只谈到做研究的主观能动性。既未触及是否能胜任研究工作本身，也未明确说明做研究的能力到底是一种什么样的能力。

有鉴于此，我们认为学术能力的培养实质是个非常复杂的问题，涉及多个维度上的综合考量：1）学术能力培养的方式问题（如可以通过教学，也可以通过自学和游学等手段得到培养）；2）学术能力的本质问题；3）学术能力的构成问题。第一个问题不是本文探讨的重点，我们的重心在于第二和第三个问题的探讨。

要理解"学术能力"的本质，我们首先要理解"学术"的本质。作为一个专业术语，"学术"是和"常识"相对而言。相对于人所共知的"常识"，"学术"的语义内涵是丰富而多向度的：1）它是一种须经专门训练才能掌握的专门之术；2）它代表高度体系化的人类知识总藏；3）作为高度体系化的知识总藏，"学术"这个概念至少包含两个方面的内涵：它不仅包括学术内容，而且还包括研究学术内容的学术方法和学术理论（即元学术）。

基于对"学术"这一概念的多维理解，我们把"学术能力"理解为一种专门的复杂能力：1）它是一种须经专门培养（要么是系统的教学，要么是系统的自学或者游学）方才拥有的特殊能力；2）它是一种对高度体系化的人类知识总藏进行观察、整理、概括、抽象和重构的纯粹理性能力；3）它不仅包括各种具体的知识处理能力（如知识获取、知识整理和概括、知识拓展、知识重构和知识创新等），而且包括元学术能力（如哲学思辨能力、哲学体系构建能力等）。简而言之，学术能力是一种经专门培养而造就的纯粹理性能力。

鉴于研究生阶段是学术能力培养的中级阶段，本文所探讨的"学术能力"不包括元学术能力的探讨。联系研究生阶段的培养目标，我们简单地把"学术能力"定义为：一种经系统而专门的途径培养出来的、以学术规范为指导的观察问题、发现问题、分析问题和科学解决问题的综合性理论研究能力。

2.2 学术能力的理论内涵

学术能力是一个范式概念，简单来说，它主要包括以下四个方面的内容：

（1）学术规范能力，这是一种最基本的学术能力。

（2）学术综合能力，简单地说，就是化繁就简的能力，包括一般的观察、分析、归纳、逻辑推理能力等，亦即基于对世界事物一般性理解之上的基本能力。

（3）学术视野，主要包括历史视野和学术前沿视野。

（4）学术创新能力，这是学术能力的核心所在。何谓创新？我们认为"创新"有程度问题。完全意义上的创新是"见人所未见、言人所未言、想人所未想、知人所未知"。完全意义上的创新不是没有，但是极少。我们今天在研究生教育中所谈的学术创新问题，多指某种程度上的理论或者实践创新。

四种能力中，学术规范能力是从事学术研究的前提。只有建立在基本学术规范之上的研究，才能称之为学术研究，否则，要么是"伪"研究，要么是一般性观察和实践。学术综合能力是学术能力的基础。学术综合能力的高低在某种程度上决定着学术能力发展空间的大小。学术综合能力强的学生，更容易培养出更为宽广的学术视野。而不断拓展的学术视野则是学术创新的基础和动力。只有建立在广阔的历史和前沿视野上的学术思想，才有学术创新的可能，否则，很可能只是在不自知的情况下重复前人的老路。

很长一段时间，研究生院都是通过两个指标来评估学生的学术能力：一是规定公开发表的学术论文的数量和所发论文的学术刊物的规格；二是要求研究生通过学位论文答辩。近年，由于学界对要求研究生在读期间公开发表论文的做法诟病很多，很多大学已经取消了对研究生在读期间公开发表论文的学位要求。如此，学位论文似乎就成了评估研究生学术能力的唯一的重要标尺。

三、研究生教育的本质和着力点

事实上，成功的研究生教育，当以培养学生的学术能力为己任。虽然难以对学术能力的上述四个方面做到科学的量化评估，但我们可以通过种种努力和教学指导措施，促使学生在上述几个方面不断进步。围绕着上述提到的学术能力的四个方面，我们认为研究生教育的着力点主要有三：1）选材，主要是把好研究生出题、改卷和面试关；2）"璞玉"的长效琢磨，主要是把好研究生长效培养关；3）学位论文的严格把关。

3.1 选材

俗话说，朽木不可雕，研究生教育当以"璞玉"的琢磨为基础。对学生资质之于研究生教育之成功的重要性，有的学者把它发挥到极致，说"世界上只有两种学生，一种是教不会的，另一种是不用教的"。"璞玉"的遴选因此至关重要。把好"选材"关的第一步是把好出题关。建议出题的时候，除了考核考生的学科能力之外，还能出一些综合能力考察题，借此能对考生的综合能力作个有效的评估和区分。其次是把好改卷关，在评分上能适当向学生的综合分析能力倾斜。把好"选材"关的第三步是把好面试关。建议面试时特别注意考察学生的综合能力。综合能力是学术能力的基础，亦即孺子可教的基础。综合能力的强弱取决于多种因素的相互作用，比如性格、处事习惯、智商、情商、社会能力等。作为研究生培养机构，考察学生的综合能力，主要是重点考察考生的以下三种能力：

1）语言能力考核（包括中英基本能力）。我们通常提到母语对外语的负迁移，但是，殊不知，母语对外语的负迁移多发生在语言学习的初、中级阶段。到了外语的熟练阶段，外语能力的发展在很大程度上受制于母语能力的高低。反观很多外语界的大家，他们在汉语上的建树同样让人仰止就是这个道理。

2）快速反应能力，即快速抓住并陈述问题要点的能力。

3）多视角分析、看待和解决问题的能力。我在研究生面试时，喜欢问这样一个问题：According to your understanding，what factors or elements may contribute to the cultivation of a successful postgraduate？（促使研究生成功的因素是什么？）这个问题看似简单，但要提供给我一个满意的答案却并不简单。首先，我期望学生在回答问题之前先界定何为"成功的研究生"。且我希望他能从学术层面对此作个界定，当然他也可以从其他层面来界定，比如社会层面等。其次，假定考生从学术层面作了概念界定。接下来，我期望他能对影响研究生成功的诸多因素分类陈说，比如可以大致从内部因素和外部因素角度来谈。内部因素主要指个人因素，而外部因素主要指教学或者教师，抑或社会因素。区分了内外部因素之后，学生可以继续针对其中某个因素进行详述。若他从个人因素角度来谈，那么，我期望他对个人因素作进一步区分，如可从性格因素、学习策略、学习动机、学习计划和社会能力等任何一个方面来谈。遗憾的是，这些年来，我面试的研究生多半只会从一个角度，即主要从个人因素方面来回答这个问题。而且多半只谈到个人因素中的一两点。更有甚者在回答这个问题时，只能蹦出几个断续的英文单词，诸如 study hard，read more books 等。而这种学生一旦被录取，后果就是：他们撰写论文阐述某个问题时，往往只能看到问题的某个侧面中的某个小点，根本看不到问题的全貌，是典型的"见树不见林"。

3.2 "璞玉"的长效琢磨

璞玉"的长效琢磨主要涉及两方面的工作：一是研究生课程的设置，二是研究生导师的长效指导。课程设置这里不多说，只着重谈研究生导师对学生的长效指导。对研究生的长效培养涉及方方面面，这里主要谈谈学术指导。

3.2.1 "首面"指导

所谓"首面"指导，即导师和研究生首次见面时导师所给予的指导。俗话说，"丑话说在前"，"首面"指导至关重要。有效的"首面指导"至少包括以下几方面的内容：

1）了解学生。研究生导师要对学生进行有效的长效指导，首先要了解学生。主要是了解学生今后的打算，如有的学生想毕业后直接读博，有的想毕业后工作几年后再读博，而有的则没有读博打算。导师应根据学生的不同打算，给他们提供不同的指导方案。

2）介绍导师的研究兴趣及其学科领域的一般性情况。此举有助于帮助学生尽快确定自己的研究兴趣，并对学术研究有个最初的大致了解。

3）开设基本书单。这是研究生长效培养中最重要的一环。基本书单是学生了解基本学术规范、基本学术研究方法以及掌握系统性理论知识的重要手段。

4）说明研究生培养阶段的基本要求。如对研究生培养阶段的一些基本要求—中期考核、开题报告答辩、论文答辩等—提早告知，以让研究生早有心理准备，做到早准备、早规划。

5）基本的学术规范指导。此举有助于学生养成良好的学术规范习惯，便利学生对前期资料的有效收集和利用。

3.2.2 长效培养方式

长效培养方式主要包括以下几方面的内容：

1）选课指导。合理的课程体系是保证学生建构合理的知识体系的有效手段。

2）基本书目阅读指导。导师最好定期和研究生见面，或者通过研讨课（seminar）的形式，解答他们在阅读基本书单中所碰到的各种问题，并鼓励他们在阅读中自主思考、主动"生惑"和大胆"解惑"。

3）论文选题指导，主要包括指导研究生阅读学位论文样文，特别是指导他们阅读省市或者全国优秀研究生学位论文，启发他们的思路，并为他们的学位论文定下较高的期许值。论文选题指导应该充分考虑"因材施教"的原则。

首先，对有读博打算的学生而言，其选题方向应该主要考虑学术前沿性，要求选题有较大的研究空间。鼓励他们把硕士阶段的研究和硕士论文作为将来博士论文的一个子课题。选题重在培养学生的独立思考能力，为日后的学术创新打下基础。

其次，对想直接就业的同学而言，选题主要是依据其研究兴趣，选题目的旨在拓宽其学术视野，锻炼其学术综合能力，而不是学术创新能力。

3.2.3 学位论文撰写严格把关

学位论文撰写的严格把关主要涉及以下方面的工作：

1）开题指导，关键是指导学生把握好选题的理论和实践意义，以及指导学生广泛阅读和评估国内外相关研究。指导学生特别重视相关文献的收集和整理工作。

2）论文撰写指导。论文撰写指导主要涉及四个方面的工作：

首先是学术规范指导，即指导学生把握参考文献、引用、注释的基本规范等。如指导学生注意文献综述的点面结合、文献理解的准确性、文献和论文论题的相关性、文献的前沿性、中英文献的平衡、一手文献和二手文献的引证规范等。

其次是论文框架指导。如指导学生注意框架的整体性、合理性，以及各部分之间的平衡问题，特别要注意核心章节的凸显和重点问题的论述。

再次是文字指导。如指导学生注意文法的规范、文字的流畅、用词的准确和意义的通达等。

最后是论文内容指导。论文内容的指导是整个学位论文指导的重中之重，它主要包括以下几方面的内容：

1）概念界定问题指导，如指导学生注意概念界定的准确性、同一概念的不同名称问题、同一概念的不同理解问题、同一概念在不同研究领域的不同界定问题，以及相似概念的厘清和概念的历时嬗变等。

2）提出问题指导，如指导学生注意问题提出的由来、问题提出的理论依据、以及对问题之所以成为问题的理论阐释等。

3）分析问题指导，如指导学生注意问题分析的依据、研究方法的科学性，以及问题的多角度、多层次分析等。

4）解决问题指导，如指导学生注意解决问题的理论依据、建议或者策略的科学性、有效性、可行性和操作性，解决之道的点、面维度的结合，解决方案的有效和创新等。

5）后续研究指导，如指导学生注意研究的不足、后续研究的方向、方法等。

3.2.4 学位论文答辩严格把关

学位论文答辩严格把关的关键主要是通过提问的方式，直接或者间接地指出学生论文中的不足、需要修改之处以及日后进一步研究和修改的方向等。提问所涉及的问题和论文撰写指导所关注的问题应当是一致的，主要有以下四类：

1）学术规范方面的问题。学术规范问题是论文价值的有力保证。很难想象，一篇不符合学术基本规范的论文会有多少学术价值。

2）论文框架问题。论文框架的合理性是论文科学论证的有力保证。只有基于合理的理论框架，才能保证论述的有力和合理。

3）文字问题。文字是思维的直接体现。很难想象，一篇文不通、字不顺的论文，能传达出什么有价值的学术思想。

4）论文的内容问题。论文的内容是论文评估的核心问题。

四、结语

以上我们主要从选材、"璞玉"的有效琢磨和论文的严格把关三个方面阐释了我们对学位论文驱动环境下如何培养研究生学术能力的看法。探讨的目的在于促使我们对研究生教育作更多的理论思考，并由此在研究生的培养实践中探索出更好的、更科学的研究生培养方案和方法。

参考文献

[1] 蔡理. 研究生创新思维与科研学术能力培养实践//空军工程大学学报（综合版），2005（1）

[2] 肖川，胡乐乐. 论研究生学术能力的培养//学位与研究生教育，2006（9）.

[3] 肖川. 何谓"学术能力"//当代教育论坛（校长教育研究），2007（8）.

[4] 吴绍芬. 我国研究生创新能力不足的四个表现//中国高等教育，2005（24）.

[5] 吴照云. 对研究生学术创新能力培养的几点思考//学位与研究生教育，2007（11）.

[6]姚利民，王燕妮. 课程教学培养研究生科研能力之对策//黑龙江高教研究，2006（9）.

[10] 张祥龙. 什么是生成学术能力的教学结构——"哲学概论"基础课教学的几点体会//中国大学教学，2009（4）.

On the Cultivation of Postgraduate Students' Academic Ability in the Thesis-driven Environment

Wang Fu-fang

Abstract: Since the mandatory requirement for publishing several papers in academic journals has been abandoned as the prerequisite for postgraduate students winning their degrees, our postgraduate education has become one which is practiced in the thesis-driven environment. Approached from the perspective of thesis supervision, this paper mainly aims at the discussion of some detailed measures for the cultivation of postgraduate students' academic ability from three aspects: candidate recruiting, thesis supervision, and thesis defense. By exploring the problem of postgraduate students' academic ability cultivation, our purpose is for the hope of offering some valuable suggestions for a better curriculum for postgraduate education.

Key Words: Thesis-driven environment; Academic ability; Academic creativity

中日大学青年教师的科研意识调查
——基于 PAC 分析的个案研究

尹 松

摘要：本研究为个案研究，采用 PAC 分析法调查中日两位大学外语教师的科研意识。结果显示，A 和 B 都重视把研究与教学有机地结合起来，是其对科研现实意义的认同。对于研究的终极意义，二者的观点不同。A 认为做研究源于一种社会使命感以及为了职业发展，而 B 则把研究当成自己的兴趣爱好，通过科研达到自我满足。

一、引言

近年来随着国内高等教育的大众化，高校教师的数量激增，根据日本国际交流基金 2006 年的调查数据，目前我国国内有 882 所高校开设日语专业，共有 7217 名大学日语教师①，形成了庞大的日语教师队伍。

为了提高教学质量，争创世界一流高校，教育部要求高校教师教学、科研两手抓，为此各大学除教学之外还制定了科研指标，从数量和质量上评估教师。无需赘言，教师是进一步提升外语教学水平的关键，教师需要不断地进行职业发展，通过科研来提高

---

① http://www.jpf.go.jp/j/japanese/survey/country/2009/china.html

自身素质和教学水平。然而，遗憾的是，国内的外语教师教育领域对大学外语教师职业发展的重要性尚未给予充分的认识，从理论和实践层面上开展的研究极为稀少（高云峰，李小光，2007）。尤其是专门以大学日语外语教师的科研为对象的研究几乎为零。

有鉴于此，本文以在中日两所大学教授日语的青年教师为对象，使用个人态度构造分析即 PAC 分析法，调查其对科研的认识，以期摸清青年教师的研究状态，发现问题，解决问题。

二、前期研究综述

教师长期以来被称为"教书匠"，这个"匠"字形象地勾画出教师职业的一个特点，即极强的实践性，教师是教学实践的实践者，有了教师的实践，才得以使知识代代相传。那么教师的另一个职业特征即专业性如何体现呢？笔者认为教师的专业性体现在研究上。

王蔷（2002：31）指出，Stenhouse 首次提出研究应该成为教师教学的基础和教师应成为研究者的观点。Stenhouse 指出，"要培养学生的探究精神，首先教师要成为自主和开放的教师，而教师要成为自主和开放的教师的唯一途径就是以一个研究者的眼光和从一个研究者的角度来审视自己的教学。教师成为研究者只是一种达到目的的方式，而不是目的本身。因为，通过研究，教师可以提高自己的职业判断力，促进教师不断改进自己的实践"（转自王蔷 2002：31）。

国外外语教师教育研究对象主要是在各个机构教授留学生、移民、商务人士等的外语教师以及希望成为教师的实习生，重点研究教师教学实践中的认知过程与教学之关系。国内教师教育研究领域，主要指中小学的学科教育。虽然付克早在 1986 年就曾经指出大学"要提高外语教育水平，最关键的是师资的业务水平；而师资业务水平的提高，在很大程度上又取决于科学研究工作的开展"（付克，1986：174），然而事实上，从目前仅有的以大学英语教师（没有区分专业非专业的研究居多）为对象的研究来看，大学英语教师的研究现状并不尽如人意。周燕（2007：76）通过对国内 49 所大专院校近千人的调查结果指出："绝大多数老师在科研方法、科研习惯上还处于比较盲目和被动的状态，他们需要参加项目，需要接受专业培训，在这个问题上反映出来的问题和 12 年前教师在科研方面存在的问题相比，没有实质性的改变"。而在日语方面，从目前国内日语教学学术期刊上，很难看到有关教师科研能力培养以及教师职业发展等教师教育方面研究的相关成果和信息，这说明日语教师教育还是一片有待开发的研究领域。

三、研究设计

3.1 研究对象

本研究选取中日两名青年教师 A 和 B 为研究对象，二人年龄在 35 岁以下。中国教师 A 是北京某 211 大学日语专业的讲师，现在东京某国立大学攻读应用语言学专业的博士学位，有 3 年教龄。日本教师 B 是东京某国立大学留学生中心的专任讲师，博士学位，专业为第二语言习得，教龄 7 年。B 所在的大学留学生中心是日本为数不多的用研究成果考评教师的单位，故笔者认为 B 和 A 所处的科研考核环境具有可比性。

3.2 研究方法

本研究为质性研究，研究工具使用日本心理学家内藤哲雄研发的个人态度构造分析法，简称 PAC 分析法，PAC 是其英文名称 Personal Attitude Construct 的缩写，是一种分析个体态度构造的心理学研究方法（内藤 2002）。该方法使用刺激短文引发受访者联想，用统计方法之集群分析法（Cluster Analysis）处理联想得出的受访者的意识构造，并依据意识构造采访受访者。该方法被认为可以在最大程度上避免传统访谈中访谈者设计提纲时的导向性问题，目前在日本被广泛用于心理学、教育学、社会学等领域。

本研究主要步骤如下。（1）请研究对象看刺激短文，并按联想的顺序写出联想出来的语句。（2）使用土田义郎开发的 PAC 分析支援工具"PAC アシスト（s7）20080324"，把每两个联想语句分为一组，请研究对象用直觉判定二者的意思是否相近。（3）使用集群分析法把（2）的结果制成树状图。（4）结合树状图重新采访研究对象，请其解读树状图。本文使用的刺激短文为"作为大学教师，研究对你意味着什么"。调查使用语言由研究对象自选，A 和 B 均采用日语来写联想语句，访谈时 A 使用中文，B 使用日语。

四、研究结果

4.1 教师 A

图 1 是教师 A 的树状图。图左侧的数字是 A 对每个联想语句重要度的认定，数字越小重要度越高。（＋）（－）（0）表示 A 对每个联想语句的正负或中性感觉。

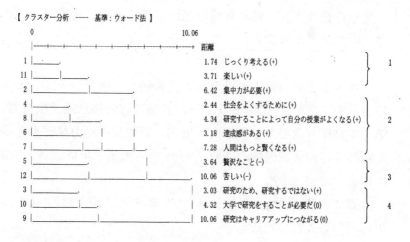

图 1　教师 A 的树状图

笔者参照此图重新采访 A。A 把对研究的认识分成了 4 个集群。第 1 集群包括『(1) じっくり考える』到『(2) 集中力が必要』的 3 个语句，第 2 集群包括『(4) 社会をよくするために』到『(7) 人間はもっと賢くなる』的 4 个语句，第 3 集群包括『(5) 贅沢なこと』和『(12) 苦しい』2 个语句，第 4 集群包括『(3) 研究のため、研究するではない』到『(9) 研究はキャリアアップにつながる』3 个语句。按照 A 的解释，第 1 集群讲的是研究的过程，第 2 集群是研究的终极意义，第 3 集群是影响研究的负面因素，第 4 集群是大学教师必须做研究的使命感。以下将结合 A 的访谈内容进行详细分析。

A 对研究的认识开始于其对过程的认识。

> 从一开始想到完成研究，这些说的都是研究的过程。做研究时必须是集中的，不能想两分钟就去干别的了。这个过程刚开始时乱七八糟的，要静下心来集中精力慢慢地想，这样会越改越好，当然也许也改不好，但和开始时相比，连起来看，还是好了，这个过程我觉得比较愉快。

从 A 的上述访谈中可以看出 A 认为研究过程是一个需要集中精力缜密思考的过程，做完研究再回首该过程时感觉还是愉快的。第 1 集群中有重要度 1 和 2 两个语句，说明集中精力缜密思考是 A 对研究过程认识的核心部分。因此，笔者把第 1 集群命名为"集中精力，缜密思考"。

第 2 集群则是由"贡献社会""改善教学""成就感""让人类更聪明"等关键词构成。

> 上面一组是具体做研究时的感受，这些呢，是为什么要做研究。我觉得把我自己的课上好了，这是离我最近的东西，通过研究可以达到这个目的，很有成就感。但是更上一层的意义，为什么搞研究，其实最终目的是为了把这个社会建设好，让人越来越聪明。这个离我比较远，但是研究的终极意义就在这里，就是要对社会有所贡献。举个例子，我的同事研究"はとが"，如果不把研究成果回馈给课堂，那么这个研究对社会的贡献在哪里呢？我上好课，学生毕业后可以胜任和日语有关的工作，对我来讲，这就是研究的终极意义。

A 的上述访谈把研究意义分为两层，离自己比较近的是通过研究可以改善教学，这是研究的现实意义；离自己比较远的是通过改善教学培养出合格的毕业生，为社会做贡献，这是研究的终极意义。从 A 所举的例子中也可以看出 A 重视教学，认为研究要立足于课堂，通过改善自己的课堂教学实践进行研究，再把研究成果还原于课堂，使学生受益。基于以上观点，笔者把第 2 集群命名为"改善教学，贡献社会"。

A 认为第 2 集群体现了研究积极的一面，而第 3 集群却是对研究的负面感觉。

> 研究可能会有成就感，结束时会觉得比较快乐。但是研究的整个过程是很痛苦的，这个只有自己才知道。而且还不能有任何烦心的事，比如家里经济出现危机呀，父母健康问题呀，这一切的干扰都不能有，才能踏实做研究。所以能做研究是一件很奢侈的事情。

　　在上述访谈中，A 指出研究过程本身是一个痛苦的过程，并且因为无法预料到的诸如家庭等不确定因素，所以能够静心研究是一件奢侈之事情。因此，笔者把第 3 集群命名为"痛苦与奢侈"。

　　第 4 集群的关键词是"不能为了研究而研究"、"大学里必须做研究"、"研究与职业发展有关"。

> 　　为什么要进行研究？还是要回归到研究对社会有什么影响。为了搞研究而研究，我认为没什么意思。还是刚才的例子，如果把"はとが"弄清楚了，这就算了的话，那么这个成果最终还原到哪里去呢？所以，不是为了研究而研究，还是要对社会发出声音的，对社会做贡献的。我们是高等教育的老师，除了研究所的研究员外，我们应该能够站在引领社会潮流的位置，不管你愿不愿意，必须要引导科技人文。这是我们的使命。当然研究成果积累多了，慢慢就会评上副教授、教授，一层一层往上走，这绝对有功利的一面，但说到底还是自己在进步，自己进步了还可以更好地贡献社会。

　　A 的上述访谈指出大学教师做研究是一种使命，而且这个研究成果必须要还原于社会，这一点与第 2 集群很相似。同时 A 不否任研究和职称相辅相成的功利关系，但是更强调通过研究提升自身的水平，更好地贡献社会。因此，笔者把第 4 集群命名为"社会使命感与职业发展"。

4.2 教师 B

　　图 2 是日本教师 B 的树状图。笔者参照上图重新采访 B。B 把对研究的认识分成了 3 个集群。第 1 集群包括『(1) 業績のため』到『(5) ほかの先生とコミュニケーションをとるため』的 5 个语句，第 2 集群有『(9) 自己満足のため』到『(12) 道楽』的 4 个语句，第 3 集群包括『(2) 授業に生かす』到『(6) 軌道

に乗れば、楽しい』的 4 个语句。

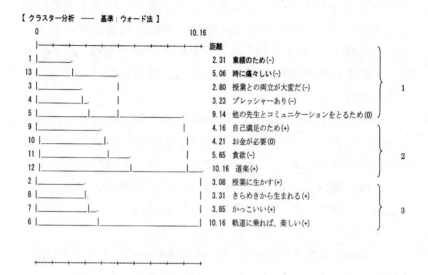

图 2　教师 B 的树状图

　　根据 B 自己对树状图的解读，第 1 集群体现了现实中做研究的艰辛，第 2 集群为研究的最高境界，第 3 集群则是理想中的研究。3 个集群相互联系，呈环状。下面将结合 B 的访谈具体加以考察。

> 　　这组好像有消极的感觉，好像不是自己想做，而是为了业绩不得不做的感觉。这样就觉得很痛苦，有压力，和上课很难兼顾。还有就是想和同事交流，说到研究时，自己不能一言不发，这就要做研究。还有，和单位里平时不太接触的同事一起做共同研究，这样也能相互交流。很奇怪明明自己在做研究，但是经常还是有一种被迫的感觉。总之做研究的确很艰辛。

　　B 认为自己是在做研究，然而研究的动机却是为了业绩，为了和同事在研究上有共同的话题，所以经常有一种消极被迫的感觉，又因很难与日常的教学工作兼顾，因此感到做研究很艰辛。在这个集群中，"为了业绩"和"研究和教学很难兼顾"分别是重要度 1 和 3 的两个语句，说明这是 B 对研究意识的核心部分。因此笔者把第 1 集群命名为"为了业绩，消极艰辛"。

　　B 认为第 2 集群与第 1 集群不同，第 2 集群中虽然也有消极的一面，比如以下访谈中所涉及的为了能更好地做研究，更好地宣传自己的研究，人有时会很贪婪等。但是更多的是积极愉快的一面，即为了自我满足而把研究作为自己的兴趣爱好。因此，笔者把第 2 集群命名为"兴趣爱好，自我满足"。

　　这组呢，是把研究当成自己的兴趣爱好来做，为了自我满足。既然是兴趣，当然做起来很快乐。也许别人不理解，你做的研究有什么用呢？但是本人乐在其中。同样也因为是兴趣，那么就需要钱，也就是研究经费，有了研究经费，就可以更深入地研究，也可以把成果出书，出了书就希望销量好，这样就会变得更贪婪。拿着经费做研究，研究就更像是自己的兴趣，自我满足，如此循环往复，这是研究的最大的目的吧。

　　最后来看第 3 集群。从以下访谈中可以看出，B 认为最后这个集群体现了理想中的研究，即从教学中发现问题，通过解决问题，把教学实践上升到研究，使自己和学生双双受益。这个集群中的"作用于教学"重要度为 2，说明 B 教学研究相结合的意识比较强烈。因此，笔者把第 3 集群命名为"从教学出发回馈于教学"。

　　这组是特别积极向上闪闪发光的感觉。自己努力教书，在教书的过程中发现学生的问题，比如学生的语言错误，为什么学生会出错，让我来研究研究，这个研究成果最终还可以还原于课堂，使学生受益。这样研究会觉得很愉快，自己也觉得自己研究和教学兼顾的好，有点熠熠生辉的感觉。这是我的理想中的研究的出发点，这样做研究，最终可以达到上面的那种把研究当成兴趣爱好的那种境界。

五、总结与讨论

前面结合树状图分析了 A 和 B 的科研意识。以下将首先对 A 和 B 的科研意识通过表格的形式进行总结，然后就二者的异同以及产生异同的原因展开讨论。

表1　A 和 B 的研究意识总结

	A	B
集群	①"集中精力，缜密思考" ②"改善教学，贡献社会" ③"痛苦与奢侈" ④"社会使命感与职业发展"	①"为了业绩，消极艰辛" ②"兴趣爱好，自我满足" ③"从教学出发回馈于教学"

从上述表格中，我们可以看到教师 A 和 B 对为什么要进行研究，对研究的目的认识是分层次的，涉及现实意义和终极意义。首先，A 和 B 对研究的现实意义的认识是相同的，即都是重视教学，把研究与教学有机地结合起来，通过研究改善教学并从教学中得到研究的灵感。这一点或许与 A 和 B 的专业背景和所教课程有关。A 的专业是应用语言学，具体研究精读课的教学方法，B 是第二语言习得专业，这些专业与教学有着密切的联系，同时二人在各自的单位也主要担任语言类教学。对于研究的终极意义，二者的观点不同。A 认为研究的最终目的是通过改善教学来服务

贡献社会，外在要因比较明显。考察 A 的集群，可以看出 A 的研究意识中也包含着"改善教学，贡献社会"以及大学老师做研究源于一种"社会使命感与职业发展"等外在因素。然而 B 虽然现实中是为了研究业绩而做，但最终还是希望把研究当成自己的兴趣爱好，为了自我满足来做科研，可以说其研究基于一种内在的需求。

笔者认为造成这种差异主要与二者的研究经历有关。A 硕士毕业后工作了 3 年，看到周围博士毕业的同事越来越多，于是申请国家留学基金到日本留学。A 接受本次调查时正在撰写博士论文，为了获得其所在大学的博士论文撰写资格，A 已经发表了 3 篇有匿名审稿制度的论文。所以我们从中可以知道 A 的研究经历还并不算丰富，其对研究的认识也许更多的是基于博士论文的写作过程，比如研究是一个"集中精力缜密思考"的过程，很"痛苦与奢侈"且带有"使命感"等，比较空泛而非具体的意识。与 A 相比，B 的经历要丰富一些。B 博士毕业后在韩国的大学里做外教，一边教学一边积累研究业绩，最终凭借较为丰富的研究成果应聘于其现在供职的东京都内的国立大学。从 B 的经历中我们可以推测 B 对研究的认识主要基于其自身的研究经验，比如 B 所举的现实中的研究目的是为了业绩，通过研究的话题和同事保持良好的人际关系等，非常具体。

其次，与中日两国大学教师评价体系有关。日本大学学期末会让教师填写成果表格，B 所在的大学留学生中心，以留学生教学为主，与传统意义上的院系不同。但与其他大学留学生中心相比，该处的教师也需要填写成果表格，所以 B 才感到"有时很痛苦"、"有压力"。 但成果表格并没有量化指标以及成果等级等要求。相对宽松的评价环境，使 B 可以把研究当成自我满足的内在的需求。A 接受访谈时正在准备提交博士论文，在读学位的 3 年中，没有参加国内大学的考核，正像其所说："在日本的这三年，接受了非常严格的学术训练，为了毕业，一门心思搞研究。我做的是教学研究，越研究越觉得有意思，越想赶紧毕业，把成果用于教学，教好学生，这样就产生了一种使命感吧。不知道这种使命感能维持多久，因为国内的学术环境和日本还是有很大距离的，每年应付考核，有些力不从心。"

A 和 B 都谈到了研究与教学工作以及现实生活的矛盾冲突，通过这些我们可以看出正处在职业发展的爬坡阶段的青年教师除了完成教学任务，如何进行研究的确是一个很现实的问题。虽然本次研究人数很少，属于个案研究，但是本文突显出青年教师的科研意识以及研究中存在的问题，为正在进行的后续研究提供了一些启示。那就是应该如何引导年轻教师尽量去除研究的负面感觉，自觉地、发自内心地进行研究。

参考文献

[1] 付克. 中国外语教育史[M]. 上海外语教育出版社，1986.

[2] 高云峰，李小光. 近十年我国高校外语教师教育研究文献评析[J]. 外语界，2007（4）：56-64.

[3] 王蔷英语教师行动研究—从理论到研究[M]. 外语教学与研究出版社，2002.

[4] 周燕. 第三章 高校外语教师发展需求研究//吴一安等著. 中国高校英语教师教育与发展研究[M]. 2007：5-102.

[5] 内藤哲雄. PAC 分析实施法入門改訂版］[M]. ナカニシヤ出版，2002.

A case study of the desire of Japanese linguistic teachers to conduct research - based on the PAC test result

Yin Song

Abstract: This study is based on the various findings of PAC analysis on 2 Japanese linguistic teachers and their desire to conduct professional research. The result indicated that the 2 teachers have both intrinsic and external reasons to conduct research. Intrinsically, they all share the joy and self gratification in finding solution of problems through research projects. It is hoped that the findings will be beneficial in establishing the methodology of Japanese teachers education.

Key Words: teachers' attitudes to research; teaching and research; PAC analysis

教师专业发展中的身份建构

陆晓红

摘　要：教师的专业发展首先在于对教师身份的构建。关注教师身份就是关注教师作为"人"在专业发展中的作用。教师要获得个人和专业发展必须重构教师的自我观。

关键词：教师专业发展；身份建构；自我观

一、对教师身份的认识

教师作为社会的一种存在，其身份的变化必然受到经济、政治、地理、文化等多方面的影响，而文化作为社会存在、延续和发展的最重要的决定性的因素，对教师身份的形成和发展产生着决定性的影响和作用。具体地说，教师身份认同的形成和发展是建立在个体和职业的共同基础之上的，教师作为个体和专业人员，他们的生活和工作受到教室内外和学校内外的因素和条件的深刻影响，同时教师的身份认同还受到其内在的价值观的影响。

教师的身份认同包括自我认同、职业认同和文化认同。自我认同代表一种人格发展的成熟状态，"人格是个体内在的在行为上的倾向性，它表现一个人在不断变化中的全体和综合，是具有动力一致性和连续性的持久的自我，是人在社会化过程中形成的给予人特色的身心组织"（陈仲庚，张雨欣，1986）。自我认同是个体外在的行为与内在价值观的统一，它是教师专业发展的内在驱动力。职业认同，是对自己在社会中的教师地位、形象和角色的认识和接受，并根据自身的职业意识、职业身份展开行动。职业身份的形成常常表现为一种奋争，因为教师必须要理解他们不得不直面各种、有时甚至是相对抗的观念、期望和角色并努力适应之。文化认同涉及一个族群或个体的自我界定，它给个体提供了深层次的价值和意义，持久而广泛地影响着整个身份认同的历程和结果。

　　人在社会关系中所表现出来的性格和特征，并不完全是人的机体天生或遗传的，而是在社会活动中不断发展和形成的。教师的专业发展首先在于对教师身份的认同，这是教师专业发展的前提和条件，因为这种认同是基于教师对自我、对生活的意义的理解。只有当教师理解教师身份对自己和他人的意义，并努力实现自我，才能获得个人和专业的发展。教师的身份认同既是一种过程，也是一种状态。所谓"过程"，是指教师身份认同是个体教师从自己的生活经历中逐渐发展、确认教师角色的过程。它是一个正在进行着的个体与情境相互作用的过程。所谓"状态"，是指教师身份认同是当下个体教师对自己所从事的教师职业的认同态度。

　　近十多年来，教师教育家们开始对教师身份认同产生兴趣，他们开始关注这些教师的生活经历和他们的专业发展之间的关系，关注教师是如何看待自己的，以及他们在人生的职业生涯中如何经历重大的个人转型。关注教师身份就是关注教师作为"人"在专业发展中的作用。关注人的问题就必须重构教师的自我观。所谓教师的自我观，就是教师如何看待自己。在古代，教师"作为神启的教师"，"作为官吏的教师"，都将自己看作是一种特殊社会利益阶层的代表；在现代，随着师范教育和教师专业化运动的开展，教师将自己看作是一种"专业人士"——依赖于特殊的专业态度、技能、知识及其训练而生活的人，并拥有相应的专业权威。这些身份观或自我观实际上"都将自己'功能化'了，将自己看

成是肩负着某种特殊的社会功能的人，而没有注意到教师也是
'人'，并作为'人'而存在着"（石中英，2002：92-94）。作为"人"，
教师既具有抽象的生物人、社会人、理性人的特性，又具有具体
的、活生生的个体的差异性。这种差异性是由其成长的环境、文
化的背景、生活的经历等因素造成的，由此，不同的个体教师对
自我的看法、对学生的认识、对教学的理念、对师生的交往等形
成不同的观念。"教师是具有个体生命意义的人，是一个社会化的
人。教师成长是教师学会教学、不断习得与教师有关的角色期望
和规范的社会化过程。做什么样的教师，深深地根植于他是什么
样的人、过着或曾经过着什么样的教学生活"（赵昌木，2003）。
作为个体的人，教师有追求有意义、有价值的生命的需要，有自
我实现和自我超越的需要，而所有这些需求都建立在认识自己、
发现自己的基础上。

　　实际上，教师的自我发展或与自我相关的问题从教师开始教
学生涯的一开始就应该置于突出的位置。一个人的生命内涵由他
所选择的价值所构成。当他选择当教师时，他不仅仅是选择一种
谋生的手段，更是选择一种生活方式，他要知晓"作为教师的自
我到底意味着什么"这个在教师发展中最根本的问题。教师的自
我认同是教师发展的基础。帕尔默指出，"自我认同是指一种发展
的联系，在这种联系中，自我生命中所有力量汇聚，进而形成神
秘的自我：我的基因组成，赋予我生命的父母的性格；我成长的
文化环境，有支持过我的人，也有伤害过我的人；我对别人和对
我自己做过的有益的或无益的事情，爱的体验和痛苦的感受——还
要很多很多。在这个复杂的领域中，自身认同是使我成其为我的
内力和外力运动着的交汇，这一切的一切不断聚合在我们成其为
人的永恒的奥妙中"（帕尔默，2005：13）。可见自我认同是一切
发展的基础和前提。而人的发展就是人的解放。一个封闭的自我
是不可能真正认识自己，获得发展的。他需要开放自我，吸收外

部世界能够推动其发展的积极因素,与自己已有的认识共同协商,达到自我的解放。当教师从自我发展中获得了个性的解放,教学就不再是一种负担,而是一种享受,一种快乐。教师是富有生命力的人,他们追求自我的发展,这是人的本性,也是教师的人格特性。

二、教师身份的发展维度

教师对自我的认识受到自身的生活经历和文化环境的影响,不同的自我观不仅影响着自身的发展,也影响着学生的发展。根据 Mead(1934)的社会互动理论,"自我"是社会的产物,它是在内化和组织心理经验的过程中形成的。这种心理经验产生于个体对其物理环境的探究及其生活中重要的他者对他的"自我"的反射(93)。Mead 的理论为分析教师的自我概念的形成和发展提供了一个解释和分类的框架。在这个理论框架中,教师的自我发展是一个不断进行的、自我主导的过程。据此,Borich(1999)将教师的自我分为"发展中的自我"(the developing self)以及"表现中的自我"(the performing self)两个层面。"发展中的自我"意味着"自我"是一种动态的概念,它总是随着经验的变化、环境的变化而发生变化。而"表现中的自我"则表达了自我的主体性,它体现的是"自我即行动者"(self-as-doer)的概念。根据社会互动理论,教师的自我发展是在环境和他人的互动中进行的,而他人则往往是教师生活中的重要的他者(the significant other),他对教师自我的形成和发展发挥着重要的作用。重要的他者是"发展中的自我"自己选择并无条件地将其视为自我反思(self-reflection)的来源,是行为对话的解释者。教师所处的环境包括课堂、学校和专业环境等"发展中的自我"生活并与重要的他者对话的场所。当"发展中的自我"接受、回应、重视并内化由重要的他者提供的反馈性的、解释性的或信息性的刺激时,他实际上在经历一种心理经验的过程。在这个过程中，这些刺激被融合进自我概念的各个方面，从而影响着自我的行为、信念和态度。也就是说当发展中的教师与重要的他者（如校长、指导教师、教师教育者、同事等）以及环境（如课堂、学校、社区等）进行互动时，他逐渐形成专业的自我概念。这个互动或"行为对话"就是教师的心理经验过程。在这过程中课堂、学校和教师教育机构将教师的专业"自我"形象反射给教师。如果教师重视这个形象，即，确实将校长等学校行政管理人员、指导教师和教师教育者等看成是重要的他者，那么教师就会内化这个心理经验从而形成新的自我观。由此可见，教师职业生活中的重要他者，对教师的自我观的形成具有重要的影响。

自我观可以进一步划分为五个维度：生物的自我（bodily self）、自我认同（self-identity）、自我扩展（self-extension）或表现中的自我、自尊（self-esteem）、自我形象（self-image）（Borich：1999：96）。通过这五个维度，我们可以了解教师对自我的认识的变化，看到其从新教师成长为有经验的教师的过程中关于自我的认识的不断变化。生物的自我是这五个维度中最重要的一个维度，它是在个体生活中最早出现的，所以，它也应该是自我概念中最主要的或核心的方面。以生物的自我这一维度为核心，其他几个维度依次发展。

处于自我观中心的是生物的自我感，它指的是个体的身体特征，如性别、种族、体形、外貌、年龄等。这种对自己身体的意识始于童年，在成年阶段得到进一步发展。对于教师来说，这种自我意义还会伴随其教学经历继续发展下去。在教师教学的过程中，生物的自我发挥着重要的他者的作用，即它为自我需进一步探究的问题和存在的不足提供了反馈。如，在新教师第一次进入课堂前，他可能会思考这样的一些问题：学生会怎么看我？他们会喜欢我吗？我对他们有吸引力吗？他们对我的穿着有什么看法？这些问题围绕的都是教师的生物的自我的维度，他们为新教师提供了有关自我的最初的反馈。而对于外语为非母语的从事外语教学的教师来说，这种生物的自我观在最初的职业生涯中将影响着教师的自我认同。随着教师与他者以一种更有意义、更专业的方式进行交往，他获得更多的反馈。当教师承认、接受或赏识自己那些有别于他人的物理特性时，他就获得了生物的自我感。如果重要的他者在评价教师时注重教师的生物的自我，那么教师就会过分关注自我。如果重要的他者不是根据教师的生理因素，如身体特征或社会特征来决定是否接受他，教师就会产生一种信任感，不会过分关注生物的自我。对生物的自我的过分关注会影响到教师的自我观和专业发展（Borich，1999：111）。

　　教师的自我认同感很大程度上是通过重要的他者这些外部资源提供的反馈和回应而建立起来的。新教师刚刚进入教学岗位时，他对自己能否很好地扮演教师的角色存在疑惑。很多时候，新教师不能很快地从学生的角色转变为教师的角色。此时，重要的他者与新教师的对话，他们的解释和回应就成为新教师建立自我认同感的重要依据。如果重要的他者能无条件地接受教师，那么教师在与重要的他者的行为对话中，就会自由地表达，并形成积极的自我观。接受新教师意味着认可他们在能力、兴趣、偏好上的差异性，承认并尊重发展中的教师与重要的/主要的他者之间的差异性，这种接受有助于教师的自我认同的发展。当新教师乐意接受自己的专业角色以及由此产生的责任、权益以及义务时，他就能够获得自我认同感。

　　教师的外在行为，即表现中的自我，与产生这些可见行为的认知观念一起构成了教师的自我拓展感（sense of self-extension）（Borich，1999：99）。通过这种自我拓展，自我的种种观念不仅仅得到了协调，而且他们经过精心组织，通过行为表现展示了出来，这些行为表现反映的正是自我最珍视的特性。因此，表现中的自我所展示的是反复出现的、具有典型特征的受到重视的行为模式。这种自我感来自于自我作为行为者、学习者和知者在行为中的表现。当新教师在专业环境中获得了某些技能、完成了以往没有完成的任务，或对学生产生了影响；当新教师觉得他所展示的这些行为能够获得重要的他者认可和赏识，他就会从这些行为中获得自我拓展感。在自我拓展的维度中，表现中的自我期待着从重要的他者和环境中获得对他的行为表现的积极的反馈。如果教师的表现能对学生产生积极的影响，其行为价值就会得到提升。反之，如果教师的行为对学生产生消极的影响，那么这种行为就会减少。新教师在努力获得技能、积极探究环境中发展着自我。在这个过程中，他的价值观也在发生着变化，他可能由最初只关注知识的传递到关注自己的行为对学生的影响，关注自己作为学生生活中重要他者的角色。教师关注点的不同决定了教师将采取何种行为。教师的行为对学生产生的影响可以为教师提供一个自我反思的机会，从中教师可以诠释自己的行为，了解自己的行为所产生的结果。

教师的自尊感，也即自我价值感，它源于教师在学校和课堂的行为对话中所获得的积极的反馈。通过这个行为对话，教师获得对其行为的肯定反馈，而其获得肯定的经历又给他的行为增加了积极的因素。如果教师没有得到肯定的反馈，他就很可能形成消极的自尊感。教师的自尊感是在自我评价的过程中获得的，在这个过程中教师根据所获得的价值观和标准判断他们对学生产生的影响力。新的教学环境为教师提供了新的心理体验，这种体验将最终影响着教师的自尊感。如果教师没有从教学中获得自尊，或他们之前没有自我评价的经验，那么他们在新的环境中就可能遇到问题。

教师的自我形象反映的是对自我的感知，这种对自我的感知是在主流价值观中形成的，它与自我所设定的标准、信念和目标相关（Borich，1999：99）。所有自我形象，不管是过去的、现在的还是将来的，反映的是教师在专业环境中的价值体系。教师的行为、标准和信念并不是价值中立的，他们是基于教师对学生和环境的认识而形成的。如果教师能有效地内化学校的价值取向和标准，或者教师有机会讨论学校的价值取向和准则，并能对这些价值取向和准则给予自己的判断，那么教师就会形成积极的自我观，从而形成积极的自我形象（Borich，1999：115）。自我形象如同相册中的个人肖像照，有些是自然的造型，有些是刻意摆出的造型。那些自然状态下的照片更客观、更真实；而那些摆出的造型则更富有联想、更理想化。自我观包括自我过去和现在的形象，以及理想的自我形象。当教师将自己的优点和缺点整合进一个统一的自我图像中，并将这幅图像与自我所设定的主流价值观相匹配，他就获得了自我形象感。

　　教师通过与重要的他者的交往形成并发展自我观，同时，他也在与学生的交往中成为学生的重要他者，影响着学生的自我观。Borich 指出，教师在多大程度上接受自己、自己的角色以及他们的学生取决于他们在多大程度上能积极地发挥自己的角色的作用，成为学生的重要的他者。那些能无条件地接受学生的教师了解自我，也具备自我意识。通过自我认识（self-knowledge），他们认识到自己的价值以及可能会对他人产生的偏见。通过自我意识，他们可以评估自己的行为对学生产生的影响。如果教师认可自己的角色，并持开放的态度，则他们能够承认自己的不足，并能接受学生的不足。他们不是将学生看作是自我的延伸，也不是将学生看作是对自己个人的和专业的水平的反映。相反，他们将学生看作是正在参与学习的个体，他们认识到学生的表现和结果反映的是学生原先的经验。教师无条件地接受自己和他们的学生，使得他们能够同情并支持学生，与此同时能对学生的表现和结果进行建设性的批评。换句话说，他们能够利用自己作为重要的他者这一权力使自己的课堂产生积极的变化（Borich，1999：94-95）。

概括之，教师在与他们专业环境中的重要的他者交往时，经历着思考、记忆和感知的心理过程，在这个过程中，教师的自我观发生变化，即，自我是一种过程（self-as-process）。自我是一个主体，是一个行动者，他根据自己的观察、他者对其的反馈以及评估而采取行动，这种自我可称为行动者的自我（self-as-doer）（Borich，1999：95）。同时自我也是一个客体，是一个被认知的对象。教师关于自我的态度、情感和思想构成了客体的自我（self-as-object）。即你的自我概念是由你本人对自己的态度所构成的。作为行动者的自我参与在重要的他者的关系中；作为过程的自我体验着这种关系；作为客体的自我感受着这种关系的影响力。"在日常的对话中，我们大多数人都在运用这些自我的概念，我们当前的自我概念积极地参与未来自我概念的形成，引导着我们今后的行为"（Borich，1999：95）。

三、理解自我：教师专业发展的基础

教师的自我观对于教师的发展很重要。首先，教师在学生的自我观的发展中发挥着重要的作用。个体的自我意识的形成和发展在很大程度上受到环境的影响，其中包括其生活中的重要人物。全美专业教学标准委员会（the National Board for Professional Teaching Standards，NBPTS）颁发的《教师应该知道什么以及能够做什么》（1994）的文件中指出学生的自我观是教师所要关心的一个重要方面，它在学生的智力发展中起着重要的作用。因此，帮助学生形成积极的自我观念成为教育者所要关注的重点。教师需要去理解教师和学校环境在学生的自我发展中发挥着怎样的作用，以及自我在人的一生中如何既保持一定的稳定性又经历着变化。

理解自我是教师发展中的一个必要的组成部分，这是因为教师所从事的是一个自我不断学习、不断学习教学的专业，同时根据他的专业角色的要求，教师还要能够帮助他人。关注教师的自我发展实际上是关注教与学中的人的维度，它应该在教师发展中占有重要的地位。当个体决定成为一名教师时，他不仅需要获得教学技能和专业知识，他还需要具备不断地改进自我、发展自我的意识。教师首先是一个活生生的人，他有自我实现的需求，同时教学也是一个非常个人化的专业。从心理学的角度来说，全人的教师实施的是自我实现的教学，他所创造的课堂环境有助于培养整体发展的学生（Tusin，1999：27）。优秀的教师其独特之处就在于，他能有效地发挥自己的潜能，在教育他人的过程中达成自己的和社会的目标。教师能否有效地帮助学生形成自尊在很大程度上受到教师的自我观念的影响。人本主义心理学家们认为要培养学生具有拓展的自我，首先教师本身就要处于形成的过程中，他要能够与学生建立有意义的、能促进学生成长的关系。这就需要教师首先是一个人（Boy & Pine，1971：119）。在人本主义教育家看来，具有积极的自我观的教师在促进学生的积极成长的过程中发挥着举足轻重的作用。

其次，只有当教师本人最大程度地拥有自尊（self-esteem），他们才能有效地为学生树立榜样从而使学生的自尊得到更好的发展。只有当教师甘于投入时间和精力认真对待自己和他人对自我观的反馈，他们才可能为学生的自我观的发展和维护提供有效的反馈意见。研究表明具有最大程度的自尊的教师，他们的思维更灵活，学习的热情更高，能更有效地将自己所学的运用于改善学生的学习中（Bellon，Bellon，& Blank，1992; Zehm & Kottler，1993）。

传统的教师教育强调的是教师要掌握一系列复杂的教学技能知识、规则和程序，这是一种规约性的教学观（prescriptive view of teaching），它遮蔽了教师个人知识，即，他们的情感、自我理解、自尊和个人的知晓方式（Tusin，1999：39）。在这种教师发展观中，教师们很少根据自己个人的知晓方式去建构知识基础。Clandinin 和 Connelly 强调教师个人的——实践的知识是很重要的。"我们所指的教师的知识是那些来自经验的、有意识或无意识的信念和意义……他们是在个人的实践中表现出来……这种实践既包括智力行为（intellectual act）也包括自我探究（self-exploration）（Clandinin & Connelly，1995：7）。

20 世纪 50 年代出版的《当教师面对自己时》（Jersild，1955）是第一本帮助教师审视自己的自我认识和自尊需求的书。这本书清楚地描述了关注自我发展的教师对个人和专业所带来的意蕴。作者 Jersild 认为（教师）在认识自己并对接受自我保持健康的态度的努力中，自我理解是最为重要的一个条件（Jersild, 1955:3）。Boy & Pine（1971）认为持续的、均衡的个人成长经验对所有的教师都是至关重要的。"我们之所以关心教师的个人成长，是因为我们并不相信，好的教案、教学方法、课程、媒介或资源本身就能产生幸福的、完全发挥其潜能的人来。虽然这些东西有帮助，但我们相信是教师的人为人（personhood）在帮助学生朝着积极的、富有生命力的（productive and positive）人的发展中产生影响"（Boy & Pine，1971：4）。

教师作为学生生活中重要的他者并非根据他人对他们的期望，而是根据自己对角色的认识来定义自己的角色的。教师的感知和价值观决定了他们的角色不仅仅是执行纪律者、模范公民、知识的传播者，而且还是他们学生的重要的他者。为了能积极地发挥重要的他者这一角色，教师必须能够准确地感知和反映发展中的自我，并能恰当地解释事件，正确地传递信息。这种感知能力和教师的表现水平深受教师自我观的影响。

当教师将自我看作是有效的帮助者，其课堂行为往往表现出一致性和决断性，并具有"积极的"、"现实的"的自我观。积极的自我概念是创设有利的课堂环境的必要的先决条件（Borich，

1999：102）。自信的教师所表现出的课堂行为通常能促进学生形成积极的自我观。优秀的教师，也即学生生活中优秀的重要他者，对自我和他人都表现出一种积极的认识，这种认识对学生的自我观会产生积极的影响。具有积极的自我观、对学生的关注多于对自我的关注的教师，可以更好地发挥优秀的重要的他者的角色，能更好地利用课堂的环境培养学生积极的自我观。当学生把教师作为重要的他者来看待时，他会把教师的关注点、教师的感知和价值观、教师的自我观，不论是积极的还是消极的，融合进自己的发展中的自我观中。

参考文献

[1] 陈仲庚，张雨欣. 人格心理学.[M] 沈阳：辽宁人民出版社，1986.

[2] 帕尔默. 教学勇气：漫步教师心灵 （吴国珍等，Trans.）. [M]上海：华东师范大学出版社，2005.

[3] 石中英. 教育哲学导论[M]. 北京：北京师范大学出版社，2002.

[4] 赵昌木. 教师成长研究[D] [博士学位论文]. 西北师范大学，2003.

[5] Bellon，J.，Bellon，E.，& Blank，M. *Teaching from a research knowledge base* [M]. New York: Merrill，1992.

[6] Borich，G. D. Dimensions of Self That Influence Effective Teaching [A]. In R. P. Lipka & T. M. Brinthaupt （Eds.），*The Role of Self in Teacher Development* [C]. Albany: State University of New York Press，1999：92-117.

[7] Boy，A. V.，& Pine，G. J. *Expanding the self: Personal growth for teachers* [M]. Dubuque，LA: W. C. Brown，1971.

[8] Clandinin，D. J.，& Connelly，F. M. *Teachers' Professional*

Knowledge Landscapes [M]. New York: Teachers College Press,
1995.

[9] Jersild, A. T. *When teachers face themselves* [M]. New
York: Teachers College Press, 1955.

[10] Mead, G. *Mind, self, and society from the standpoint of
a social behaviorist* [M]. Chicago: University of Chicago Press,
1934.

[11] National Board for Professional Teaching Standards
（NBPTS）. What teacher should know and be able to do. 1994.
Retrieved at http://www.nbpts.org/index.cfm?t=downloader.cfm&id=202

[12] Tusin, L. F. Deciding to Teach [A]. In R. P. Lipka & T. M.
Brinthaupt（Eds.）, *The Role of Self in Teacher Development* [C].
Albany, N.Y.: State University of New York Press, 1999.

[13] Zehm, S. J., & Kottler, J. A. *On being a teacher: The
human dimension* [M]. Newbury Park, CA: Corwin Press, 1993.

The construction of teacher identity in teachers' professional development

LU Xiao-hong

Abstract: Teachers' professional development lies primarily in the construction of teacher identity. The focus on teacher identity involves the human dimension in the professional development. Teachers should reconstruct their self-concept in order to develop personally and professionally.

Key Words ： teachers' professional development; identity construction; self-concept

从日语教育中的"语言教学观"谈起

乔　颖

摘　要：传统的日语教育以语法、句型、词汇等语言知识的教学以及社会、文化等固定信息的传授为目的而展开。在新的形势下，随着教育思想体系的转变，人们开始追求课程模式和教学方法的转改革。本文以"语言=行动"这一理论假说为前提，将语言教学放置于"谁（教师）对谁（学生），为了什么（教学目的），怎么教（教学方法）和教什么（教学内容）"这样一个大的框架中，提出每位教师只有确立了各自的语言教学观，成为一名"内省的实践家"，才能了解自己所从事的语言教育工作的内涵并最终实现"以学生、教师同为主体"的教学实践。

关键词：语言观；学习观；教学观；日语教育

一、何谓"教学观"

第二语言教学的研究结果表明学习者的语言学习观（beliefs about language learning）对于语言学习有着非常重要的影响（Cotterall，1995）。学习观是学习者对于语言学习的看法。具体地说，就是学习者在完成语言学习任务时对于语言本质、个人角色、语言学习任务、学习方法的认识、态度和看法。学习者的学习观念决定了他们语言学习过程中动机的形成、策略的运用，最终会对其学习结果产生直接的影响。

学习观一般来说是从学习者的角度出发进行的研究，借助于这一概念，如果把研究的视角转向教师，那么教师对于语言教学的看法和认识就可以称其为"语言教学观"[①]（beliefs about language teaching）。本文中把立足于每位教师的这种对于语言教学的认识和看法定义为"教学观"。目前对于学习观的研究已经取得了较为丰富的阶段性成果（Rubin，1975，Horwitz，1988，Peacock，2001），然而，对于"教学观"的讨论几乎还是一个鲜有涉及的领域。本文将从笔者自身所从事的日语教学工作出发，对日语教学中的"语言教学观"进行初步的探讨。

二、构成"教学观"的基本框架

在进行外语教学的时候，我们首先会面对这样的问题：究竟何谓语言？外语教学的目的何在？因为受到社会需求、学生需求或者是实施条件等因素的影响，人们往往会对外语持有不同的认识。例如，把外语作为人际交往工具看待的人会比较注重语言的实际运用；把语言视为思维工具和文化载体的人，则会把外语更多地看成是一种人文的修养；而如果是把语言视为某种符号系统的人，则会更多地倾向于对语言知识的偏好。总之，在外语教学中，对语言本身的看法历来都有不同的观点，也正是这种差异的存在构成了人们对外语的"教与学"认识的多元化。

笔者认为上述任何一种对语言的认识都有其可取的地方，并无优劣对错之分，同时也不禁自问如果运用到实际的教学中，到底更应该注重哪一方面呢？要解开这个问题，笔者认为就语言教学而言，首先应该看到一个重要的前提，那就是语言使用主体——人的存在。任何一种语言成立的条件中都不能缺少"人"的存在，

---

①在第二语言习得的研究中，普遍采用的是"语言学习观"的概念。本文是站在教学者的立场上展开的探讨，因此笔者使用的是"教育观"这一概念。

所以外语教学也不能孤立地把语言从使用主体中分离出来。因此，笔者认为，要确立"语言教学观"的确立，简单说来可以放在"谁（教师）对谁（学生），为了什么（教学目的），怎么教（教学方法）和教什么（教学内容）"这样一个大的框架下展开讨论。

在时枝城记博士（1941，1954）的语言学论述中，就曾经批判过索绪尔的"语言构成说"的理论，提出了"语言过程"的概念。即，语言不是静态的构造体系，而是语言使用主体的行为体系，人们并非是因为先有了"语言"而后考虑"行为"的，因此语言应该看作就是行为本身。蒲谷（1995）继承和发展了这一理论并把"语言=行动"②的理念运用到了日语教育中。蒲谷（1995）认为，对于一般语言事实的认识都是人们（语言使用的主体）在具体的场景下，通过声音、文字等媒介等手段，把自己的思想感情（内容）进行外化的过程（表达），并且这种过程循环往复，周而复始地在人们的交际活动中展开。蒲谷的这一理论可以通过下图来表示语言从理解到输出不断循环往复的过程。

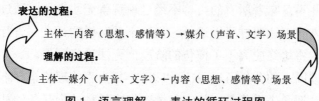

表达的过程：
主体—内容（思想、感情等）→媒介（声音、文字）场景

理解的过程：
主体—媒介（声音、文字）←内容（思想、感情等）场景

图1　语言理解——表达的循环过程图

如上图中所示的那样，语言实质上是使用主体以声音、文字等媒介完成某种表达或者理解而交互展开的行动。基于"语言=行为"这一观点，对于日语教学中"何谓语言？"的基本认识，就可以梳理、归纳为以下几点：

1）语言教学中的"语言"（日语称：Gengo）可以看作是学

习者的"行为"本身。①

2）语言既是"作为表达主体的学习者"的"表达行为"，同时也是"作为理解主体的学习者"的"理解行为"。

3）语言是以"声音、文字"等媒介进行表达和理解的行为，这两种行为交互并往复地进行。

4）主体在完成表达和理解行为之时，一定出于某种目的，是有特定意图的行为。

5）这种出于某种意图，并通过"声音、文字"而交互展开的"表达和理解"行为即可认为是"交际活动"。

当然人们的交际活动有时不仅仅是通过语言来完成的，比如表情、态度、动作都可以成为其重要的部分，但其本质上并没有脱离"语言=行为"这一基本的想法。一般来说表达和理解的过程主要是依托字、词、句等语言单位，并且在语言习得过程中，通常情况下理解的过程会先行于表达的过程，人们对未曾看过或听过的东西，是无法说出或写出的就是这种结论的最好例证。但是，这并不意味着所有的内容不经过理解就无法表达，通过例如推理等方式表达照样可以进行。如果不是这样的话，语言行为主体的表达将始终脱离不了模仿的阶段，无法进行创造。

通过以上的分析可以看出，"语言=行为"的理论指导下的日语教学，把学生看作是在特定环境中完成某种社会任务的社会成员，通过"听、说、读、写"等一系列行动，创造了一个以"声音""文字"作为媒介的理解和表达行为过程的回路。因此，学习一门全新的的外语，等同于重新学习一种新的"行为"。这就好比用惯了右手的人突然要学习用左手来进行工作。开始的时候伴随着焦虑和不安，肯定会有不熟练和不习惯，但这是一个必经的过

①"语言=行动"这一理念是由蒲谷宏在吸取了时枝博士的"语言过程说"的核心理论的部分而提出来的。

程，这时如果没有坚定而强大的学习动机，那么大部分情况下会导致学习的半途而废、前功尽弃。因为对语言的学习有了这样一个基本认识，教师在进行外语教学的时候，第一首先要消除给学生的学习带来不利影响的负面因素，发挥学习者主体的最大潜能；第二在教学内容上不应仅仅是对 "语言知识" 进行静态捕捉后的传授，而应转变到对学生的 "表达行为" 和 "理解行为" 的指导上。第三使用和编写的教材应该包括如何教会学生获得 "听说读写" 等行为技能的具体方法和策略的内容。

三、如何在教学中把文化和目标语言相结合？

在语言教学中，常常会把文化作为教学内容的重要部分。很多教育者都提出了语言背后文化的重要性，认为不懂文化是学不好外语的。因此，在初级阶段的教学中常常会在外语教学的课堂里尽量把文化知识穿插在其中，到了高级阶段会专门开设文化一类的课程，培养学生的 "异文化交际能力"。

这里举出日语教科书中常见的例子加以说明。比如关于日本人的 "行为文化" 常见的结论有："日本人不喜欢直截了当地说明自己的想法"，教科书中会出现诸如 "ちょっと"、"結構" 等表达暧昧意思的词句（《综合日语第一册》第 5 课 p43）；而在强调 "日本人有强烈的集团归属意识" 时，通常会举出日本人在公司里与同事打招呼会用 "お帰りなさい"、"ただいま" 的表达方式（《综合日语第一册》第 9 课 p153）；再例如对于日本人所谓的 "内外关系、上下级关系" 进行说明时，常使用的是 "日本人对着老师和上司是不进行当面评价" 的例子，教科书中常有的说明如："面对老师说 '先生は日本語が上手ですね'"、"先生はとても厳しいです" 是 "很失礼的说法"（《综合日语第一册》第 6 课 p82）等。

这样的结论和解说在一定程度上能引起学生对日语学习的兴趣，为帮助他们了解日本社会起到一定的作用。但是，这也不由会让人感觉到日语学习无形中受到了"目标语言"或者"日本人本族（native）语言"的某种规范的限制，在有意或无意间把这种以"日本人らしい"（地道的日语）作为了判断日语学习者语言得体性的标准，通过教科书和教师的"过滤"代替学生构筑起了一种看待日本和日本人的方式。

这种现象在语言教学中其实普遍存在，以中国人编写的面向外国留学生的对外汉语教材为例，也能找到类似的例子。如："在中国，我们对朋友表示拒绝时，往往用不置可否或模棱两可的方法来搪塞，这是因为在我们中国人的思维中，直接了当拒绝朋友的邀请和请求是粗鲁和傲慢的表现。（李，2011）"由此看来，"暧昧"的表达并非日本文化所独有，汉语中同样存在。对此有人可能会用日语和汉语的文化渊源来解释，但这不能否认日语中有暧昧表达的同时也存在着直截了当的说法的事实。所谓"暧昧"的表达，只是因为在特定的场合出于某种表达的需要才这样使用了而已，并不能成为语言行动的"规范"。世界上不同语言之间本来就存在相通的"普遍性"（universality），同时也有各自的"特殊性"（locality）。如果过于夸大这种语言的"特殊"性，容易助长"偏见"和"误解"。试想，从事汉语教学的老师如果告诉来自欧美的汉语学习者，我们中国人在听到拒绝或赞美时，常常习惯把自己贬损得一塌糊涂，这是"谦虚"的中国文化的体现。是否意味着只有当欧美学生能够流利地说出"哪里哪里"并在文化上得到他们的认同和仿效时才证明他们真正地掌握了"地道"的汉语呢？

日本学者细川（1999）认为：如果在语言教学中，执拗得把文化依附于语言，或者把"文化"作为属于"社会"的东西而用固定的眼光去看待的话，将会被程式化的结论所左右，而不能看清在这个社会（集体）中的每一个个人的存在，会陷入一种"固定观念的圈套"（ステレオタイプの罠）。在跨文化交际中，像这样把"目标语言"的水平设定作为评价非本族语者学习成功与否的评价模式和参考标准，即所谓的"base norm"得到了人们的普遍认同和接受。但实际上，随着国际化进程的推进，当我们用全球化的视角去看待跨文化交际时，会发现从前我们主要是为了和"目标语言国家"的本族语者交流的目的而进行的外语学习，现在很大程度上已经使用在了和第三方非母语话者接触的场景中。比如留学日本的中国学生和泰国、美国、印度留学生之间用日语进行交流，这时是否需要拘泥于"日本人的行为文化规范"呢？有调查显示（Fan，1992），在这样的场景中，遵守日语语言规范的意识是松懈的，并且有很多不同于日语规范的表达出现。试想如果在不同国家、不同种族的人们的交流中，大家都被同一种所谓"固定表达"所束缚的话，其结果自然会使彼此间的交流变得无趣许多。追求"目标语言"的规范和体系，这是一种"集团类型化"的思维模式。不能否认在由很多不同需求和类型的学生构成的课堂中，为了达成某种共识，这样的教学具有一定的可行性。但这种方法的缺陷也很明显，那就是容易无视"个体"的存在，从而造成某一种"固定观念"（stereotype）的形成。

要改变这种状况，唯一可行的办法就是打破"集团类型化"的教学模式并逐步转向以注重"个体"的"语言=行为"的教学理念上来。这种想法的基本做法是在课堂上创建一个让每一个学生和他人构筑起某种社会关系的环境，并激发他们在这个过程中表达自己真实的"所想的事情"的积极性。回顾日语教学的历史，在传统的"语法翻译法"（文法訳読法）教育盛行的年代里，教师在课堂上进行"一言堂"式的解说是教学活动的主要内容；到了90年代，随着"交际法"大张旗鼓地在外语教学中的推广，完成任务和进行角色扮演的活动逐步进入了课堂。但这毕竟也只是在虚构的场景下进行的假想现实的练习。无论是"语法翻译法"还是"交际法"，这两种教学方式设定的目标是以学习在假想的"场景"下使用什么样的词汇、句型为前提的，如果把学习的目标限定在语法、词汇、句型的话，学生自然会拘泥于对于"规范"的追求。因此，如果把注重"学习者个体"的教学理念作为今后教学改革的方向的话，那么我们现在日语教学中所提倡的学生"异文化交际能力"的培养，就可以看成是学生和他人通过日语构筑起"人与人的某种社会关系的能力"。在这样的诠释下，作为教学目标的知识体系和文化认知便不再是老师教会的，而是学生在使用日语和他人发生联系的过程中，由学生自己构建起来的产物。

四、教师的"教学观"如何形成？

在外语教学中常见的教师类型大致有以下三种。一种是专注于科研的研究型教师。作为研究者的他们热衷于自己的研究，但对学生几乎没什么兴趣，在教学中常常抱有把自己的研究成果告诉给学生就是完成任务的心态。第二种类型是把研究与教学相分离类型的教师。这类教师的责任分担意识很强，在一种"你是搞研究的人，我是专心教学的人"的思维模式中，把研究与教学彼此分离，作为教学实践者的他们更关注学生的需求，满足学生的一切需求是他们的追求，但是这种想法使他们在不知不觉中将研究和实践的距离越拉越远。第三种类型则是把研究与教学相统一的教师。他们认为研究与实践的统一才是教育的根本，教师的研究与实践就是围绕着学生的"语言活动"而展开的，并根据此理念设计和组织课堂活动这才是教师的真正职责所在。

这三种类型的教师在如今的日语教学活动中同时并存，今后这种局面也将会持续下去。这里无需讨论上述各种想法的优劣以及各类型间价值取向的高低，把不同类型间的价值高低作为问题也没有意义，但是重要的是每个教师是否意识到这种现象的存在，或者说自己是站在什么样的位置和立场上看待教学和研究的才是问题的根本。

　　那么，日语教师该如何看待教学和研究呢？笔者认为，教师完全可以根据自身的情况去判断和选择，但最不可取的是那种俯瞰或者旁观这三种类型的情况，成为不明自己立场所在的评论家。只有当教师能够明确自己所处的立场并以此进行实践的时候，就是本文中所说的"教育观"（beliefs about language teaching）的形成。从理论上来说，支持上述类型中的任何一个观点都不难，但重要的是根据这一理论如何开展教学实践才是教师专业性的体现。因此，教学实践是教师从自己的问题意识中创造出来的研究，并以此研究为中心在日后的教学中展开"行动"的统一体。就此可以将日语教师的专业性归纳为如下几点。

　　1）能够设计出促进学生自由思考和积极表达的课堂活动。

　　2）能够将自己的教学观贯穿于课堂并以此组织和运营课堂活动的设计。

　　3）能够成为课堂中每一位学生在进行语言活动时的支持者。

五、结语

　　在语言教学中本来就没有千篇一律或者绝对正确的教学理念、内容和方法。一切都取决于语言使用的主体——教学的人（教师）和学的人（学生）对于语言本质、个人角色、语言教育/学习任务、教育/学习方法的认识、态度和看法。不同认识、态度和看法得出的答案也不相同，但每个教师是否能有意识地认清自己是站在什么样的立场上看待自己的教学（包括实践和研究）问题才是最根本的问题。因此，在日语教育中，"谁（教学主体）对谁（教学对象），为了什么（教学目的），怎么教（教学方法）和教什么（教学内容）"的认识应该成为一切教学任务开展的基本框架。对于这种"基本框架"虽然有不同的诠释，例如：Halliday 认为这是决定人们行为选择的思想系统；Tollefson 认为这是语言教学中人们对于语言本质、交际的本质与目的以及得体的交际表现等观念的共识；而笔者认为这是教师的"教学观"。教师只有确立了各自的教学观，并成为 Schön（1983）所说的"内省的实践家"（reflective practitioner），一切教学活动的展开才开始变得目的明确而有意义。只有这样才能最终实现"以学生、教师同为主体"的教学实践。

参考文献：

[1] Schön，D. A.（1983），The reflective practitioner: How professionals think in action. Basic　Books，柳沢昌一，三輪建二（监译）省察的実践とは何か— プロフェッショナルの行為と思考[M]. 凤书房

[2] 川上郁雄. ＜日本事情＞教育における文化の問題[J]//21世紀の「日本事情」. くろしお出版，1999（1）.

[3] ネウストプニー，J. V.，新しい日本語教育のために[J]//世界の日本語教育. 国際交流基金日本語センター，1991（1）.

[4] 細川英雄. 日本語教育と日本事情—異文化を超える[M]. 明石書店，1999.

[5] 細川英雄編. ことばと文化を結ぶ日本語教育[M]. 凡人社，2002b.

[6] 时枝诚记. 国语学原论[M]. 岩波出版社，1941.

[7] 时枝诚记. 国语教育的方法[M]. 习文社，1954.

[8] 蒲谷宏. ＜言語=行為＞観に基づく「言語教育」について//早稲田大学日本語教育研究センター紀要[J]，1995（7）.

[9] Posner，G.（1994）*Course Design: A guide to curriculum development for teacher* [M]. London：Longman.

[10] Furey.P.（1984）Considerations in the assessment of language sullables. J. Read. *Trends in Language Syllabus Design* [C]. Anthology Series ，Singapore University.

[11]李丽. 文化依附与文化迁移——论对外汉语教师的跨文化教学//汉语教学学刊 [J]. 北京大学出版，2011（7）.

[12]Fan，S. K.（1992）Language Management in Contact Situations between Japanese and Chinese. PhD dissertation，Department of Japanese Studies，Monash University，Melborune.

[13]Cotterall，S.（1995）Readiness for autonomy: Investigating learner beliefs. System，23（2），195-205.

[14]Horwitz. E.（1998）The beliefs about language learning of beginning university foreign language students. *The Modern Language Journal*，72（3）: 283-294.

[15]Peacock，M.（2001）Pre-service ESL teacher beliefs about second language learning: A longitudinal study. System，29，177-195.

The Beliefs about Language Teaching in Japanese Language Teaching

Qiao Ying

Abstract: This paper, based on the language acquisition theory, focuses on the relationship between the beliefs about language teaching and Japanese language teaching. Traditional Japanese language teaching was carried out for the purpose of imparting knowledge of grammar, sentence patterns, vocabulary, as well as social cultural and other fixed information. In the new era , with the transformation of the educational ideological system, people began to pursue the transformation of educational   methods.   Based   on the hypothesis of "language = action", this paper provides a critical analysis of the traditional Japanese teaching that aims at results and efficiency and suggests that only when every teacher establishes his/her own language teaching concept and becomes a "reflective   practitioner"   can   he/she   understand the   true meaning of language education that he/she is engaged in and ultimately complete the teaching practice in which both students and teachers are subjects.

Key Words: beliefs about language learning; beliefs about language teaching;   Japanese Language Teaching

教学教材篇

大学英语教学改革：学术化转向

朱晓映

摘　要：从 1980 年《高等学校理工科公共英语教学大纲》出台至今，我国的大学英语教学经历了三十年的实践与改革。其间，教育部几度调整大学英语教学大纲，最后于 2007 年正式出版了《大学英语课程教学要求》，明确提出了大学英语课程要"兼具工具性和人文性"的目标。但是，三十年来，大学英语教学改革并不尽如人意，不仅大学英语教学部门存在着学科定位不确定、课程设置不完善、教师队伍不健全等问题，学生英语应用能力的提高相对较慢也往往被归咎于大学英语教学改革的顾此失彼。为了实现《国家中长期教育改革和发展规划纲要 2010-2020》中提出的人才培养目标，大学英语教学改革需要进一步深化。一些专家和学者提出了大学英语课程实现学术化转向的建议，借鉴国外非英语国家大学开设英语课程的经验，重构大学英语学科课程体系，将大学英语教学目标从打基础和素质教育调整到为专业学习服务上来，充分发挥大学英语课程在国际化人才培养中的主干作用。"学术化"并不一定要将大学英语课程完全变成专业英语课程，其学术的意义是宽泛的，而不是狭隘的；是与专业相关的，而不是仅限于专业的；不仅体现在教学内容中，而且也体现在教学方法中。学术化后的大学英语教学要增加学生说英语、用英语和写英语的机会，拓展学生的英语文化知识，增强他们的跨文化交际意识。

关键词：大学英语教学改革；学术性；转向

一、引言

大学英语教学是我国高等学校教育体制中的一个特色，即针对非英语专业的学生进行英语教学。长期以来，大学英语课程一直是高校课程设置中的一门公共必修课，从本科到研究生各个学历层面，大学英语都是一门非学不可的课程，有的学校甚至将学生的大学英语四、六级成绩与教师的教学业绩和学生的学位授予挂钩。因此，大学英语课程让很多师生颇为焦虑。我们姑且不去考量这样的"非学不可"和"非考不可"对于大学生本人以及大学教育来讲有多大的意义，仅就这种情形而言，我国对于大学英语教学的重视是其他国家和地区所无可比拟的，我国民众的英语水平在这种体制的推动下也确实得到提高，尽管多数人的英语应用能力尚不可高估，但 80 后、90 后的年轻人比起他们的父辈和祖父辈，会说几句英语和会做一些英语试题已经不足为奇。但是，即便如此，社会上以及高等教育领域对于大学英语课程教学的认识并不一致。进入 21 世纪以来，在教育部《大学英语课程教学要求》的指导下，各大高校纷纷出台了大学英语教学改革的举措，采用分级教学，改变课程设置，减课时，降学分，尽管各校做法不一，总的趋势是减少和降低大学英语课程在整个高校课程设置中的分量。所以，蔡基刚教授说，"大学英语的基础英语教学正在松动"，"全国大学英语的学分要求、课程设置、教学安排、考试形式等等开始呈现天下大'乱'的情况。"[①] 面对这种局面，王守仁教授则以 2010 年教育部高等学校大学外语教学指导委员会组织的全国高校大学英语教学情况调查结果呼吁："我们不是要削

---

① 蔡基刚，转型时期的我国大学英语教学特征和对策研究，《外语教学与研究》，2007（1）：28。

弱大学英语教学，而是应该加强和改进，使之能够适应新的形势。"①
也许一个强制性的统一标准对于当今多元文化语境下的大学英语
课程教学确实已经不合适，但是，如何进一步改革大学英语教学，
建立健全大学英语课程和学科体系，使之更契合新时期国际化人
才培养模式，并在高校人才培养的过程中发挥更大的作用，从而
提升大学英语的教学质量，提高大学英语课程的学科地位，解决
大学英语教师的身份困惑，这些问题亟待我们去研究和思考。

二、大学英语教学的历史：从《教学大纲》到《教学要求》

　　谢邦秀教授在《中国大学英语教学大纲介评》一文中介绍了
大学英语教学的源起以及教育部《大学英语教学大纲》的修订过
程。大学英语教学的前身是大学公共英语课教学，在 1985 年教育
部颁布的《大学英语教学大纲》（高等学校理工科本科用）中"大
学英语教学"这一术语作为学科名称取代"高等学校公共英语课
教学"这一名词。根据谢教授的研究和观察，从中华人民共和国
建国初到十一届三中全会召开以前，大学公共英语课教学作为一
门课程基本上没有什么突破性的发展。1980 年，中国公共外语教
学研究会和全国高等学校理工科公共外语教材编审委员会受教育
部的委托，依据 1979 年前后新生入学的英语水平，制定了全国《高
等学校理工科公共英语教学大纲》。该大纲首次以政府文件的形式
确立了英语在高校教育中的地位，结束了公共英语课教学各自为
营的无组织状态，提出了国家对高校公共英语课教学的统一要求。
1982 年 7 月，教育部组织专家对《高等学校理工科公共英语教学
大纲》进行修订，1985 年 3 月《大学英语教学大纲》（高等学校
理工科本科用）发行，1986 年 4 月，《大学英语教学大纲》（高等
学校文理科本科用）出版。"自此，我国的大学英语教学进入了一

---

① 王守仁，关于高校大学英语教学的几点思考，《外语教学理论与实践》2011（1）：1.

个受国家教育部门关注与领导、有统一的纲领性文件（《理工科大纲》和《文理科大纲》）指导和约束的稳步发展时期"。[①]

　　改革开放的三十年间，我国高等教育飞速发展。1985 年，高校在校学生总数是 170 万人；1995 年，这个数字上升了 120 万。到 2005 年，高校在校生数达到 1562 万。面对高等教育的新形势，1996 年，教育部组织《面向 21 世纪的大学英语课程教学内容和课程体系改革与实践》项目组，又一次开始修订大学英语教学大纲，于 1999 年向全国推出了《大学英语教学大纲》[修订本]（高等学校本科用）。但是，这次大纲修订后与前几个大纲相比并没有突破性的发展，直到 2004 年，教育部再次组织专家组修订《大学英语教学大纲》（以下简称《教学大纲》），发布了《大学英语课程教学要求》（试用），后于 2007 年正式颁布《大学英语课程教学要求》（以下简称《教学要求》），并先后确定了 100 所高校为大学英语教学改革示范点项目学校。至此，大学英语课程实现了从《教学大纲》到《教学要求》的转变，大学英语教学开始从纯工具性向兼具工具性和人文性目标迈进。

　　在《教学大纲》中，大学英语教学的目的是这样表述的：培养学生具有较强的阅读能力和一定的听、说、写、译能力，使他们能用英语交流信息。大学英语教学应帮助学生打下扎实的语言基础，掌握良好的语言学习方法，提高文化素养，以适应社会发展和经济建设的需要。在《教学要求》中，大学英语课程的性质和教学要求被重新表述：大学英语教学是高等教育的一个有机组成部分，大学英语课程是大学生的一门必修的基础课程。大学英语教学是以英语语言知识与应用技能、学习策略和跨文化交际为主要内容，以外语教学理论为指导，并集多种教学模式和教学手段为一体的教学体系。大学英语的教学目标是培养学生的英语综

---

　　① 谢邦秀，中国大学英语教学大纲介评，《北方论丛》，2001（5）：115。

合应用能力，特别是听说能力，使他们在今后工作和社会交往中能用英语有效地进行口头和书面的信息交流，同时增强其自主学习能力、提高综合文化素养，以适应我国经济发展和国际交流的需要。《教学要求》较之于《教学大纲》至少有以下三个方面的突破：第一，大学英语的教学内容不仅仅是语言知识，还包括应用技能、学习策略和跨文化交际；第二，大学英语教学的方法要集多种模式和手段为一体；第三，大学英语教学的目标不只是培养学生的阅读能力和一定的听、说、读、写、译的能力，而是要培养学生的英语综合应用能力，特别是听说能力，并且要让学生们拥有自主学习能力和用英语社交的能力，具有良好的综合文化素养，能够为国际交流服务。

教育部副部长吴启迪在 2004 年所举行的大学英语教学改革视频会议讲话中对大学英语教学改革做出了评价。她认为，"改革开放以来我国大学英语教学改革所取得的成就是显著的，令世人瞩目。经过二十多年的努力，大学英语教学彻底改变了落后的状况，建立了适合于我国实际的、系统的教学模式、教学内容、课程体系和教学方法，逐步形成了有特色的大学英语教学体系和测试体系。"[①] 事实上，在《教学要求》的指导下，2005 年以来，大学英语教学改革才真正进入了繁荣期，尽管各种改革建议和举措五花八门，似乎有些凌乱，但是正是这种开放与多元才促使今天的大学英语教学有了进一步改革的基础和动力。

三、大学英语教学的现状：努力解决却仍未解决的问题

总的说来，大学英语教学改革是取得了成就的，但是，目前大学英语教学的现状并不完全尽如人意，有诸多问题等待着去解

---

① 吴启迪，在大学英语教学改革试点工作视频会议上的讲话，《中国外语》，2004（1）：5 。

决。从"大学英语教学"作为一个学科名词被提出至今已经 26 年，但是，迄今为止，我们并没有能够建立起一个全新的、合乎高等教育规律和人才培养规律的、与国际接轨的学科、课程以及师资队伍建设的规范。2006 年，教育部办公厅在下发《关于进一步提高质量，全面实施大学英语教学改革的通知》的同时发布了《关于大学英语教学改革进展情况的调查报告》。报告中称，大学英语教学改革的实施"基本解决了多年存在的问题"，比如，教师为中心的教学模式、公共英语教师的地位尴尬、教学理念的单一、师资队伍的短缺等问题。但是，笔者作为大学英语教学改革的参与者以及见证人，对于报告中提出的"基本解决"的结论持质疑态度。首先我们考察一下教师为中心的教学模式问题。虽然《教学要求》中提出了"应充分利用现代信息技术，采用基于计算机和课堂的英语教学模式，改进以教师讲授为主的单一教学模式"的要求，但是基于大学英语课堂教学多为 40 人以上的大班课的现实，多数教师还是选择了以讲授为主的教学模式，因为组织讨论很费事，也因为教师课时多、教学任务重，还因为很多大学英语教师年轻而缺少教学经验。总之，有些教师在课堂上只是播放 PPT，讲不出更多让学生感兴趣的内容，因而课堂教学枯燥无味。虽然有电脑等设备，时而也可以给学生增加点影像资料，但是学生的满意度并没有提升。虽然教师真正给学生讲话的机会时学生未必敢讲，但是当教师剥夺了他们在课堂上的中心地位时，他们的不满是显然的。其次，再来看看公共英语教师的地位尴尬问题。大学英语教师被定为"教学为主型"，他们在职称评定等方面与其他专业教师的评价标准不太相同。这是考虑到大学英语教师课务繁多的事实。一部分大学英语教师戏称自己是"上课的奴隶"，为自己在课务教学中无法脱开身去搞科研而极为焦虑，也正因为此，大学英语教师队伍学历、职称比例失衡的现象，以及学术梯队较弱的现象也十分明显。在当今各个大学纷纷从教学型向教学研究型或者研究型转型的时期，大学英语教学改革的动向，必定会对一大批青年教师的学术和人生产生极大的影响。

再看教学理念和课程设置。虽然《教学要求》中提出大学英语教学要课堂面授与网络自主学习相结合，但许多学校在软件和硬件上都没有达到要求。吴启迪说，大学英语教学改革中教学思想的相对滞后阻碍了教学改革的进一步深化。她认为，"十几年来我国大学英语教学的建设与改革，实际上走的是一条外语教学规范化的道路……，由于将大学英语教学高度规范在统一的大纲与考试之下（在大纲中甚至限定了学生应掌握词汇的范围），一定程度上束缚了高校的英语教学的发展，这显然与高等教育多样化、个性化时代发展要求不相适应。"[①] 应该说，改革开放为很多教师走出国门学习国外的先进理念创造了很多的机会，在大学英语的课程设置和课堂教学中，或多或少都融入了一些国际化的理念，尽管课程还在为"教什么"和"怎么教"而争论不休，但与十年前甚至二十年前相比，教学内容的丰富程度和教学手段的多元程度都有了前所未有的改变。但是，我们还在使用着统一的、传统的教材，我们还在开设着与中学英语没有太大差别的基础英语课，我们还在讲解语法、词汇和句子结构，我们还在围绕着四级或者六级考试的标准在安排教学内容，所有这一切都表明，我们的改革恐怕还有很长的路要走。

四、大学英语教学的未来：学术化转向

根据《国家中长期教育改革和发展规划纲要 2010-2020》，在未来的十年里，我国高等教育要着力提高"国际化水平"，要"适应国家经济社会对外开放的要求，培养大批具有国际视野、通晓国际规则、能够参与国际事务与国际竞争的国际化人才"。为了实

---

①吴启迪，在大学英语教学改革试点工作视频会议上的讲话，《中国外语》，2004（1）：6。

现这一目标，大学英语教学改革势在必行，因为它在新型的高校人才培养框架中担当着别的课程所无法替代的角色。当务之急，我们要以《大学英语课程教学要求》为依据，推动大学英语教学改革向纵深发展，寻求一条更具国际化理念、科学合理、完善有效的教改之路。

2011 年，国内英语教学界的一些专家和学者对于未来大学英语教学改革的发展做出了判断。教育部大学英语教学指导委员会主任委员南京大学王守仁教授指出，面对新形势下对于国际化人才的需求，大学英语教学承担着培养学生"加强与世界联系和交往"、"学习借鉴外国先进科学技术，吸取人类文明成果"的使命，而要实现这一使命，需从加强大学英语课程体系建设方面着手努力。在他与王海啸教授合作撰写的《我国高校大学英语教学现状调查及大学英语教学改革与发展方向》一文中，他们对于今后大学英语教学改革与发展提出了四点建议：第一，分类指导，特色发展；第二，加强课程建设，促进教学模式的变革；第三，构建更加完整的大学英语课程体系；第四，打造高素质专业化大学英语教学队伍。① 复旦大学蔡基刚教授则在分析了大学英语教学现状后提出，"我国目前的大学英语教学正在进入一个重要的历史转型时期。这个转型不只是反映在教学手段上，如广泛使用现代化多媒体教育技术；也不只是反映在教学模式上，如由以教师为中心、单纯传授语言知识和技能的教学模式向以学生为中心、注重培养语言运用能力和自主学习能力的教学模式的转变。大学英语教学的转型更重要的是反映在内容上。"他对新时期的大学英语教学提出了三点建议：第一，提倡个性化的教学要求、方法和模式；第二，由基础英语教学向有专门用途的英语教学转移；第三，通

---

① 王守仁，王海啸，我国高校大学英语教学现状调查及大学英语教学改革与发展方向，《中国外语》，2011（5）：10-11。

盘考虑我国大学英语教学体制。① 综合以上专家的观点我们不难看出，改革大学英语教学的重点是改革大学英语课程体系、教学方法和模式以及评估体系，在今后的改革中，尤其要与国际接轨，通过分类指导，实现从基础英语教学向专业学术英语教学转型，使得学生真正有能力参与国际间的交往和交流。

目前学界对国内高校关于大学英语教学学科的定位并没有完全达成共识，各个高校也是做法不一。有的高校的"大学外语教学部"独立于外语学院之外，如南京大学；另一些高校在英语系内设有"大学英语教研室"，如北京大学；还有的高校是在外语学院内成立了一个独立的与英语系同等地位的"大学英语教学部"，如华东师范大学；有的高校并没有特别设立一个"大学英语教学部"，而是将所有的外语教师都按照研究方向分在外语学院下设的各个研究所中，如浙江大学。似乎各个高校都可以为他们的做法找到解释的理由，但是，这种种不同做法则表明了大学英语教学学科的不确定性，随之而来的便是课程体系的混乱和教师身份的困惑。目前的大学英语课一般都采用分级教学，开设课程主要包括综合英语和视听说，以及一部分历史文化类的英语选修课。学生普遍反映大学英语与中学英语差别不大，又因课时减少，大学教师也不像中学教师抓得那么严，一年大学英语学完之后，学生感到没有明显进步，而且英语应试能力还有所降低。要改变这种现象，必须在课程设置上做文章，要使得大学英语课程与中学英语课程明显区分开来，要在我们的课程中增添一些有深度、有新意、有价值的内容，还要在教法上做出相应的改变，所有这些都可以囊括在"学术性转向"的表述之下。

首先，课程设置学术化。王守仁教授指出，为了培养国际化

---

① 蔡基刚，转型时期的我国大学英语教学特征和对策研究，《外语教学与研究》，2007（1）：30。

人才，大学英语课程设置要做到三个平衡：核心课程与选修课程平衡，输入与输出平衡，语言与文化平衡。^① 目前的大学英语教学显然还没有达到这三个平衡的目标。首先是核心课与选修课的失衡问题。我们的核心课其实就是大学综合英语课，连阅读课和听力课也都没有被纳入大学英语教学的核心课程体系中；而我们的选修课更是课程少、课时也少，学生并没有什么选课的空间和自由。其次是输入与输出的失衡。大学英语所有的课程都是以教师讲授为主的输入课程，在我们的课程体系中很少有专门留给学生进行课堂讨论的时间。最后是语言与文化的失衡。当我们谈及大学英语教学，我们首先联想到的便是读写和视听训练，几乎完全忽略了这门课事实上还是一门人文性质的跨文化交际课程。一方面，我们在课程设置中没有加入足够的文化课程，另一方面，在核心课程教授的过程中，我们也没有足够重视文化信息的传递。调整大学英语教学课程设置，要充分考虑对于这三个失衡现状的调整。其一，可以控制好核心课和选修课的量的平衡，保证在开设出足够的核心课程的同时，开设出足够的、丰富的、覆盖面广的、与学生成长各个方面相关的选修课程。其二，确保选修课中有一些研讨课型的课程，让学生在学习之后有进一步巩固知识、拓展思维并增强应用能力的场所。其三，增加通识英语课和专门用途英语课，丰富课程中的文化含量和专业知识含量，可以按照历史、文化、教育、艺术、经济、科学等不同类别开出选修模块，学生可以根据自己的兴趣和专业在几门课中选修一门。

　　第二，教学内容学术化。近年来，大学英语教材版本颇多，但是基本上还是沿袭了传统的课文+词汇+语法+练习的模式，还是一种工具化的设计思路，尽管教材中都配备了一些电子的课件，但是，本质上并没有多少创新。我国的大学英语教材出版已经成

---

①王守仁，关于高校大学英语教学的几点思考，《外语教学理论与实践》，2011（1）：3。

为出版界的重要产业，教材被不断翻新的目的一方面固然是更新内容，但更多的恐怕是出版社的利益。在这样一种追求的牵引下，各种大学英语教材的体例以及内容大同小异也就不足为奇了。笔者认为，我们没有必要让所有学习大学英语的学生使用同一本教材或者相似的教材，每个教师都有责任，也有资格和能力为自己所开设的课程编写或者选择一本适合的教材，只有当每一门课，甚至不同老师开设的同一门课，都具有了新颖独特的内容时，这些课才能对学生产生吸引力。做到这一点并不难。比如，可以选择一些反映世界历史与文明的英语经典文本让学生阅读，改变那种词汇、语法、练习的套路，用世界历史与文明的魅力去吸引、征服学生，养成他们对于历史和文明的敬畏感，培养他们的国际视野以及与国际接轨的审美情趣，使得他们不仅能够应用英语参与国际事务和竞争，更能在竞争中赢得尊重。也可以与专业教师合作，选取一些与各个专业关系密切的英文文章编入学术英语选修课教材，使得学生既能学英语，又能了解与专业相关的知识。事实上，学英语最好还是读英语经典原著，政治的、历史的、哲学的、文化的、文学的、科学的、经济的、法律的、工程的，等等，有很多的素材可以纳入我们的大学英语教材，大学生的英语学习也应该更多涉及所有这些专业领域。

第三，教学方法学术化。当前的大学英语教学中普遍采取了分级教学的模式，但是由于分级仅是通过学生入学后的一次水平考试实现的，学生的英语水平应用能力并不能完全准确地体现。真正的分级应该让学生自己来选择和决定，而不是通过一次考试将学生分为 A、B、C 和 D。而且，学生在入学之后，由于成长的速度不一样，学习动机不一样，差异性会越来越明显。所以，应该采取应变、流动的机制，改变分级教学的僵化现象，促使学生学习主动性和积极性的提高。校方可以给学生提供不同水平、不同内容的课程菜单或者是套餐，让学生结合自己的英语水平、业余兴趣和专业方向自由地选择，引导学生将英语学习与专业学习相结合。在具体的课堂教学过程中，可以采用小组讨论式教学或者专题研究式教学，由学生自由组成学习小组，课后在小组长的组织下，学生进行自由讨论或者辩论，教师在课堂上留出时间让学生提问、演讲，陈述他们课后讨论的情况，以及组员中争论的焦点，这样，改变教师"一言堂"的现状，将讲台让给学生，培养和训练学生的英语思维和表达能力。同时，教师可在网上开通各类与学生互动的方式，或微博，或电子邮箱，或英语学习平台，使得不同的小组之间可以进行互动，从而拓展学生学习交流的空间。教师在学生的学习过程中只是引导、指导、督促和协调，采用课前报告、课堂演讲、课后小组讨论、网络互动（网上提交作业、教师网上评注）、期中期末研讨会等形式，调控并激发学生独立思考的能力和参与讨论的热情，培养学生的英语综合应用能力。

第四，评估体系中纳入学术考量。虽然现在四、六级英语考试已经不再是强制性的统一考试，但是四、六级英语考试成绩还是有关部门衡量一所大学英语教学水平甚至学校办学水平的一个重要指标，所以，在很多高校，英语四、六级考试关注度仍然很高，学生参加大学英语四、六级考试的时间还受到限制。这样的壁垒必须要打破。有一些"211工程"或者"985工程"的高校已经建立了适合于他们本校学生的英语水平考试体系，用以决定学生的课程免修或是毕业资格，考试的形式和内容中国际化和学术化元素增多，更为注重对于学生在学术和交流领域中使用英语的能力的测试。评估手段可以对教学产生反拨作用，所以，当课程体系发生了变化的时候，评估体系的相应变化是必须的。英语水平测试体系中测什么以及怎么测既是对教学水平的考核，也是对整个改革走向的评估。

五、结语

"大学英语教学"是继续作为一个独立的学科去加以建设和改革，还是将其融入外语教育大学科，或者是将其纳入"英语语言文学"学科，这可能还需要学者和专家们做进一步的研究和探讨。实现大学英语教学的学术化转向之后，课程体系中学术英语课程究竟占用多少学时、包括哪些课程、采用怎样的教法和评估手段，这也需要我们在实践中不断探索和证明。关键要看哪一种比例和模式更有利于学生和教师的发展，更适合于新时期人才培养模式，更具国际化视野，更有助于我国教育改革和发展的战略目标和任务的实现。希望在新一轮的大学英语教学改革中，大学英语教学改革能够走出一条具有完整学科体系的新路子，为大学英语教学的教师们在教学研究型大学和研究型大学里开创一片生存空间，让他们在那里愉悦地耕耘、播种、收获。

参考文献

[1] 蔡基刚. 转型时期的我国大学英语教学特征和对策研究//外语教学与研究，2007（1）.

[2] 王守仁. 关于高校大学英语教学的几点思考//外语教学理论与实践，2011（1）.

[3] 谢邦秀. 中国大学英语教学大纲介评//北方论丛，2001（5）.

[4] 吴启迪. 在大学英语教学改革试点工作视频会议上的讲话//中国外语，2004（1）.

[5] 国家中长期教育与改革发展规划纲要（2010-2020）. 北京：人民出版社.

[6] 王守仁，王海啸. 我国高校大学英语教学现状调查及大学英语教学改革与发展方向//中国外语，2011（5）.

College English Teaching Reform: An Academic Turn

Zhu Xiao-ying

Abstract:　Since the first version of *College English Teaching Syllabus* came out in 1980, college English teaching reform has been going on in China for over thirty years. The syllabus was revised and improved until the year 2007, when *College English Teaching Requirements* was issued by the Ministry of Education, in which the goal of college English teaching was oriented on both instrumental as well as humanistic. But the past situation concerning college English teaching was far from satisfactory. Problems remain unsolved such as the position of College English Department, the structure of college English curriculum and college English teachers. College English teaching reform has to turn so as to bring about new changes. Some researchers suggest that College English Teaching reform reset its goal from fundamental English to academic one, so that English can better serve the students' academic learning, and eventually help them to become international elites. Therefore, "academic turn" does not necessarily mean that college English totally involves English for special purposes, but instead, it demands the change of not only teaching contents but also teaching methods. What is highlighted in that turn is students' ability of using English, understanding English culture, and realizing cross-cultural communication.

Key words: College English Teaching reform; academic; turn

活动理论之客体概念及其对课堂教学研究的启示
——以高等师范英语语音课堂为例

程 晓

摘 要：活动理论（activity theory）是以人类活动尤其是社会文化实践活动为主要研究对象的一种跨学科的理论，目前较为广泛地运用于社会科学各领域。本研究将芬兰学者 Engeström 提出的活动系统模型，尤其是其中的"客体"概念，用于探究高等师范院校英语专业语音课堂教学，通过分析课堂活动客体的构建过程，反映语音课堂教学复杂性和教学目标的多元化，同时也展示了活动系统模型作为人类文化实践活动（例如：语言教学活动）的理论框架和分析工具的优越性及其广泛的适用范围。

关键词：活动理论；活动系统；活动客体；高等师范英语语音教学

一、引言

活动理论是以人类活动尤其是社会文化实践活动为主要研究对象的一种跨学科的理论，目前被西方学者较为广泛地运用于社会科学各领域。自 Vygotsky 开始，经过几代学者的钻研，到上世纪 80 年代末 90 年代初，活动理论形成了较为系统的理论模型与分析工具。活动理论和活动系统模型被运用到人工智能、组织管理、职业发展、教育学、语言学等领域（Blackler，Crump，& McDonald，1999[i]，1999a，2000; Blackler & Kennedy，2004; Engeström，1987，1990，1995，1999; Engeström，Miettinen，& Punamäki，1999）。

自上世纪末，活动理论逐渐引起了部分国内学者的关注。赵慧军以前苏联心理学界对活动理论的贡献为主线，讨论了活动理论的发展历程、在心理学界产生的影响及其发展前景，从宏观的角度评述了该理论的优势与不足（赵慧军，1997）。吕巾娇、项国雄等学者则更全面地介绍了活动理论的三个发展阶段及最后形成的活动系统模型（吕巾娇，刘美凤，史力范，2007; 项国雄，赖晓云，2005），吕巾娇等同时浅析了运用该模型进行活动分析的框架。除了单纯的理论评介，部分学者还较为宏观地讨论了活动理论对教育可能产生的影响（康万栋，康瑛，2007）及其在教育学领域的运用：例如活动理论对学习环境设计的启示（周炎根，2009; 赵立影，2004; 项国雄，赖晓云，2005），活动理论对学习活动与任务设计的启示（詹青龙，2010; 陈蔓萍，刘钰峰，2006; 鲍平平，彭文辉，2006），活动理论在电化教育史研究中的运用（邓文新，李运林，2008），等等。也有少数的学者运用活动系统模型对具体的案例进行分析（葛文双，傅钢善，2008; 董涛，2008; 熊淑慧，2009; 贾志荣，2007）。

相比西方学者对活动理论的深入研究以及对活动理论框架的广泛应用，国内的相关研究尚处于起步阶段，对其关注的学者为数不多，对该理论研究和应用的深度与广度很有限。本文试图通过活动理论框架在语音课堂研究的应用，用实证案例展示活动系统模型作为人类文化实践活动（例如：语言教学活动）的理论框架和分析工具的优越性。希望借此引起更多国内学者对活动理论的关注与兴趣。

二、活动理论框架

活动理论源于德国古典哲学、马克思辩证唯物主义以及前苏联文化历史心理学（Engeström，1999[ii]），从该理论的核心概念"活动"的出现，到完整的活动系统模型的形成大致经历了三个阶段（另见：吕巾娇等，2007[iii]）。本文分析将基于 Engeström 的活动系统模型（Activity System Model）（Engeström，1999）。

2.1 Engeström 和活动系统模型

Vygotsky（1978[iv]）认为人类行为（包括学习行为、认知行为等）不是单纯的对刺激的直接反应，而需要通过媒介工具的作用。他提出了个人行为的三角模型（如下图 1 所示）：

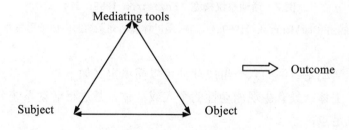

图 1　媒介作用下的人类行为

（Engeström 1999: 30，developed fromVygotsky，1978）

Engeström 在 Vygotsky 的媒介作用下人类行为的三角模型（图1）的基础上增加了三个元素：共同体（community）、规则（rule）和分工（division of labour），并将其命名为活动系统（activity system，AS）（见图 2），从而充分体现了人类活动的社会性特征，为系统全面地分析人类活动提供了分析工具。

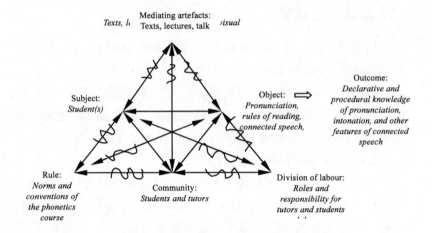

图 2　活动系统模型（Engeström 1999：31）

（曲线由 Blackler et.al.（1999a）添加，用以体现活动系统的内部矛盾与冲突。）

活动系统中的六个组成部分可以简单定义如下：

主体：具有主观能动性的个人或群体，是进行活动系统分析的立足点；

客体：活动所指向的有形或无形的对象；

媒介工具：包括物质工具和心理工具；

规则：用于约束活动的明文规定的规章制度或潜在的约定俗成的规则；

共同体：活动客体大致相同的个体或群体的集合；

分工：共同体成员之间水平的任务分配与垂直的权力关系（Wu，2002[v]）。

本文将重点讨论语音课堂活动系统中的客体的构建，因此下文将对活动系统的客体概念作进一步的解释说明。

2.2　活动系统中的客体

客体是主体活动的对象。在活动的整个进程中，客体并不是一成不变的，人们在活动初期对客体的认识也并不是完全清晰的。Engeström 指出，活动开始前，客体并不是完全既定的，而是部分既定（partly given，fixed）、部分预期的（partly projected，anticipated）（Engeström，1995：397[vi]），客体最终将融入活动的结果（outcome）中。例如，铁匠打造调羹的活动，铁匠对其活动的客体"调羹"的用料、形状等都有一个大致的估计。但是在打造过程中，调羹勺子和柄的形状、大小、装饰花纹等细节都在时时地变化，直到调羹最终完成，其活动的客体才最后确定，而客体的所有变化也都体现在该活动最终的产出物（调羹）中（Blackler，2003[vii]）。

具体有形的物质性客体具有上述流动变化的特性，抽象的概念化的客体也具有同样的特点。例如，商科学生进行商业计划项目的设计，其活动的客体是商业计划。在活动开始前，学生依据教师给出的设计要求对客体有一个大致的认识，但是这种认识仅仅是笼统的、模糊的。在活动过程中，学生通过一系列的阅读、思考、讨论等活动，对客体的认识逐渐变得具体、清晰。其间，客体经过了一系列的调整与演变。到活动结束时，形成了一份最终的商业计划，至此，客体才最终确定，并且被融合到该活动的最终产出物（商业计划以及学生制订商业计划的能力）中。

由此可见，活动系统中的客体并非在活动之初就固定不变的，而是在活动进程中不断动态演变着的，其演变的轨迹引导着活动的行进方向，也体现了主体的活动意图与目标。因此，Blackler（2003）指出客体是活动的核心，客体的演变指明了活动的方向。

三、活动客体概念在课堂教学研究中的应用

本文分析基于笔者对高等师范英语专业语音课的教学探索，主要目的为探讨有效培养英语师范生语音知识与能力的方法与途

径，本文节选的课堂录音源自 2010 级学生。笔者选取学生为活动系统的主体，即从学生的视角出发构建活动系统，探讨课堂教学活动客体的发展演变，以揭示课堂教学过程的复杂性与动态性。

3.1 语音教学活动系统

本文对以师范英语专业本科一年级的语音课程为聚焦的活动系统进行分析（见图 2），系统的主体为学生；系统的客体处于不断的动态变化中，教师进行课程设计时预设的客体为学生掌握语音、语调及其他语流特征的陈述性及程序性知识，主体在活动过程中实际构建的客体将在下文作进一步的讨论；教学活动的媒介工具包括课本、音频视频材料、课堂活动、课后作业、语音助教辅导活动等，并在教学过程中不断地得到修正、补充和发展；该活动系统的共同体由学生、教师、语音助教等组成；规则包括学校对课堂教学所制定的规章制度，以及语音课堂在教学过程中形成的一些特有的常规，例如任课教师对课堂活动与进程、考核内容与方法、作业要求等所做的规定等；分工情况主要包括教学计划的设定、教学材料的准备、课堂活动的设计等工作，均由教师承担，教师对教学内容、教学进度、考核安排等均具有决定权，学生则可以自行选择课外补充练习，总体而言，在分工中学生处于较为被动的地位，仅拥有少量课堂活动进程的决策参与权，但在整个活动过程中，活动系统的规则与分工并非始终一成不变，它们仍可能处于动态变化中。下文将主要围绕活动客体的演变过程展开讨论。

3.2 活动客体的演变

活动系统的客体从定义而言，在活动初期是部分既定、部分预期的，主体对客体的认识趋于笼统、模糊。在本（语音教学）活动系统中，教师预设的客体为学生掌握语音、语调及其他语流特征的陈述性及程序性知识，即教师希望学生（作为英语专业师范生）不仅自己能够准确发音、熟练运用朗读技巧，而且能够解释如何正确发音、如何运用朗读技巧，并且能够指出并纠正他人的语音语调等朗读问题。学生自行预设的客体多为改善发音、提高口语能力，从而给别人留下更好的第一印象等。其中，大多数学生不清楚自己的发音存在什么问题，也不了解具体有哪些朗读技巧；参与研究的四个批次（自 2007 年至今）共约 260 余名学生中只有一两个学生提到学习语音的目的之一是为了将来更好地教学。由此可见，学生对于自己在语音教学活动中所指向的客体的认识非常笼统，学生不仅对自行预设的客体的定义很宽泛，而且对教师预设的客体也没有非常清晰的认识。而这也正体现了活动系统客体的特点，即流动性和不确定性，只有随着活动的展开，主体对客体的认识和把握才会越来越清晰，越来越具体，在活动过程中演变和进化是活动客体特有的性质。

下面以两个课堂片断为例简要说明客体的动态构建。

（T：教师，F1：该片断中的女生 1，M1：该片断中的男生 1，以此类推，L1：第一行，L2：第二行，以此类推，括号内为注释）

片断 1：

L1 T: Nasal consonants. The nasals. Right，I'll ask one of you to read all three. Read all three of them. 三个都读一下。（等待 3s）*M1。The three nasal consonants.* 三个鼻音，鼻辅音。*Try to distinguish between them. Ok? The first one?*

L2 M1: /m/，/ȵ/，/ŋ/.

L3 T: 加了一个什么音啊，加了一个/ȵ/音吗？

L4 M1: 没有。

L5 T: Try again.

L6 M1: /mən/.

L7 T: /mən/你是加了个/ən/，加了/ə/和/n/这两个音。好，不要加元音，再试试看。*The first one?*

L8 M1: /m/.

L9 T: Yes，good. The second one?

L10 M1: /m/，/m/.

L11T: 第二个，第二个好像不是很对。Try again.

L12 M1: /m/.

L13 T: 那第三个呢？

L14 M1: /m/.（笑）。

L15 T:（笑）。Now the first one，correct. No problem. The second and the third，how to ... What's the difference between them? 第二个和第三个我没听出来区别嘛。

L16 M1: To tell you the truth，I have a problem with all three.

L17 T: You read the first one，and first three words. 把第一个读一下，然后第一个的前三个例子读一下。

L18 M1: /m/，mine，summer，sum.

L19 T: Ok，good. And the second one? 发一下，然后体会一下你是，呃……发音的器官，口腔里面，主要是舌头，比如说舌头啊，嘴唇啊，有什么样的特点。第二个，the second one.

L20 M1: /m/，nine，sin，sinner，sun

L21 T: 好，我感觉你的舌头好像有点不对，你舌头放在哪儿？第二个音？

L22 M1: Close to my ... 上齿龈，硬腭，上面。

L23 T: 好，那你再发一下。

L24 M1: /m/.

L25 T: 那你双唇呢？双唇不能闭拢哦。所以有时候听上去跟第一个稍微有一点像。好，舌头是放在上……舌尖抵着上齿，舌尖抵着上齿，然后呢开口。

L26 M1: /n/.

L27 T: 好，/n/，这样就对了，/n/。好，第一个单词再读一下，the first word.

L28 M1: /n/.

L29 T: N-I-N-E.

L30 M1: /nαɪ/.

L31 T: /nαɪ/，后面这个/n/呢？//nαɪn/.

L32 M1: /nαɪn/.

L33 T: 对，到词尾，你就没发咯，这个音有点弱。/nαɪn/.

L34 M1: /nαɪn/.

L35 T: （笑），鼻音一定是很清楚，鼻音也可以拖长，鼻音可以拖得比较长。第三个词再读一下，S-U-N.

L36 M1: /s a: n/.

L37 T: /sʌn/.

L38 M1: /sʌn/.

L39 T: 这个元音是短音哦，ok，short vowel，/sʌn/.

L40 M1: /sʌn/.

L41 T: 好，舌尖一定要抵到上齿哦，上齿龈。The third one.

L42 M1: 是不是这样啊，/n/（笑）。

L43 T: 好，你的舌头位置有没有变呢？

L44 M1: 没有。

L45 T: 没有变就不对了哦（笑）。

L46 M1: （笑）。

L47 T: 这个音我们称为后鼻音，后鼻音。我们发这个/n/，前面一个 n，/n/这个音的时候，你感觉是鼻子，好像鼻尖这部分，鼻腔的前部在振动，/n/，/n/. 你再发这个，第三个音的时候你要感觉你的鼻腔后部，比较靠近舌后这个地方在动，/ŋ/，/ŋ/.

L48 M1: /ŋ/.

L49 T: 舌头要落下来，舌头不能再放在上面了，舌头落下来。/ŋ/.

L50 M1: /ŋ/.

L51 T: /ŋ/. 然后感觉舌后有点往上抬的，就是舌头往后缩一点，不要再碰到牙齿。/ŋ/.（省略）

L52 T: Ok, good. Thank you. So, clear? ...No? Who said no? 是
F1 吗？

L53 F1: Yeah.

L54 T: What's your problem?

L55 F1: 也许是因为我们乡音的缘故。

L56 T: 哦，哪一个音？

L57 F1: 就那个第二和第三个。

上述片断 1 节选自新生入学后不久的一节语音课，教师开学初几次课的教学计划为将英语中的 44 个音素的正确发音与发音要领系统简要地介绍一遍，以学生展示发音、体会发音部位并尝试解释发音要领，教师评价和学生互评等相结合的方式纠正发音，明确发音要领。通过这样一个过程，使教师初步掌握学生的弱点，也使学生明确自己现存的发音问题，以及正确的发音方法和规则，从而为教师确定下阶段的教学重点指明方向，并为学生订立每周目标提供依据。教师预设的该阶段的活动客体为音素的正确发音、发音要领以及学生的发音错误，而具体的每个音素的发音要领以什么方式呈现，每个音素用多长时间操练，尤其是学生发音错误的形式和性质等则无法预设，只能在教学活动过程中逐步呈现，动态生成。

所节选的片断 1 为鼻辅音部分，M1 为教师任意指定的一名男生，M1 在朗读中呈现出来的鼻音问题主要包括：M1 将/m/和/n/混淆在一起（见片断 1LL8, 10），具体表现为两个音发音时均双唇闭拢；同时，M1 也无法正确区分/n/和/N/，将两个音均发成/n/（片断 1LL42-46）；音节末的鼻音/n/太弱（片断 1LL29-34）等。因此，片断 1 中的课堂内容围绕着 M1 的问题展开，教师的讲课重点也随着 M1 呈现出的问题而转移。由于开学不到一个月的时

间，教师对学生的语音基础了解不够全面，挑选点名回答的学生时随机性较大，学生语音问题的呈现也带有一定的随机性，当然即使教师对学生比较了解后，学生发言中会出现什么样的语音问题仍然在很大程度上无法确定。基于语音课对发音准确性的要求，教师势必对学生的语音问题进行分析与纠正，从而使得每次课堂活动所构建的客体的具体形态总是在教师预设客体的基础上随着学生呈现的语音问题的变化进行实时调整。对于不愿主动在课堂上朗读的学生而言，每次课堂活动中基本上是被动地跟着教师的思路以及其他同学的问题走。例如上述片断 1 中的 M1 若没有被教师点名，则其众多的鼻音问题无法如此集中地被发现并得到纠正，部分问题可能因没有合适的机会展示而被他忽略；没有被点到发言的学生则无法得到教师针对自身特有的鼻音问题的指导，只能参照 M1 的问题自我检查并更正发音。而自身主动性较强的学生则往往可以有计划地将课堂活动重点引向自己的语音问题，如以下课堂片断 2 所示：

片段 2：

L1　T: Let's deal with task 1，task 1. We'll distinguish between…We'll divide them into two pairs: /i:/ and /i/，/e/ and /æ/. We distinguish between /i:/ and /i/，/e/ and /æ/. Anyone would like to read the exercise for /i:/ and /i/. (8s) Compare these two sounds.（等待 5s）*Anyone? F1（volunteer）. Yes，go ahead. You read the sounds first，ok. Two sounds. And then pairs of words. Go ahead.*

L2　F1: 怎么读啊？

L3　T: 就是两个音先读一下，然后词是一对一对地读，一组一组地读。两个两个读，green grin. The sounds first. 音标先读。

L4　F1: /i:/ /i/，/gəri:n/，/gərin/，/feit/，/feit/，bead，bid，cheek，chick，/reizn/，/reiz/，deep，dip，meal，mill，/eitʃ/，itch.

L5　T: Ok. Good. What do you think of your reading?

L6 F1: 有点紧张。

L7 T: All right. That's ok. About the two sounds，这两个音你自己觉得读得怎么样？

L8 F1: 也许单独读音标还可以，放到那个单词中就有点混淆。

L9 T: Yes，exactly. 你这两个音放在单词里面有点混在一起，关键呢是你/i:/放到单词里面开口就变大了，比如说你再发一下 *deep* 这个词。

L10 F1: /dip/.

*L11 T: /dip/，/i/，*有点/i/这样的音。*/i:/ deep*，应该是/di:p/.

L12 F1: /di:p/，/di:p/

L13 T: 对了，这样就区分开了（省略）。*Ok，so /i:/，when you pronounce /i:/, the opening，you should open your mouth very narrowly.* 上下齿几乎是合在一起的了。*And another problem*，*how do you pronounce /gr/ together? G-R-E-E-N* 这里的/gr/这个字母组合，辅音群应该怎么来读？

L14 F1: /gəri:n/.

*L15 T: /g/*和/r/分得太开了一点，不是/gəri:n/，是/gri:n/。/g/和/r/放在一起的时候呢，/g/本来是口型扁的，是吧。但是/r/，发这个/r/的时候是收圆的。那么我们在发/g/的时候呢就要先把嘴巴收回来了。不是发成/g/而是/g/[开口收小]，/gri:n/.

L16 F1: /gəri:n/.（省略）

*L17 T: /g/*和/r/几乎要，中间要听不出来有这个停顿，不可以停哦。不是/g/发好了再发/r/，是/gri:n/.

L18 F1: /gri:n/，/gri:n/.

L19 T: Yes，very good.

L20 F1: Thank you.

L21 T: /gri:n/，/grin/. Right. 好。这个辅音群呢也经常会有同

学会有问题，/g/和/r/中间呢就停了太久了，甚至听上去有一个/ə/音在里面，/gə/发好了再发/i:n/。Ok, anyone else would like to read this exercise?

上述片断 2 中 F1 主动要求朗读，于是将片断 2 中课堂活动的焦点引向自己在/i:/和/i/这对音素上存在的问题。F1 在课堂中比较活跃，经常主动要求朗读，并时常提出自己的疑惑（片断 1 中的 F1 即片断 2 中的 F1）。她在片断 2 中的朗读也是有计划有目的的行为，因为她对自己前元音/i:/和/i/的发音问题有比较清楚的认识（见片断 2L8），当她发现课堂上有当众朗读的机会，便立即要求朗读，从而得到教师有针对性的、个性化的指导（片断 2LL9-13）。F1 出现的问题具有一定的普遍性，有类似问题的学生同样可以得益，然而受益最大的依然是 F1，因为不同学生的语音问题难免会存在一些细微的差异，而谁发言谁就主导了课堂活动的焦点，因此也就成了最大的受益者。

除了有计划地展示自己在一对前元音中的问题，F1 在朗读过程中还无意间暴露出词首辅音连缀的错误，从而使得课堂活动的焦点暂时从前元音转移到词首辅音群/gr/（见片断 2LL13-23）。鉴于/gr/是历届学生中较为普遍的一个问题，因此教师对其发音要领作了简要的解释，希望学生在系统介绍辅音群前对较容易出错的辅音群先有个认识，并引起学生对辅音群的重视。而这个插曲出现则完全出于偶然，若 F1 没有主动要求朗读，抑或 F1 读的练习中没有出现/gr/辅音群，则教师不会有机会解释词首辅音群/gr/的发音要领，而学生也失去了一次了解并练习词首辅音群/gr/的机会。上述片断 2 清楚地展示了学生有意识以及无意识地参与课堂活动客体构建的过程，充分说明了活动客体的动态性和不确定性，以及主体主动性在客体构建中的重要作用。

3.3 小结

活动过程中客体的构建和演变会受到多方面因素的影响。首

先，主体中的个体差异对客体有着决定性的影响。例如，每次课
程初期，教师均会启发学生对所有的英语音素进行逐一的发音要
领解释与发音示范，一来帮助学生概括每个音素的发音要领，二
来给学生提供一个自查的机会，发现自己的发音问题，为下阶段
的教学活动确定重点。这一环节中学生表现各异，有的学生主动
要求示范朗读，展示自己的问题，从而将课堂活动的焦点指向自
己（有意或无意间）设定的客体；有的学生在示范朗读过程中不
经意地暴露出了其他问题（例如读元音练习时出现了鼻音/n/与舌
侧音/l/混淆的情况），这样就在无意间补充了活动客体的内容；有
的学生习惯在课后找机会向教师求证发音的准确性，从而确定是
否将某个音作为今后练习的重点；有的学生在课后仍仅关注自己
的发音；有的学生则将解释发音要领也作为学习的对象（即客体）；
还有的学生渐渐学会分辨自己的发音或者同学的发音是否有问
题，有什么样的问题。同在语音课程活动系统中，每个学生因各
自的语音基础、学习能力、主观能动性、学习动力、学习目标的
差异，在课堂内外为各自设定的目标而努力，也就是说学生们各
自构建着不同的活动子客体，子客体在活动系统中相互作用（或
相辅相成、或相互竞争有限的资源），共同左右着客体的演变的方
向。

　　其次，教师对其预设的活动客体在活动进程中会因学生的不
同表现与反应而进行实时的调整与变更，从而使得客体在不停的
演变中发展。例如，学生在做元音练习时出现辅音错误（如/n/与
/l/的混淆），教师会及时补充辅音发音的要领；学生的元音发音（如
后元音/ɑ:/）出现英式发音与美式发音混淆的情况，教师会补充
某些元音在两个语音体系中的区别；当学生出现较多重音、语调、
停顿等问题时，教师会有针对性地增加相关内容的讲解与操练。
因此，尽管教师预设的语音教学活动系统客体大致相同，不同批
次的学生，或者同一批次不同班级的学生所在活动系统的客体也

会演变出各不相同的最终形态。

四、结论与启示

　　本文运用活动理论框架分析语音课堂教学活动，着重讨论了活动系统客体的构建与演变，通过活动客体特性以及客体构建过程的分析，揭示了不同学生个体之间学习效果不同的成因—主体中不同学生个体差异导致了个体活动目标与实现目标的方式与途径的差异，从而造成学生每周语音学习目标及对语音学习的总体预期、学生投入语音学习的时间与付出的努力、学生课堂参与度与学习目标的明确性等各方面的不同，进而造成学习效果的差异。上述差异还导致不同个体之间为争夺有限的课堂资源势必产生冲突，同时也存在协作，从而使得活动系统的客体在活动进程中一直处于动态变化中，其具体形态在各个个体目标之间的冲突与协作，及个体目标与教师预设客体之间的相互作用中逐渐成型。

　　本文分析也给课堂教学与研究带来若干启示。首先，客体的特性与客体构建的过程充分体现了课堂教学是主体（subject）和共同体（community）（见图 2 活动系统模型）的共同作用的产物，课堂活动的构建（即教师教学目标和学生个体的学习目标的实现）并非由教师单方面来主导，而是师生双方互动协调的过程，其中学生的主体意识和主观能动性更是构建符合本班级学生特点的教学活动的关键所在。由此引出了第二个方面的启示：要提高课堂教学的效果，尤其是要使课堂教学最大程度上服务于班级中大多数学生，则首先要激发学生的主体意识和主观能动性，要使他们意识到只有积极主动地参与到课堂活动中（即教学客体的构建中），才能使得课堂活动的客体与个人的学习目标达到最大程度上的吻合，从而使得学习达到最佳效果。教师的任务是使学生在客体构建中无意识的参与变为有计划、有目的的参与。而如何提高学生的主体意识和参与课堂活动的主动性，则涉及活动系统中媒介工具的作用，由于篇幅限制，笔者将另撰文讨论。再次，活动系统模型以图示（图 2）的方式清楚地展示了课堂教学活动中涉及的各个要素，以及各要素之间可能的冲突与矛盾关系，使得原本纷繁复杂的课堂活动变得清晰有序，便于教师和研究者全面地、有条理地分析影响活动进程和活动结果的可能因素。最后，活动系统模型不仅可以用于课堂教学活动的研究，还可以广泛地适用于分析语言教学的其他相关活动，如课程改革活动，教材设计与开发活动、测试与评估活动等；在分析研究中既可以关注活动的整个进程，也可以就活动系统的某个方面进行深入的探讨。本文意在抛砖引玉，希望有更多的国内学者对活动理论进行运用和探索，从而推动该理论的进一步发展。

参考文献

[1]Blackler，F.，Crump，N.，& McDonald，S. Organizational Learning and Organizational Forgetting: Lessons from a High Technology Company [A]. In M. Easterby-Smith，J. Burgoyne & L. Araujo（Eds.），*Organizational Learning and the Learning Organization* [C]. London: Sage，1999.

[2]Engeström，Y. Activity Theory and Individual and Social Transformation [A]. In Y. Engeström，R. Miettinen & R. Punamäki（Eds.），*Perspectives on Activity Theory* [C]. Cambridge: Cambridge University Press，1999.

[3]吕巾娇，刘美凤，史力范. 活动理论的发展脉络与应用探析[J]. 现代教育技术，2007，17（1）:8-11.

[4]Vygotsky，L. S. *Mind in Society* [M]. Cambridge: Harvard University Press，1978.

[5]Wu，Z. Teachers'"Knowledge" and Curriculum Change: a Critical Study of Teachers' Exploratory Discourse in a Chinese

University [D]. Lancaster University，2002.

[6]Engeström，Y. Objects，contradictions and collaboration in medical cognition: an activity-theoretical perspective [J]. *Artificial Intelligence in Medicine*，1995，7（5）: 395-412.

[7]Blackler，F. " Object " in Activity System，personal communication [Z]. 2003.

The concept of "object" in activity theory and its application in classroom research

Cheng Xiao

Abstract: Activity Theory（AT）has its philosophical roots in classical German philosophy，in the works of Marx and Engels，and in the Soviet Russian cultural-historical school of psychology（Engeström 1999）. AT and the Activity System （AS） model developed by Engeström are widely used in a variety of areas in social sciences. In this paper，the AS model，the concept of "object" in particular，will be adopted to a classroom research on a phonetics course at a normal university in China to explore the complexity and dynamics of the teaching activity and outcome.

Key Words: Activity Theory; activity system; object; phonetics course; English teacher education

基础德语精读课程教学创新实践
——项目教学作为第二课堂

摘　要：传统的外语教学方法通常的做法是老师先讲解或介绍课文内容、背景知识，然后解释语法和词汇。而项目教学改变了以往以教师为中心的传统教学模式，充分调动学生积极性和参与性，培养学生的实践能力和创新能力，在班级中营造轻松愉快的教学环境，建立一种良性的生生互动、师生互动关系。项目教学作为第二课堂来补充、丰富和完善课堂教学。在项目教学过程中必须有一个非常明确的教学目的；其次，师生合作互动贯穿于整个教学过程。本文主要介绍了德语基础教学中实施项目教学的实践方法、意义和目的。

关键词：项目教学；自主学习；生生、师生互动

一、"项目教学"作为第二课堂

"项目教学"（Projektunterricht）作为第二课堂来补充、丰富、完善课堂教学。近几年来，在外语教学中，特别在德国被视为外语教学改革中的一个比较成功的尝试，实践也证明它是有效的教学方法之一。

在高等学校德语专业德语本科教学大纲关于教学方法与教学手段这一章节中指出：重视互动式的授课方法。应改变过去单纯

以教师为中心的教学模式，探索教师与学生在课堂上互动的授课方法。坚持以学生为主体、教师为主导的教学方法。注重培养学生的自主学习能力、发现问题和独立解决问题的能力、创新能力和进行科学研究的能力……在教学中应多采用启发式、讨论式、研究式的方法，多开展以任务为中心的、形式多样的教学活动，以促进以上四种能力的培养。注重向学生传授使用各种工具和利用网络检索信息资料的方法。（德语专业德语本科教学大纲，2006：15）

"项目教学"虽然是由师生共同制定计划并照计划实施的，但它首先应该由学生运用自己所具备的语言知识去实施；教师是学生在计划实施过程中的帮助者和指导者。笔者向外语学院光华教学基金申报教学改革项目并获得批准。2009 年秋至 2011 年秋笔者根据高等学校德语专业德语本科教学大纲的要求试图在 2008级德语班德语精读课程实施教学创新实践活动——项目教学活动，也就是说，师生共同一起完成一项教学任务。

"项目教学"旨在改变传统外语教学模式，将以往以教师为中心的课堂教学模式变为以学生为中心的教学模式，并重视在实践教学中培养学生的实践能力和创新能力。2009 年 9 月我们初次使用《当代大学德语》，此教材分别被国家教育部和北京市选入"普通高等教育'十五'国家级规划教材"及"北京市精品教材"之列。德语精读课程教学中的一个重大改革，就是要求全班学生在一年中共同完成一个项目（或一个任务），即：让学生结合此套新教材撰写专题《小论文报告》。师生共同承担一个项目（或一个任务），通过完成一个项目来实现交流与学习。完成交流和学习的任务必然需要语言活动，并要发挥交流与学习主体的交际能力，但又不仅仅是语言方面的，因为这些任务需要语言的使用者和学习者运用策略。完成这些任务需要通过语言活动，所以说完成这些任务就是通过语言输出、语言输入、互动和语言中介处理口笔语文体。（刘骏，2008：15）在做项目过程中，学生从被动到主动创作，教师从以前单纯传授知识的角色中走出来，同时成为学生的帮助者。教师注重培养学生自己动手、动脑和互相协助等各方面的综合能力，重视在教学中放手让学生动手并激发他们的创新能力，创造以学生为中心的课堂教学模式。在做项目的过程中，班级中逐步建立了一种良性的师生互动关系，并在课堂和课外形成了一种良好的学习氛围。

二、实施项目教学的具体步骤

　　华东师范大学德语专业的学生一般都是以高分入学的，但是他们在进入专业学习之前没有任何德语语言知识。我们以本科2008级学生为对象，在基础德语精读课程中开展的项目教学是：在教师的指导下由学生结合新教材的题材撰写专题小论文报告。

　　小论文报告的流程：自行选题 – 收集资料 – 论文撰写 – 小组讨论 – 教师指导、语言校对 – 各小组在班上以 PPT 的形式展示专题报告 – 全班讨论报告内容 – 论文修改 – 教师指导与语言校对 – 最后由学生再作修改、电脑排版、编辑论文报告集。

　　1．自行选题、分组阶段

　　由学生选择自己感兴趣或熟悉的题目，自由组成人数为3～6人的小组。每组设组长一名，负责本小组课外与课堂活动以及本组的小论文撰写、展示与编辑工作。

　　2．收集资料阶段

　　各小组按照分派的任务各自到图书馆、互联网上搜查、收集相关资料并对所有的资料进行整理、撰写专题小论文。在个人完成的基础上各组内部进行分析与讨论。

　　3．教师指导阶段

　　论文完成后以小组的形式交给老师。教师认真阅读每个小组的稿件并作语言上的校对，并提出修改意见。

4．作报告阶段（用 **PPT** 的形式展示各组的专题报告）

在这个阶段，以小组的形式，每个小组的学生在多媒体教室向全班同学作演讲。之后由同学向报告人提问，展开讨论。

5．再次修改阶段

演讲之后，各组对论文作补充与修改，之后交给指导老师进行语言上的修改。

6．电脑排版、编辑阶段

在各小组和教师再次修改之后，由一位学生进行汇总、校对、电脑排版、编辑论文集。最后，指导老师再次进行校对、批改、定稿，最终由学生校对、编辑打印成书。

2008 级共有学生 37 人，分成九组。论文报告由以下九个主题组成：

（1）德国文学

（2）德国电影

（3）德国电视、电视新闻、电视娱乐节目

（4）德国戏剧

（5）德国城市：柏林

（6）电脑的运用及其利弊

（7）青年问题

（8）气候变化、环境污染、环境保护

（9）星座

三、项目教学的现实意义

以下笔者以 2008 级德语班问卷调查结果分析为例探讨项目教学的现实意义。

项目教学改革活动改变了由教师一人独白的灌输式的传统教学形式，取而代之的是重视生生、师生互动的授课方法。"项目教学"活动可以更好地发挥学生的主体作用，极大地调动学生的积极性；同时培养学生的创新能力和进行科学研究的能力。朱嘉雯同学在小结中说："在收集资料的过程中，我们常常会发现许多有趣的内容。这些出乎意料的收获不断激发我们学习的兴趣……"这种教学模式能让学生发现自己的各种综合能力，因此大大激发了他们的学习兴趣。从以下的图表中可以看出学生十分喜爱这种教学模式。（参阅表 1、表 2、表 3、表 4）

表 1   你对这种教学模式的评价

	好 %	比较好 %	一般%
你觉得用这种教学形式来提高好吗？	71%	29%	
在项目教学活动中反映出的创新能力	48.4%	41.9%	9.7%
在项目教学活动中反映出的综合能力和表达能力	22.6%	67.7%	9.7%
对本次项目教学活动的总体评价	71%	29%	

表 2   你认为这样的教学模式有没有必要？

有必要 %	没有必要 %
96.8%	3.2%

表 3   你是否认为这种教学模式的学习会很浪费时间？

会 %	不会 %	无所谓 %
3.3%	77.4%	19.3%

表 4　你希望这种教学模式的学习再继续吗？

希望 %	不希望 %
100%	0%

　　在此项教学改革实践活动中，老师给学生提供了更多的发挥空间，着重培养学生的自主学习能力、发现问题和解决问题的能力。 这种教学模式使那些平时没有机会发言的学生得到了锻炼，增强了学生的自信；提高了团队合作的能力，加强了学生之间和师生之间的互相交流，融洽了学生之间和师生之间的关系。在良好的学习氛围中各小组成员从材料准备至 Präsentation（展示 PPT）过程中不仅在德语语言上得到了提高，特别是对大量德语材料的阅读、审核、筛选的能力有了很大的提高，学生们的德语综合能力也有了明显的提高。为了更好地做好 Präsentation，学生们积极主动地利用网上资源主动地获取信息和处理信息。同时学生们在做项目的过程中逐步感悟到什么样的学习方法更有效。从实践效果看，学生更喜欢自主学习以及学生之间开展专题讨论或进行辩论的方法。（参阅表 5、表 6、表 7、表 8）

表 5　每个星期都有一个 Präsentation 来展示我们专题报告。你认为这种
形式的学习活动对你的学习有所提高吗？

有很大的提高　%	有一定的提高　%
58%	42%

表 6　你觉得对你的提高在哪里？（可多选）

德语有所提高%	更多方面了解德国 %	学会搜索数据%	促进同学之间的交流 %
51%	87%	77.4%	77.4%

表 7　你的 Präsentation 资料是从哪里来的？（可多选）

网络%	课本%	其他书籍
100%	16.1	35.5%

表 8　你觉得除了这种形式的学习还可以有哪些？（可多选）

教师直接授课 %	老师给学生做 Präsentation	同学们相互讨论与辩论 %
0%	32%	90%

　　学生的 Präsentation 的专题报告内容丰富多彩，涉及电影、电视、戏剧、文学、教育环保等方面。在整个教学活动中学生投入大量的时间与精力，小组每个成员对自己所承担的任务极其认真负责，从网站、贴吧、论坛、专业网站、维基百科，德语的、英语的、中文的，只要与之相关的就会点击进去看看。他们大量地阅读，有的泛读，有的精读，从中找出适合的文字资料。在整个活动过程中大大激发了学生的求知欲望，拓宽了学生们各方面的知识面。（参阅表 9、表 10）

表 9　你在本次 Präsentation 上花了多少时间？

3 天 %	一周 %	半个月 %
13%	51.6%	35.4%

表 10　你希望涉及的内容有哪些方面？（可多选）

社会现象%	科技%	风俗习惯 %	历史%	文学电影%	饮食习惯%	体育竞技%
87%	54%	87%	58%	83.8%	24.1%	80.6%

　　学生们极其推崇以学生为主体的教学模式，因此在活动的过程中，他们以极大的兴趣、认真的态度去完成每一项任务，同时

他们还很期待同学的积极参与讨论以及专业教师的共同参与和指导。（参阅表 11）

表 11　你认为有什么需要改善的吗？　（可多选）

学生应该更认真准备%	老师也应该参与%	希望其他教师参与%	学生应该更积极提问
6.4%	16%	61%	61%

"一个积极的、没有压抑的自我形象将有助于完成交际任务。学习者进行交际时，应该有这样的信心，才能完成任务……如果学习者积极参与执行任务，成功完成任务的可能性就大。由任务激发而生的兴趣，或者是因为所要执行的任务与学习者的实际需要密切相关……所有这些都会激起学习者完成任务的高度热情，促使他更积极地投入其中……"（刘骏，2008：153）2008 级德语班是我从事教学以来人数最多的一个班级，由于开展了"项目教学"活动弥补了大班教学的不足之处，反而使人感觉人多人气旺。在一年的教学活动中丰富了学生的业余生活，学生学会了科学合理地安排课余时间，班级中形成了你追我赶的良好学习氛围。颜妍在小组总结中说："这样的活动可以从中互相交流，拓宽我们的知识面，也看得出来大家每周二在四教 207 教师的第 3、4 节课（学生展示 Präsentation 及之后的讨论）很开心，大家通过这次活动更加团结。"

"项目教学"被学生称为德语专业一个特色学习方法。在整个项目教学的实施过程中，教师是帮助者，更是"导演"，要"导演"好每个教学步骤，尽可能采用多种教学方法激发学生的学习兴趣，提高学生的自主能力。而制作小论文报告整个过程中采用的教学模式汇集了各种不同的教学方法。如：Einzelarbeit（单人独立工作），Gruppenarbeit（小组活动），Vortragen（作报告）和 Seminar

（课堂讨论）。这种模式的教学活动能培养学生独立收集资料、整理资料、运用电脑及网络资源的能力，同时也为今后大四写毕业论文打下良好的基础。通过上台演讲，可锻炼学生的演讲能力和胆量。由于自选论文题目，学生们学到了一种自主的学习方式，而不是被动地接受知识，从而激发了学生的学习热情，提高了他们学习德语的兴趣和信心。在整个教学过程中，学生们发展了自己的综合能力，尤其是运用语言的交际能力和运用所掌握的各种知识选择完成项目所需要的恰当策略的能力。学生们深深体会到："项目教学活动加强了团队合作、提高了自主学习能力与自信心，在这个过程中学生发现了自己的其他各种能力，如：解读能力、使用网络文本等高科技搜索各种信息的能力、归纳能力、解决问题的能力以及演讲和辩论的能力。"

"项目教学"改革过程中，在很大程度上拓宽了教师教学研究的发展空间，同时也对教师提出了更高的要求，要求教师在教学过程中认真学习国内外先进的教学理论，吸收消化并不断反思自己在课程进程中的理念和行为；根据学生的学习情况，随时调整教学方案和改变教学方法，分析存在的问题并及时加以修正，不断总结教学实践经验；经常思考基础教学中存在的问题，以及分析这些问题，思考如何去解决这些问题，如何来不断提高基础教学质量。在教学过程中，教师应有意识地阅读大量有关材料和文章，研究他人的教学方法，总结自己多年来的教学经验，形成自己有效的教学方法，结合教学撰写教学研究论文。这非常有利于教学质量与教学效果的提高，对教师自身素质和能力的培养也会起到促进作用。

四、结束语

教师是学校课程的主体，作为课程设计者，应该特别关注学生的兴趣与需要。在项目教学实施过程中，我们把课堂延伸到课外，再从课外到课内，教师设法创造机会让学生在课堂上充分表现。在这种课堂外 — 课堂内的转换过程中，学生经历了一个学习 — 实践 — 提高的上升过程，大大提高了他们的德语素质和自主学习能力。"项目教学"为学生学习知识、发展潜能提供了实践机会和空间。

学生为做项目投入了大量的时间与精力，但这项教学活动带动了德语精读课教学，学生的成绩有了明显的提高。在全国德语专业四级测试中，2008 级学生取得良好的成绩，这无疑与基础德语精读课程改革实践项目是分不开的。

在基础德语精读课程中作"项目教学"的尝试，只是一个良好的开端。通过"项目教学"，学生不仅可获取大量的、在课堂上无法了解的有关德国文学、电影、电视、戏剧、城市、文化、经济、体育、饮食、风俗习惯等方面的信息，而且在实践过程中培养了学生的自主意识、独立工作能力和团结协助精神。学生们在合作中互相学习、互相促进、共同发展。

同时，在"项目教学"作为第二课堂的整个实践过程中也反映出学生的创新、组织和动手能力。"项目教学"有助于培养学生的综合能力，这也是新世纪对人才培养所提出的基本要求。要培养高质量的合格人才，必须在知识、能力和素质上提出要求，使我们的学生不仅具有必要的专业知识、相关学科知识和科学文化知识，而且使他们具有获取知识、应用知识和创造知识的能力。因此，笔者认为，在复杂的德语教学过程中，每个外语教师应该一边教学、一边研究。不仅要学习别人的教学研究结果，而且应该思考：何种学习能力可以帮助或鼓励学生学习？应该创造什么条件使学生逐步实现自主学习？在教学过程中注重积累自己的教学经验，注重学习先进的教学理念和教学方法，逐步形成自己的有效的教学思想和风格。

参考文献：

［1］教育部高等学校外语专业教学指导委员会德语组. 高等学校德语专业德语本科教学大纲. 上海：上海外语教育出版社，2006.

［2］桂诗春. 语言学方法论. 北京：外语教学与研究出版社，2008.

［3］欧洲理事会文化合作教育委员会编. 刘骏译. 欧洲语言共同参考框架：学习、教学、评估. 北京：外语学与研究出版社，2008.

［4］Hilbert Meyer. Was ist gutter Unterricht. Berlin:Cornerlsen Verlag Scriptor Gmbh＆Co.KG，2004.

［5］Peter Bimmel，Ute Rampillon. Berlin und München: Lernerautonomie undLernstrategie. Langenscheidt，2000.

［6］Gerhard Neuner，Mehtoden des fremdsprachlichen Deutschunterichts. Berlin und München:Langenscheidt，1997

附录：　学生调查问卷

德语精读课程项目教学调查　（德语 2008 级学生）

1. 每个星期都会有一个 Präsentation 来展示我们所学的知识，你认为这种教学模式对你的学习有所提高吗？

A. 有很大的提高

B. 在一定程度上有所提高

C. 只有一点点提高

D. 毫无帮助

2. 你觉得对你的提高在哪里？（可多选）

A. 让我的德语水平有所提高

B. 让我得到更多信息，更多方面了解德国

C. 让我学会了通过不同的途径查询我想要的数据

D. 由于是小组形式，让我学会与其他同学交流处事

E. 我得不到提高

F. 其他_____

3. 你花在 Präsentation 的上时间为：

A. 3 天内

B. 1 周

C. 半个月

D. 1 个月甚至更长

4. 你认为有什么需要改善的吗？

A. 学生应该更认真准备

B. 老师也应该参与

C. 除了黄老师以外，其他老师如果有时间也可以加入

D. 同学们应该更多提问，更活跃

E. 其他_____

5. 你觉得除了这种形式的学习，还可以有哪些？（可多选）

A. 直接老师授课，不要弄这些

B. 由老师来给同学作 Präsentation

C. 以讨论形式，例如同学们相互辩论

D. 其他_____

6. 你是否认为这种形式的学习会很浪费时间？

A. 会，原本的学习压力就很重，毫无时间完成此任务

B. 不会，这种形式的学习使我对德语更感兴趣，我很喜欢

C. 无所谓

7. 你希望这种形式的学习再继续吗？

A. 希望

B. 不希望

8. 你希望涉及的内容有哪些方面？（可多选）

A. 社会现象

B. 科技

C. 风俗民情

D. 历史

E. 文学作品、电影、戏剧

F. 饮食习惯

G. 体育竞技

H. 其他＿＿＿＿＿＿＿＿＿＿＿＿＿＿＿＿＿＿＿＿

9. 你觉得用这种形式来提高好吗？

A. 好

B. 比较好

C. 不好

D. 很难说

10. 若有不足之处，你觉得应该在哪里改进？（可多选）

A. 减少次数

B. 增加次数

C. 减少时间

D. 增加时间

E. 主题更丰富

F. 本次活动题目是各个小组自选的。项目教学活动题目不一定要结合教材选题

G. 小组人数增加

H. 小组人数减少

I. 其他＿＿＿＿＿＿＿＿＿＿＿＿＿＿＿＿＿＿＿＿

11. 你的 Präsentation 资料是从哪里来的？ （可多选）

A. 网络

B. 课本

C. 其他书籍

D. 询问老师

F. 其他_____

12. 这种教学模式对你最大的帮助是什么？

你有何建议：_____

_____

_____

13. 你认为这样的教学模式有没有必要？

A. 有必要

B. 没有必要

C. 无看法

14. 各小组在报告中反映出的创新能力：

A. 好

B. 较好

C. 一般

D. 较差

15. 各小组在报告中反映出的综合能力和表达能力：

A. 好

B. 较好

C. 一般

D. 较差

16. 对本项目总体评价：

A. 好

B. 较好

C. 一般

D. 较差

Supplementary project-based teaching
in German foundation courses

Huang Hui-fang

Abstract: Traditional method on teaching foreign language consists of an initial introduction of the text content and background information by the teacher, followed by further explanation of grammar and vocabulary. On the contrary, the method of project-based teaching is not teacher-centered. It creates a relaxing learning environment. Students are able to take initiatives and develop creativity. Interaction between students and teacher and among students themselves is strengthened. Project-based teaching requires establishing a clear objective and corporation between students and teacher throughout the process. The paper introduces the method of project-based teaching in teaching basic German language and reveals the objective of such method.

Key Words: project-based teaching; self-motivated studying; student-student and student-teacher interaction

主位推进模式对大专生英语描写文写作连贯性影响的实证研究

安 琪

摘　要：本文将主位推进模式引入大专生英语描写文写作的教学中，尝试采用定量分析和定性分析相结合的双维研究模式，对 39 名非英语专业专科大一学生在实验前后对英语描写文写作的连贯性及作文总体水平进行评估分析。实验借助统计软件 SPSS 11.5 将所得数据进行了描述统计、独立样本 T 检验及相关分析。在此定量分析的基础上，又进行了定性分析——样本分析和问卷分析。结果显示：学习了主位推进模式后，被试学生英语描写文写作的连贯性得分及作文总分均得到了显著提高。

关键词：主位推进模式；英语写作；描写文；定量研究；定性研究

一、引言

关于主位、述位的研究，自 1844 年 Henri Weil（Weil，1978）开始，许多语言学家，尤其是布拉格学派（Prague School）都在这一领域做了大量的研究。

"主位、述位理论描述的就是在句子或语段之中作者或说话人意欲突出不同的信息或赋予重要性时的一种信息安排考虑。主位（theme）是一个形式范畴，指句子或小句最靠左及开头的成分，句子就是围绕这个成分组织起来的，它同时也是作者要突出的成分。跟在主位后面的所有成分被称为述位（rheme）。"（刘辰诞，1999）主位推进模式包括平行型、延续型、集中型、交叉型、并列型、派生型等（黄国文，1988）。

　　主位结构及主位推进模式的出现为语言研究，尤其是为篇章研究开启了一扇新的大门。一些语言教育学家也纷纷试图将主位结构和主位推进模式引入外语教学中。这些尝试在语篇分析及阅读理解中已初步取得了一定的成就，证实了其可行性（e.g. 李方；戈玲玲，2011；项兰，2002）。在此基础上，语言学家们又对主位推进模式及篇章的连贯性进行了研究，并推测对主位推进模式的教学可能会对提高英语写作的连贯性起到积极作用（王李霞，2011；陈明，2005；陈朝兰，2003）。但是到目前为止，还没有文献提到将主位推进模式运用到对大专生英语写作的教学中。笔者首次尝试将主位推进模式应用于大专生英语描写文写作的教学中，并自行设计了实验过程和教学内容，以期从实证角度对之前语言教学家们的理论推断予以验证。

二、实证研究

　　1. 研究意义及研究问题

　　本研究旨在解决以下两个问题：

　　1）从被试学生实验前后所得的英语作文总成绩（total score）和连贯性成绩（coherent score）分析主位推进模式的教学是否会对中国大专学生英语描写文写作的连贯性及作文总评成绩产生影响。

　　2）被试学生英语描写文写作的总成绩和连贯性成绩有什么关系。

　　2. 实验设计

　　本研究尝试采用定量分析和定性分析相结合的双维研究模

式,对 39 名非英语专业专科大一学生在实验前后英语描写文写作的连贯性及作文总体水平进行评估分析。实验前后学生共完成三篇作文（前两篇作文题目相同,第二篇是在学习过主位推进模式后对第一篇作文的修改稿,第三篇是实验后期给出的新的作文题）。实验结束后,借助统计软件 SPSS 11.5 将所得数据进行描述统计、独立样本 T 检验及相关分析。在此定量分析的基础上,再对一些随机抽取样本进行样本分析,以及对被试反馈问卷进行分析。

3. 实验对象

本研究的 39 名实验对象来自上海商学院非英语专业大专一年级大学英语 B 班（该校英语高考成绩排在前 20%的学生分入大学英语 A 班,后 20%的分入 C 班,中间的 60%分入 B 班）。这 39名学生入学成绩大部分在 90 分左右（150 分满分）,专业涉及计算机科学技术、网页广告设计、软件技术、经济代理、经济法律事务、工商管理以及社会工作。他们全部是上海人,教育背景相似,基本都是从小学三年级开始学习英语,即到实验前已经进行了大约 10 年的英语学习。

4. 调查工具

本研究使用了三次写作练习及试验后问卷调查。

所有作文样本均由三位大学英语教师（分别来自宁夏大学、上海交通大学、华东师范大学）按大学英语四级考试作文评分标准（总分以 15 分为满分）尽量客观评判。每篇作文打出两个分数,分别是作文所得总分（严格按照大英四级考试作文评判标准）和连贯性得分。特别设立连贯性得分是因为作文总分的构成要素较多,本研究尤其关注主位推进模式对学生作文连贯性的影响。对于连贯性评分标准的把握,本实验请各位评分老师主要基于韩理德（朱永生,严世清,2001）提出的三个标准,即篇章连贯、语域一致、主位结构和信息结构之间的相互关系;以及 John M.

Sinclair （赵永青，2002）于 1993 年在其 *Writing Discourse Structure* 中提出的"实现篇章连贯的四个重要的句子关系——囊括、预示、原词回应以及复释"来打分。

5．实验过程

本实验从 2010 年 3 月初开始到 2010 年 6 月底结束，历时 4 个月。实验开始前两周，我们请被试学生以"My Dorm"为题完成作文，收集后作为实验前数据；接下来十周，我们利用每次大学英语课抽出的一部分时间对学生进行集中的主位推进模式的介绍和练习。具体操作包括：

（1）概念介绍：依据大量实例，依次引入已知信息、未知信息、主位、述位等抽象概念；借用箭头图和大量实例介绍主位推进的各种常见模式，将其形象化。

（2）强化训练：

1）从句子入手，让学生从几组句子中选出他们认为可接在某句话后最连贯的句子。

2）分析句间的主位推进模式，然后逐渐进入段落分析和篇章分析。

3）设计一些游戏以调动学生的兴趣和积极性。例如：给每组一个题目，每人一句话完成作文，且整篇作文行文须集中体现某种主位推进模式。

4）通过学习一些表面连贯而内容完全离散的篇章，强调灵活使用主位推进模式的重要性。

在此之后，我们请被试学生自行修改实验前期完成的描写文"My Dorm"并提交修改稿。鉴于通常情况下，修改稿会优于原稿，因此在实验的最后两周，我们请被试学生再次完成一篇新的作文"Describe one of your teachers"，并于一周后提交。6 月底整个教学实验结束时，我们请被试学生填写问卷调查表。

三、数据分析及讨论

1. 定量研究

由于每篇作文的得分由三位教师评得，因此在数据分析前有必要先检验一下三位评分员所评分数的相关性，我们抽取了学生的第一次作文，使用 SPSS 11.5 中 Pearson formula 对三位教师的评分情况（包括作文总分和连贯性得分）进行了相关分析，如表1、表2 所示：

表 1 三位评分员对描写文 "My Dorm" 所评总分的相关分析

		T1	T2	T3
T1	Pearson Correlation	1	.898（**）	.845（**）
	Sig.（2-tailed）	.	.000	.000
	N	39	39	39
T2	Pearson Correlation	.898（**）	1	.859（**）
	Sig.（2-tailed）	.000	.	.000
	N	39	39	39
T3	Pearson Correlation	.845（**）	.859（**）	1
	Sig.（2-tailed）	.000	.000	.
	N	39	39	39

** Correlation is significant at the 0.01 level（2-tailed）.

T1:第一位评分员对此篇作文所评总分

T2:第二位评分员对此篇作文所评总分

T3:第三位评分员对此篇作文所评总分

表2　三位评分员对描写文"My Dorm"连贯性所评得分的相关分析

		C1	C2	C3
C1	Pearson Correlation	1	**.894（**）**	**.879（**）**
	Sig.（2-tailed）	.	.000	.000
	N	39	39	39
C2	Pearson Correlation	.894（**）	1	**.843（**）**
	Sig.（2-tailed）	.000	.	.000
	N	39	39	39
C3	Pearson Correlation	.879（**）	.843（**）	1
	Sig.（2-tailed）	.000	.000	.
	N	39	39	39

　**　Correlation is significant at the 0.01 level（2-tailed）.

　C1: 第一位评分员对此篇作文连贯性所评分数

　C2: 第二位评分员对此篇作文连贯性所评分数

　C3: 第三位评分员对此篇作文连贯性所评分数

　　结果显示，三位评分员对此篇作文的总分和连贯性得分上均在 0.01 水平上呈现了显著性（**），我们由此推断他们对被试的其他两篇作文的评分也是相关的。因此，我们计算出三位评分员所给分数的平均分作为最后分数，以便于后面的统计分析工作。我们使用 SPSS 11.5 从三个层面对所得数据进行统计分析：

　　1）使用描述统计（平均数和标准差）对被试学生在学习和使用主位推进模式前后英语描写文写作成绩的总体变化趋势进行分析；

　　2）使用配对样本 T 检验对被试学生在实验前后描写文写作所得总分及连贯性单项得分是否呈现显著差异进行检验；

　　3）对被试学生描写文写作所得总分和连贯性单项得分进行相关分析。

　　（1）　宏观研究

　　我们通过描述统计（平均数、标准差等），对被试学生描写文写作成绩进行分析。表 3 为描写文写作的描述统计数据：

表 3　描写文写作的描述统计数据

	N	Minimum	Maximum	Mean	Std. Deviation
DORM1T	39	6.00	11.00	9.1538	1.20391
DORM2T	39	7.00	13.00	10.6410	1.40464
TEACHERT	39	6.00	13.00	10.4359	1.75911
DORM1C	39	6.00	11.00	8.5385	1.23216
DORM2C	39	7.00	13.00	11.2308	1.44115
TEACHERC	39	9.00	13.00	11.2051	1.36072
Valid N（listwise）	39				

DORM1T: 实验前描写文"My Dorm"所得总分

DORM2T: 实验后描写文"My Dorm"修改后所得总分

TEACHERT: 实验后描写文"Describe a Teacher"所得总分

DORM1C: 实验前描写文"My Dorm"连贯性得分

DORM2C: 实验后描写文"My Dorm"修改后连贯性得分

TEACHERC: 实验后描写文"Describe a Teacher"连贯性得分

　　通过观察，我们发现从平均分（Mean）来看，实验后比实验前在总分和连贯性得分上均有提高，尤其是连贯性得分上的提高更为明显（总分提高了 1.5 分左右，连贯性得分提高了 2.6 分左右）。说明学习主位推进模式对学生在描写文写作水平改进上有些帮助，尤其在改善描写文连贯性上有较大帮助。从标准差（Std. Deviation）来看，由于标准差的值越大，说明这组数据的离散程度越大，值越小，则数据的离散程度越小（王孝玲，1993）。我们发现实验后的标准差均高于实验前，说明实验后学生成绩高低分布范围更广，更加参差不齐。据此我们推断在学习主位推进模式后，一部分学生可以将其应用到自己的描写文写作中，从而使自己文章的连贯性和整体水平得到一定程度的提高；而一部分学生可能并没有实实在在消化掌握，又或者可能是虽然理解掌握了，但此模式对他们描写文写作的连贯性和整体水平的提高并没有明显作用。

（2）　微观研究

为了检验被试学生在实验前后作文得分是否呈现显著差异，我们将被试学生在实验前后所完成的作文进行配对，对其进行配对样本 T 检验。

表 4　描写文配对样本 T 检验

		Paired Differences					t	df	Sig. (2-tailed)
		Mean	Std. Deviation	Std. Error Mean	95% Confidence Interval of the Difference				
					Lower	Upper			
Pair1	DORM1T - DORM2T	-1.4872	1.31533	.21062	-1.9136	-1.0608	-7.061	38	.000
Pair 2	DORM1T - TEACHERT	-1.2821	1.60507	.25702	-1.8024	-.7617	-4.988	38	.000
Pair 3	DORM1C - DORM2C	-2.6923	1.65679	.26530	-3.2294	-2.1552	-10.148	38	.000
Pair 4	DORM1C - TEACHERC	-2.4103	2.31378	.37050	-3.1603	-1.6602	-6.505	38	.000

DORM1T: 实验前描写文"My Dorm"所得总分
DORM2T: 实验后描写文"My Dorm"修改后所得总分
TEACHERT: 实验后描写文"Describe a Teacher"所得总分
DORM1C: 实验前描写文"My Dorm"连贯性得分
DORM2C: 实验后描写文"My Dorm"修改后连贯性得分
TEACHERC: 实验后描写文"Describe a Teacher"连贯性得分

表 4 是实验前后数据配对后 T 检验结果。我们将数据分为四组：pair1 是"My Dorm"实验前和实验后修改稿所得总分的配对；pair 2 是实验前"My Dorm"和实验后"Describe a Teacher"所得总分的配对；pair3 是"My Dorm"实验前和实验后修改稿连贯性得分的配对；pair 4 是实验前"My Dorm"和实验后"Describe a Teacher"连贯性得分的配对。从表中最后一列 P 值 0.000 小于 0.05，说明这四组数据的 P 值在 5%的水平上均呈现显著性差异，我们由此推断在接受了主位推进模式的学习后，被试学生在描写文写作上，其作文连贯性及描写文写作整体水平都得到了显著提高。

（3）　相关分析

为了检测被试学生描写文写作所得总分和连贯性单项得分之间的相关关系，以进一步帮助我们明确英语作文教学的某些努力方向，我们借助 SPSS 11.5 对其做了 Pearson 相关分析，以检验二者的相关程度。（见表 5）

从该表中我们可以看出三次作文总分和连贯性得分的相关系数均为正数，且处于 0 到 1 之间，双星号显示所得相关系数在 0.01 的水平上呈现显著性。说明在描写文的写作中，作文总分和作文连贯性的得分呈显著正相关。

由此，我们得出结论被试学生英语描写文写作总分和连贯性得分是呈显著正相关的。因此，我们推论对于英语水平处于中低层次的大专生来说，英语描写文写作连贯性的提高将对其英语描写文写作总分的提高起到一定作用。

表5　描写文的相关分析

		DORM1T	DORM1C	DORM2T	DORM2C	TEACHERT	TEACHERC
DORM1T	Pearson Correlation	1	**.723（**）**	.500（**）	.373（*）	.465（**）	.126
	Sig.（2-tailed）	.	.000	.001	.019	.003	.443
	N	39	39	39	39	39	39
DORM1C	Pearson Correlation	.723（**）	1	.297	.239	.302	.131
	Sig.（2-tailed）	.000	.	.066	.142	.062	.426
	N	39	39	39	39	39	39
DORM2T	Pearson Correlation	.500（**）	.297	1	**.757(**)**	.534（**）	.258
	Sig.（2-tailed）	.001	.066	.	.000	.000	.113
	N	39	39	39	39	39	39
DORM2C	Pearson Correlation	.373（*）	.239	.757（**）	1	.323（*）	.133
	Sig.（2-tailed）	.019	.142	.000	.	.045	.420
	N	39	39	39	39	39	39
TEACHERT	Pearson Correlation	.465（**）	.302	.534（**）	.323（*）	1	**.484（**）**
	Sig.（2-tailed）	.003	.062	.000	.045	.	.002
	N	39	39	39	39	39	39
TEACHERC	Pearson Correlation	.126	.131	.258	.133	.484（**）	1
	Sig.（2-tailed）	.443	.426	.113	.420	.002	.
	N	39	39	39	39	39	39

**　Correlation is significant at the 0.01 level　（2-tailed）.

*　Correlation is significant at the 0.05 level　（2-tailed）.

2. 定性研究

（1）个案研究

　　基于学生在英语写作的过程中，通常受到多方面因素影响，单纯的定量研究还不足以得出有效可靠的结论，我们同时又对一些被试学生的作文做了追踪个案研究，分析比较了实验前后他们行文的差别，尤其是连贯性方面的差别。下面以一位学生在实验前后写的"My Dorm"为例：

实验前："*(1) I live in Room 401 of the No. 10 building. (2) This is a comfortable room. (3) Four girls are in this room，and they are very kind. (4) I love them very much. (5) My bed is above my desk，and it is very big. (6) Beside the bed is my wardrobe. (7) There are so many clothes in it. (8) We have a big balcony. (9) It has so much sunshine，because it faces south. (10) We plant many flowers on the balcony，so it looks very beautiful. (11) Standing on the balcony，we can see the lawn. (12) It looks like a green sea. (13) Every dorm is similar. (14) Opposite my dorm is boy's dormitory.*

(15) We friends are very kind. (16) They usually help me，and I usually help them，too. (17) Our dorm is very clean. (18) I love my dorm very much.（By subject 7）（作文平均分: 6, 连贯性平均分: 6）

这篇作文的每个单句，问题似乎都不太大。但整体看来，连贯性欠佳。比方说：作文的（1）（2）句是关于宿舍的大致介绍，第（3）句却由一个新信息"Four girls"作为句子主位开头。（3）（4）句描写的是作者和室友关系如何好，突然第（5）句却又转入另一个新信息"My bed"作为该句主位引出新的句子。限于篇幅，仅举出这几个例子。从这篇作文我们可以感觉到作者还是没有明显的写作连贯意识和写作语域一致意识。他似乎只是把任何出现在脑海中与该主题相关的内容记录了下来。经过 10 周对于主位推进模式的集中学习和训练后，我们收集到了这位学生对自己实验前作文的修改稿，如下：

My dormitory

I live in Room 401，Building No. 10. It is a comfortable room where live four girls. They are very kind and usually help me. I love them very much.

The room faces south and has many beautiful flowers. It isn't a big room, but it's bright and clean. There are four desks, wardrobes, and chairs. My desk is very clean. We have many clothes in the wardrobes. Beside the wardrobes is a window. From the window, we can see a lawn, which looks like a green sea. There plant many trees. They look very beautiful.

I live happily in my dorm and I love it very much.（By subject 7）
（作文平均分：11，连贯性平均分：12）

在这篇修改稿中，我们发现作者首先将信息按语域的不同分成了三段。其次，作文的连贯性也比实验前有所改善。从主位推进模式的运用上分析：作者第一段运用了延续型主位推进模式；第二段首先采用了平行型推进模式，随后转入延续型推进模式来描述宿舍格局。非常值得一提的是作者还运用了很多介词短语结构作为标记性主位（这一点曾在范文学习中给学生特别讲解过），如："beside the wardrobes"，"from the window"。这样的结构正符合"旧信息先说，新信息后说"的原则，使得文章的连贯性大大提高。最后，由于去掉了原稿中和主题关系不大的繁冗信息，修改稿的最后一段要简洁很多，且与整篇文章更加的连贯。

总之，我们发现通过对主位推进模式的系统学习，多数被试学生会在作文中有意识地对句子结构进行调整，一定程度上促进了全文的整体连贯性。

（2）问卷调查

定性研究的另一个方面是在实验后对被试学生进行问卷调查。问卷主要通过 Likert 量表和开放式问题的形式对以下一些问题进行了调查，包括"你自我感觉学习主位推进模式是否对自己作文有帮助"，"你是否会在写作文时刻意使用主位推进模式"，"若主位推进模式的学习对自己写作确有帮助，感觉对哪种文体帮助较大"，"请你回忆一下自己在某次写作练习时使用主位推进模式

的心理过程"等。我们对回收的有效问卷进行了统计，其中 58%
的被试学生反映感觉主位推进模式的学习对自己的作文有很大帮
助，42%反映感觉有一些帮助，但不明显；8%的被试学生反映写
作时很少会刻意使用主位推进模式，42%反映有时会刻意使用，
有时不会，另外 42%反映大多数情况会刻意使用，还有 8%反映
每次都会刻意使用。同时，有些被试学生也反映学习主位推进模
式后，他们在写作时有时会去刻意想着使用主位推进模式，从而
影响了自己写作的正常思路，使作文最后显得有些生硬不自然。

四、结论

1. 主要结论

（1）通过对被试学生实验前后所得的英语描写文写作总成绩
和连贯性单项成绩进行的描述统计和配对样本 T 检验，我们发现
主位推进模式的教学对被试学生英语描写文写作确实产生了影响。

（2）通过定量研究，我们发现实验后被试学生英语描写文写
作的总分和连贯性得分均得到了显著提高。

（3）通过相关分析，我们发现被试学生英语描写文写作的连
贯性得分与其作文总分得分呈现显著正相关。由此我们推断，大
专学生英语描写文写作连贯性的提高对其英语描写文写作水平的
提高将起到一定作用。

由此我们推想，既然学习主位推进模式可以帮助大专学生提
高其英语描写文写作的连贯性，而其英语描写文写作连贯性得分
又与写作总分呈显著正相关，那么学习主位推进模式应该会对大
专学生提高其英语描写文写作水平起到一定帮助作用。

2. 教学启示

（1）通过以上定量、定性分析，我们推断在英语描写文写作
教学中，主位推进模式的引入介绍有可能在一定程度上帮助大专
学生提高其英语描写文写作水平，尤其是提高英语描写文写作连

贯性水平。

（2）　一些语言学家（e.g. Brown & Yule，1983）曾指出不同文体的文章通常采用不同的主位结构。因此，教师们在今后教学中可以帮助学生通过对不同文体文章的阅读分析来发现其不同的主位结构，从而帮助学生在自己的写作中选择更加合适的主位推进模式来促进文章的连贯性。

（3）此次实验反应出的一些问题也值得我们在以后的教学中予以注意和改进。如一些学生对主位推进模式的运用还比较生硬，他们有时是为了使用主位推进模式而使用主位推进模式，从而影响了正常的行文思路。所以在今后的写作教学中，我们要多强调语义连贯的重要性，让学生认识到主位推进模式是为语义连贯和语篇连贯服务的，并设计出更科学有效的训练模式。

3. 此研究的局限性和未来研究建议

（1）　写作文体通常包含四种——描写文、叙述文、说明文和议论文，但此次研究由于时间关系和各方面因素的限制只进行了一种文体的研究，对于其他文体的情况还是个未知数，值得研究。

（2）　由于条件限制，此次实验的样本数偏小（虽然满足最低样本数 30 这个标准），一定程度上可能会影响统计结果。建议以后若条件允许，应尽量扩大样本量，以确保统计结果的说服力；在样本量足够大的情况下，可采用实验组与控制组在实验前后进行比对。

（3）　由于本次研究选取了中低英语水平层次的学习者为被试，其作文总分受拼写、语法错误影响较大，鉴于写作分数受多因素影响，建议以后可尝试选取英语专业或英语水平较好的学生为被试对象，因为相比较而言，他们在语言基本功上程度会好些。尽量控制拼写、语法错误等这些可能影响写作分数的变量，会更好测试出学习主位推进模式前后，这一变量对被试者写作水平在实验前后的影响。

参考文献:

[1] Bloor，T. & Bloor，M. *The Functional Analysis of English: A Hallidayan Approach* [M]. Beijing: Foreign Language Teaching and Research Press & Edward Anorld（Publishers）Limited，2001.

[2] Brown，G. & Yule，G. *Discourse Analysis*. [M] Cambridge: Cambridge University Press,1983.

[3] Halliday，M. A. K. *An Introduction to Functional Grammar* [M]. London: Edward Arnold（Publishers）Ltd.，1985.

[4] Halliday，M. A. K. & R. Hasan. *Cohesion in English* [M]. London: Longman，1976.

[5] Shen，Q. *A Study of Revision Strategy Use by Chinese EFL Learners in Their Writing*. Unpublished MA dissertation [D]. Shanghai University，2006.

[6] Wang，X.. *The Influence of Thematic Progression on the College Student Writing Coherence*. Unpublished Master dissertation [D]. Foreign Language Institute of Northwest Normal University，2004.

[7] Weil，Henri. *The Order of Words in the Ancient Languages compared with that of the Modern Languages* （New edition，3rd ed.，1879）; Translated by Charles W. Super（Boston，1877） [M]. Amsterdam: John Benjamins Publishing Company，1978.

[8] 陈明. 语篇连贯对英语写作教学的启示[J]//哈尔滨学院学报，2005，26（10）.

[9] 陈香. 语篇的连贯性与大学英语写作[J]//零陵学院学报，2002（4）.

[10] 陈朝兰. 主述位理论与大学英语写作教学//培训与研究——湖北教育学院学报，2003 （3）.

[11] 丁往道. 英语写作手册[M]. 北京：外语教学与研究出版社，1994.

[12] 胡壮麟. 语篇的衔接语连贯[M]. 上海：上海外语教育出版社，1994.

[13] 黄国文. 语篇分析概要[M]，长沙：湖南教育出版社，1988.

[14] 李方，戈玲玲. 主位推进模式与语篇连贯——以 2004 年"CCTV 杯"全国英语演讲大赛的定题演讲稿为例[J]//南华大学学报（社会科学版），2011（4）.

[15] 刘辰诞. 教学篇章语言学[M]. 上海：上海外语教育出版社，1999.

[16] 王李霞. 主位推进模式与英语写作的连贯性[J]//南京财经大学学报，2011（2）.

[17] 王孝玲. 教育统计学 [M]. 上海：华东师范大学出版社，1993.

[18] 徐盛桓，主位和述位[J]//外语教学与研究，1982（1）.

[19] 项兰. 主位推进模式在阅读教学中的应用//外语与外语教学，2002 （3）.

[20] 杨斐翡. 主位推进与语篇连贯[J]//西安外国语学院学报2004（4）.

[21] 赵永青. 语篇连贯的有力手段——囊括与预示[J]//外语与外语教学，2002（4）.

[22] 朱永生，严世清. 系统功能语言学多维思考[M]. 上海：上海外语教育出版社，2001.

The Influence of Thematic Progression
on the Coherence of Junior College Students' English Descriptive
Writing
——An Experimental Study

An Qi

Abstract: In this paper, the Thematic Progression is introduced into the English descriptive writing teaching to the junior college freshmen. A quantitative-plus-qualitative study is applied in this research. Data are collected from the grading of 3 writing tasks written by 39 non-English majors of junior college freshmen before and after the experiment, and are processed by using the descriptive statistics, independent samples T-test and correlation analysis of the statistical software SPSS 11.5. The results show that after learning the Thematic Progression, both the coherence grading and the full composition grading of these students' English descriptive writing have all been significantly boosted.

Key Words: Thematic Progression; English descriptive writing; quantitative study; qualitative study

试论合作语言学习在英语写作课程中的作用

钱燕军

摘　要：合作语言学习的核心是语言学习者通过形式多样的活动相互交流、沟通和合作完成教师设定的任务。本文结合教学实践，探讨了合作语言学习在英语写作课程教学中的具体操作情况，认为这种学习在情感、认知及社会等方面都能对学习者产生积极的影响。

关键词：合作语言学习；英语写作

一、引言

合作学习（cooperative learning）不是一个崭新的概念，17世纪的 Comenius、18 世纪的 Rousseau、19 世纪的 Pestalozzi 以及20 世纪的 Dewey、Slavin（1995）等人早就指出并强调合作学习在学习活动中起关键作用。合作语言学习（cooperative language learning）的效果通常可以在交际法教学（communicative teaching）、交互式教学（interactive teaching）等教学法中得到充分发挥。它往往采用多样化的小组活动，通过成员间的相互交流、沟通和合作完成教师设定的各项任务。随着教学改革的实施，语言教学的中心从教师转向学生，教学重点也从知识传授转向学生的参与和知识发展，越来越多的英语教师正积极尝试合作语言学习这种教学模式，英语学习者们也正从中受益。合作语言学习在实际课堂中多用于口语和阅读。本文基于教学实践，拟对合作语言学习的形式、优点、问题和它在英语写作教学中的实施方法等作初步讨论，希望抛砖引玉，引起广大语言教学工作者的进一步实践和思考。

二、合作语言学习的主要活动形式

合作语言学习的活动形式相当丰富，根据其设计不同，参与者从 2 人到 6 人不等。Chafe（1998）曾就其性质将各种合作语言活动分为两大类：非正式的和正式的。前者的主要目的是学习者在其活动组内讨论或分享从讲座、电影等渠道获得的信息。后者更强调活动的结构性。这类活动通常要求学习者完成某项创作性工程或有具体内容的任务。他们或者先完成各自的小任务，然后汇总在一起；或者小组成员一起完成所指定的任务。本文挑选 4 种较为典型的活动方式（Brown 1994; Chafe 1998; Crandall 1999 等），结合英语写作教学的实践进行论述。

1. 思考/两人组/分享

Crandall（1999）认为该活动是最基本的合作语言学习方式。在此活动过程中，教师（有时也可能是其他学习者）首先提出问题或者话题，要求学习者对所给问题单独思考并尽可能写下所思所想，然后，学习者在两人小组内进行交流。最后，以两人小组为基本单位组成更大的讨论小组共同分享交流成果。这种活动方式的最大特点是，学习者在最后分享思考成果之前有数次机会不断完善其思想。

该活动运用到英语写作中可收到良好的效果。例如，在英语写作的教学中，培养对主要思想（main idea）、分类（classification）、组合（grouping）、次序（ordering）、举例（exemplification）、相关（relevance）等抽象概念的思辨能力十分重要。为了帮助学习者深刻领会并内化这些写作基本概念，教师可采用思考/两人组/分享的模式。

首先，学习者花5分钟的时间就 "What changes have taken place in the last one year?" 这个话题进行头脑风暴式（brainstorming）的单独思考并记录下关键词（如 environment）以帮助回忆。由于话题宽泛，学习者可以发散地从各方面搜集其感兴趣且语言可及的丰富内容。

然后，学习者组成两人组讨论各自在前阶段的想法，比较彼此的相同点与不同点，并且评价内容的价值，排除他们认为明显不相关的关键词或细节。在此基础上根据他们自己设定的"最……"的原则选择三个关键词（用于主要内容）并准备简单解释说明或举例说明。

最后，各小组通过合并汇报在更大的范围乃至全班分享讨论结果。在小组汇报结束之后，教师有意识地针对上述关键概念有的放矢地评价该组在理解概念的过程中表现突出或有待改进的具体方面。

个人教学经历表明，通过这一递进式的活动可以促使学习者对基本的写作概念完成生动、全面又深刻的了解。

2. 拼图

拼图（jigsaw）活动也为教学者所熟知。该活动最基本的理念是通过参与者之间的"信息差距"（information gap）鼓励语言交流。活动小组内的每个学习者一般都会拥有他人所不知的信息。为了完成某项任务，成员之间只有通过交流才能分享各自的信息。

虽然拼图活动更多地用于阅读及听力训练，但是它同样可以帮助学习者了解写作的某些要素，而且效果明显。例如，为了帮助学习者清晰地认识到英语正式文体写作中主题句的重要性，教师可以根据学习者的具体水平选用一篇含有3个主题句的自然文章，将其分为4个部分，交与4位学习者。学习者的任务是向其他同学汇报自己这部分的信息，然后安排顺序找出主题句，或总结文章的 3 个主要内容。这样，学习者能非常直观地了解主题句对读者的建设性帮助，从而体会它的至关重要性，其效果比反复强调更加理想。

另外，基于拼图活动的本质——信息差距，我们同样可以设计一些写作活动。例如，为了使学习者体验描写类写作中细节描写的重要性，教师可以安排一个小规模的描写任务，并安排根据描写画图或辨认图片等活动。具体而言，就是在由两人组成的小组中，只有一位学习者可以看到一幅相对比较简单而又具有细节性特征的图画。这位学习者向其组友提供关于这幅画的各种细节，后者就根据前者的描述画图。完成后，后者向前者说明哪些是最精确、最有效的描述。在这样的口头或书面作文训练过程中，如果要很好地完成任务，描述者应能安排最为有效的描述顺序，提供更多的细节性语言。这样，学习者就会对描述性写作中有关描述顺序、细节描述或描述词汇等一些基本要素获得切身体验。

3. 共同写作/互改/汇报

共同写作就是将学习者分成若干小组（一般 2 至 4 人），根据教师预先设计的主题，以小组为单位共同讨论写作的内容、结构、用词等，最后完成写作任务。互改（peer response 或 peer editing）是指学习者在阅读他人作品之后提供修改意见。汇报可基于互改阶段，亦可基于修改阶段。就基于过程的（process-based）写作教学方法而言，从准备写作到完成写作，合作语言学习的理念贯串整个过程：学习者共同商讨，共同完成一项写作任务，互相阅读他人的写作成果并给予修改意见（DeBolt 1994）并完成修改。从主题句的训练到段落、文章的写作，在各种写作任务中都可以运用合作的方式。

就写作环节而言，写作任务可以是相对复杂正式的，例如就某话题完成相当篇幅的阐述性文章。小组成员可分别负责其中的某个部分的任务。外语学习者往往对作文的互改茫然无从着手。为了帮助学习者更有效地、更有目的地提出具体修改意见，教师可以在互改开始之前给学生提出一些问题并加以指导，如：

1）你最喜欢本文的哪一点？

2）本文结构是否清晰？如何改善？

3）本文的主题思想是什么？

4）作者用了哪些具有说服力的细节描写？那些细节有什么问题？

5）作者在什么地方加入细节描写可以更具说服力？

6）本文哪些地方的表述不够清晰？

7）作者应如何使这些思想得到更清晰的表达？

8）你喜欢本文的哪些句子？为什么？

9）本文的词汇的特点是什么？

（基于 Brown 1994：338）

互评环节的合作任务要求对目标习作给予尽可能详尽的修改意见并将意见告知原作者。这样，学习者就更有可能提出具有建设性的意见而不是泛泛的评价，在批判他人作文的同时，他们也能意识到自己的文章存在的优势或不足，进而有意识地从事写作任务。

汇报不仅可用于互评，作者应该针对互评结果进行讨论、评价、实施并作具体汇报，从而保证互评意见落到实处。

4. 圆桌

在圆桌（roundtable）活动中，学习者轮流回答问题，提供信息，或分享思想。这样的活动能有效帮助学习者捕捉自己的思想，提供各自的信息以完善共同的任务，从而了解下一步教学活动的具体目标。

该设计可属热身运动。在以记叙文为主题的课堂上，教师在课初给每个 6 人小组一句完整的句子作为各小组叙述训练的开始句。小组每个成员逐个为他们共同的故事写一个句子直至完成集体创作。然后，每组派代表在全班宣读，再评选出最完整、最具吸引力的一个故事并讨论获选的原因。通过这样的小型活动，教师可以很自然地切入关于优秀记叙文写作要素的讨论，有了前述的热身训练，讨论绝不会枯燥。

三、合作语言学习的优点

在外语学习过程中，合作学习在各个方面都能对学习者产生积极的作用。也正因为如此，合作语言学习越来越得到学习者的认可。本文从情感、认知、社会三个方面进行深入探讨。

1. 情感方面

研究表明，合作语言学习有利于创造积极的语言学习氛围，降低学习者的焦虑度并激发他们学习语言的动机（Long & Porter 1985）。

首先，在课堂实施合作学习可以有效地降低学习者的焦虑程度（Oxford & Ehrman 1993）。外语学习者往往担心自己英语写作水平"差劲"，害怕写得不好而丢面子，尤其是有时候教师要求学习者在时间有限的情况下完成写作任务。在这样的情况下，学习者对英语写作很容易产生畏惧心理。如果学习者在进入写作状态之前能有机会相互交流以完善自己的思想，或有充足的时间搜寻有价值的资料，或共同完成任务，学习者就可以在相对放松的氛围和情绪下完成任务。这有利于降低学习者的焦虑度，提升成就感，从而提高写作水平。

其次，合作语言学习有利于增强学习者的自尊心和自信心。因为合作语言学习鼓励小组成员之间的互相合作、互相依赖，所以比在竞争性氛围中学习更有利于树立学习者的自尊心和自信心（Slavin 1990）。

最后，合作语言学习有助于激发良好的学习动机。在合作中，学习者一方面可以作为小组的一分子为成功完成写作任务献计献策，另一方面他们也能获得同伴的积极反馈和帮助。这些能有效激发学习者学习语言的兴趣，愿意尝试更生疏的句型、尝试新鲜内容，尤其是学习者共同的努力获得良好效果时，这种激励作用特别显著。

2. 认知方面

合作语言学习不仅有利于创造良好的情感环境，而且也有利于提高语言学习效果。

首先，合作语言学习能有效地对学习者的听、说、读、写能力进行综合培养。在英语写作课上，教师设计合作学习活动的重点是训练学习者的英语写作能力，但实际上听、说、读的能力也同时得到了锻炼。如上文所提到的根据口头"写"图的活动一例中，表达者首先必须清楚有条理地用英语"说"图，而画图者必须"听"清楚图，二者缺一不可。

合作语言学习同时也有利于学习者获得更多的可理解的语言输入，同时也提供可理解输出。由于合作学习活动是在学习者之间进行的，他们的语言水平一般处于相似的水平，而且小组规模比教师授课范围小得多，所以，小组内成员之间更容易根据彼此的理解状况改进自己的语言表达（Crandall 1999）。

第三，合作语言学习提供范围更广的言语行为，提高了语言运用的质量。在合作活动中，除了享有更多运用语言的机会，学习者还有更高质量的语言运用（Long & Porter 1985）。在言语行为方面，传统的学习活动中言语行为多为指示性的，如提问、给指令、提要求等单向言语行为；在合作语言学习活动中，言语行为多为交互性的和协商性的，如引导、建议、询问、提醒、鼓励、赞扬等（Crandall 1999）。

另外，合作语言学习可以围绕任何话题深入或宽泛展开，提高思维能力。例如上文所述的思考/两人组/分享的活动就"change"

这一简单话题逐步深入思考。这样，在学习语言的同时，学习者有机会发展其逻辑分析思维能力。

3．社会方面

合作语言学习在社会文化方面对学习者也一样产生积极作用。

合作语言学习首先有利于培养学习者的跨文化意识以及尊重他人和尊重异议的社会交往素养。在完成写作任务时，每个学习者都有自己的阅历、价值观和观点，但是为了顺利完成共同的任务，他们必须学会妥协、磨合，即聆听组友不同的见解，适当放弃自己的观点并采纳更有建设性的意见以尽快在组内达成一致。这些要求最初对于习惯于单独思考学习的中国学习者会较难适应，但经过一段时间的磨合，他们就在这异于传统文化的氛围中获益良多。

因为合作语言学习往往以小组的形式开展，每个成员都为最后的结果担负责任，所以它在一定程度上有助于增强学习者在语言学习过程中的主观能动性。

另外，合作语言学习有利于学习者从相互依赖逐步走向自我独立。一系列的合作活动要求学习者同心协力安排任务的处理方法、进度及预见结果。通过合作，学习者不仅获得了语言技能而且也有机会接触他人卓有成效的思维方式、处理问题的态度和学习方法，从而提高其有效的自主学习。

四、合作语言学习可能的缺陷

以上如此多的合作语言学习的优点并不意味着它是完美的。如任何一种教学方法，它也有其不足之处。Crandall（1999）和Brown（1994）等也对此作出讨论。但是，正如他们所指出的，如果教师和学习者共同努力，问题可以得到妥善解决。同时 John，John 和 Smith（1995）也提出实现合作语言学习的五个条件。在下文，笔者基于以上讨论，就可能的不足和改进措施进行具体讨论。

1. 文化差异影响学习者对教师的期望值

如果说合作学习在某些文化环境下是非常正常的学习方式的话，我国的部分外语学习者对此抱怀疑态度。究其原因，主要是由于学习者还习惯于处在教学中的被动地位，习惯于以教师为中心的传统教学模式。有时，学习者在合作语言学习活动中无可避免地会遇到熟悉的话题，往往会觉得是在重复学习旧的语言知识；有时，他们觉得教师不再是以前他们认为的无所不知的角色了；有时，合作学习的课堂不一定是井然有序、卓有成效的；有时学习者认为很难与合作者达成共识。所有这些都促使学习者对合作语言学习产生怀疑。对此，教师应让学习者有充分的认识和思想准备。随着合作学习的不断实施，教师不妨有意识地强化合作学习的理念，并让学习者领会它带来的成果。对于每一次合作任务，教师应作周密的计划，尽可能对活动的每个细节和不成功的后备计划考虑周全。这样才可以避免合作活动流于形式，确保合作效果。在写作教学中，写作过程的重要性应在合作学习中得以充分体现。具体来说要让每个学习者为其写作成果负责而不是由个别成员完成任务。例如在作修改汇报时，每位成员都需汇报其任务完成情况。

2. 学习风格与性格不适应合作学习

有的学习者性格内向，偏爱独立思考而不擅长表达，不喜欢合作讨论。教师首先应该容许这样的客观差异存在。同时，在设计合作任务时，教师可为不同的学习者提供担任不同任务角色的机会。例如，就合作写作而言，在两个学习者共同写作的过程中，思维相对较活跃且善于表达的学习者可以先表达，而另一位学习者可先担任记笔记、查词典、补充观点等工作。因为性格内向者往往是较为谨慎的思想者，他们往往能对合作的内容作出理性的评价和修改，以便更好地完成任务，这样就能够达成理想的互补而不会因性格差异产生矛盾。

3. 学习者过多依赖母语

在熟悉的学习者之间进行合作学习，为了表达方便而依赖母语属正常现象。Cohen（1994）研究认为在合作学习活动中，学习者使用母语或目标语都有利于外语学习。笔者通过观察也认为，尤其在写作任务中，母语可以帮助学习者交流更深的思想，这有助于挖掘非口语的词汇和句型，而这又有助于对思维语言要求较高的写作水平的提高。由于学习者必须以英语分享讨论结果或完成最后写作为目的，所以他们适当依赖母语不应被认为是实施合作学习的障碍。

4. 学习者使用不正确的语言形式

不正确的语言输入和输出在合作语言学习中是客观存在的。但是，犯语言错误的过程正是语言学习的过程。有时，只有犯了错误，学习者才能有机会认识到错误并努力纠正，从而掌握正确的语言形式。况且，即使学习者与英语为本族语的人或教师进行语言交流时也会遇到不正确的语言形式（Porter 1985; Deen 1987; 引自 Crandall 1999）。正如在上文的互评部分所体现的，在写作教学中，相较于指出、修改习作中的语法错误，笔者更倾向于鼓励学习者着眼于自己或他人习作中的更为成熟的表达，不管是针对语言的还是关注内容的。

五、结语

根据以上讨论，我们可以看到，如任何一种教学方法和教学理念一样，合作语言学习不是完美的，但却是可以付诸实施的一种有效的语言教学方式。它形式多样、灵活机动。只要教师计划得当，它将在情感、认知、社会等方面对学习者发挥积极作用。教学者应该对合作语言学习持客观的态度，积极实施，使之发挥较好的教学效果。

参考文献

Brown，H. Douglas. 1994. *Teaching by Principles: An Interactive Approach to Language Pedagogy* [M]. Prentice Hall Regents.

Chafe，A. 1998. Cooperative Learning and the Second language Classroom. http://www.stemnet.nf.ca/~achafe/cooplang.html

Cohen，E. G. 1994. Restructuring the classroom: Conditions for productive small groups [J]. *Review of Educational Research* 64: 1-35.

Crandall，JoAnn. 1999. Cooperative language learning and affective factors [A]. In J. Arnold （ed.）. *Affect in Language Learning*. London: Cambridge University Press.

DeBolt，V. 1994. *Write! Cooperative Learning & the Writing Process* [M]. San Juan Capistrano，CA: Cagan Cooperative Learning.

Johnson，D. W.，Johnson，R. T.，& Smith，K. A. （1995）. Cooperative learning and individual student achievement in secondary schools. In J. E. Pederson and A. D. Digby （Eds.）, Secondary *schools and cooperative learning: Theories，models，and strategies* . New York: Garland Publishing.

Long，M. H. and P. A. Porter. 1985. Group work，interlanguage talk，and second language learning [J]. *TESOL Quarterly* 19: 207-228.

Oxford，R. L. and M. Ehrman. 1993. Second language research on individual differences [J]. *Annual Review of Applied Linguistics* 13: 188-25.

Slavin，R. E. 1990. *Cooperative Learning: Theory，Research，and Practice* [M]. Englewood Clifs，NJ: Prentice Hall.

Slavin, R. E. 1995. *Cooperative Learning: Theory, Research, and Practice* [M]. （2nd ed.）. Boston: Allyn & Bacon.

On the Cooperative Language Learning
in English Writing

Qian Yan-jun

Abstract: At its base, cooperative language learning requires interaction and negotiation among language learners when they are engaged in tasks. Cooperative language learning embraces quite a number of cooperative activities, which foster positive effects in terms of affective, cognitive and social-cultural aspects. This article, with a full consideration of the above elements, discusses the actual practice in the classroom of English writing.

Key Words: cooperative language learning; English writing

试论中西部地区公费师范生英语学习中存在的问题

陈　启

　　摘　要：中西部免费师范生英语学习中存在的问题主要表现在语音学习受方言韵母、声母和声调的负迁移影响；词汇学习受制于拼写规则和词汇语境体悟的缺乏；口语学习遭遇"文化休克"，难以适应。正视和分析解决这些问题，将有利于他们英语学习，有利于贯彻执行国家免费师范生政策。

　　关键词：中西部免费师范生；方言负迁移影响；语境体悟；文化休克

一、引言

　　2001 年 5 月国务院下发文件，决定在教育部直属师范大学实施师范生免费教育。此举对于中西部地区教育事业的发展，进而为中西部地区科技进步，经济跃进，增强国家综合实力有着非同寻常的重大战略意义。华东师大作为第一批招收免费师范生的六所部属师范大学之一，为保证这一项政策得以切实落实，投入了大量的人力、物力和财力。我校教师也积极响应，以最大的热情投入教学工作，为中西部地区的免费师范生创造了较好的学习、生活环境，取得了较好的效果。

　　但是，中西部地区免费师范生的教育仍然存在一些问题，其中最突出的是学习质量问题。与一般学生比，免费师范生的学习效率和效果不尽人意，平均水平与教学要求有一定差距，而其中英语学习普遍反映困难更大。什么是免费师范生英语学习中最大的拦路虎？问题主要出在哪里？我们该如何科学应对，为他们排解困难？这不仅仅是一个教学实际问题，上一层面讲，也关系到党中央国务院战略决策能否具体落实，真正实施的问题。笔者在一年多免费师范生英语教学实践中对此深有体会。本文认为这些学生在英语学习上的困难主要表现在语音、词汇和口语这三个方面。

二、语音学习上的困难

中西部地区免费师范生英语学习中最突出的问题是语音问题，他们不仅在句子的重音、声调、节奏、语调等方面失准，而且在许多单词的发音上也存在严重的问题。学生一开口就语音、语调问题重重，这不仅挫伤了学生的学习自信心，而且也常常使得教师产生教学畏难情绪。究其原因，中西部免费师范生的英语语音问题主要集中于方言对英语发音的负迁移上。本来"学习一种外国语的人，尤其是成年人，必然会在某种程度上受他本族语发音习惯的影响。他往往会不自觉地把本族语的一套发音习惯搬到外国语中去"（桂灿昆，1996：81）。因此，方言对英语语音学习的负迁移本是一种普遍现象，对发达地区的学生也同样存在，但问题是，中西部地区经济相对落后，教育经费欠缺，师资力量匮乏，使得学生"先天不足"，在英语学习的起步阶段没有得到正规的语音训练，克服负迁移影响，以致"积重难返"。纠音的难度还在于教师面对的是来自不同方言区的学生。以笔者教授的免费师范生班级为例，来自中部地区的学生包括：山西（2人）、内蒙古（2人）、安徽（2人）、江西（4人）、河南（1人）、湖南（5人）。来自西部地区的学生包括：四川（6人）、贵州（3人）、云南（4 人）①。这些地区的方言按照方言区划分别属于：北方官话区（河南、四川、云南、贵州）、晋语区（山西、内蒙古）、徽语区（安徽）、赣语区（江西）和湘语区（湖南）。一共涉及 5 个方言区 9 种方言。如果再细分每个省的不同市、县的方言差别，那么就可能达到几十种不同方言。方言各异，负迁移的程度和源头也各异，因此教师在纠音上的工作也就格外复杂和困难。但是，如果我们仔细辨别，还是可以发现问题的积聚点，即负迁移的问题主要集中在方言的韵母、声母和声调上。

1. 韵母上的负迁移

韵母和声母是语音分类上的两大要素，韵母是乐音，而声母基本上是噪音。属于韵母类的语音要比属于声母类的语音显得响亮，因此韵母发音上的偏误会更加突出不和谐。众所周知，韵母的性质取决于共鸣腔形状，其主要因素在于开口程度、舌位和唇位。由于一些中西部方言的韵母发音与一些英语元音的发音接近，于是学生发音时，会在开口大小、舌位和唇位设定上不自觉地向方言负迁移，从而杂带上"乡音"。例如，中西部方言中/an/这个韵母，与英语元音/e/、/æ/与辅音/n/的组合非常接近。/a/、/æ/与/e/都属前元音，但开口程度由大到小依次为/a/、/æ/、/e/。因此，这三个音只是接近而不是相同。同时，/an/这个韵母在我教授的中西部学生的方言中（除四川、贵州、河南方言外）的发音都与普通话的发音略有不同。因此，当这些中西部学生读到有英文单词中有/en/或/æn/组合时都会受到各自方言的影响而带出"乡音"来。例如，单词 mend /mend/和 stand /stænd/中的/en/和/æ/音节部分，在湖南人口中会变成/ã/或者/ə̃/，在山西人和内蒙古人口中会变成/æ/，在江西人口中会变成/e/或/ɛ/，在云南人口中会

① 以上地区划分参见《我国东、中、西部地区是怎样划分的？》，中华人民共和国国家统计局，2003，<http://www.stats.gov.cn/tjzs/t20030812_402369584.htm>

变成/ʌ̃/或/Ä/或 /ɛ̃/，在安徽人口中又会变成/ɛ/或/e/或/ɔ/。当学生进行英语语音练习时会在前元音/e/到/a/之间游走，安徽学生更会发出后元音/ɔ/来。在对学生的纠正过程中能明显地感觉到音不正，不到位，其原因就是由方言韵母的共鸣腔形状组合的负迁移所造成的。

2. 声母上的负迁移

英语辅音中的/tʃ/、/dʒ/、/θ/、/ð/、/ʃ/、/ɛ/对于中国学生来说是比较难发的几个音。汉语拼音中的辅音/z/、/zh/、/s/、/sh/、/c/、/ch/、/j/在发音方式上与上述几个英语辅音比较接近，因此很容易造成干扰。例如，/ʃ/和/ɛ/这一对清浊辅音的发音与汉语拼音中的/s/和/sh/的发音有区别，但很接近。/ʃ/和/ɛ/发音时舌叶与齿龈隆骨结合，同时舌面抬向硬腭，而汉语拼音中的/s/虽然是舌叶与齿龈隆骨结合，但舌面不抬起；/sh/发音时舌尖卷向齿龈隆骨后部和硬腭前部之间的区域，卷曲的是舌尖而不是舌叶（参见赵忠德，2005：31-32）。学生在学习/ʃ/和/ɛ/时很容易受到/s/和/sh/的发音习惯的干扰，造成发音不准确。中西部学生除受到普通话发音负迁移影响外，还会受到中西部方言的影响。在中西部方言中，/s/和/sh/不分，基本都发为/s/的音[①]。因为没有平翘舌音的概念，学生在发/ʃ/和/ɛ/时，舌叶与齿龈隆骨的结合往往会不到位。当教师进行纠正时，学生又容易因普通话翘舌音的影响去卷曲舌尖而不是舌叶。因此，普通话和方言对英语声母发音的双重负迁移影响是造成这些学生的发音偏误的原因所在。

3. 声调上的负迁移

方言声调对英语语音的干扰主要反映在入声上。英语中没有入声，英语中的闭音节与汉语入声有相近之处，但严格讲还是有很大的区别。上述 9 种中西部方言，除官话区的方言外都有入声

---

①河南方言中，/s/和/sh/与/e/相拼时不分，湖南方言中/sh/发为/ɛ/。

（即山西、内蒙古、安徽、江西和湖南方言均有入声声调）。入声使得韵母变得轻而短促。但是在英语中，元音是有长短之分的。长元音和短元音是不同的音位，长短不同往往负载着不同的意义。例如，/sit/（sit）和/si:t/（seat）就是元音长短不同才区别出意义的差别。汉语中，元音本来就没有长短之分，再加上方言入声的影响，使得学生对英语中长元音和短元音的反应比较迟钝。例如，江西方言中/i/和/b/相拼时，声调往往为入声，如"笔"和"鼻"。因此江西的学生在读 bee、beacon、beat 这类单词时，其中的长元音/i:/的音长往往就不够，从而造成读音上以及意义上的错误。

对中西部免费师范生进行语音纠偏是一项相当繁重的工作。因为韵母、声母和声调是英语发音最基本的要素，是语言交际的根基。如果基本要素错了，则一错百错，此其一；其二，进入大学的学生都已成人，发音基本定型。因参杂方言发音习惯而形成的语音系统已经构成了较为稳定的中介语，与目的语之间始终存有一定差距。这种顽症在中介语研究中被称为"化石化"现象，即习惯于使用和接触自己的语言系统，对英语，甚至普通话都没有亲近感，很难产生"移情作用"（empathy）。"这种心理作用对学习产生一种阻力，有意无意地在排斥目的语的形成"（鲁健骥，1999：31）。第三，大学的课程进度设置要求严格，时间密度大，课堂上不可能分配出一定的时间专门给学生纠音。因此，免费师范生的语音问题便成为相当棘手又不能听之任之的大问题。

二、词汇学习的困难

英语词汇学习的基本要求是对词汇的音、形、意的全面掌握。错误的发音极容易带来错误的书写，这对于拼音文字的英语来说毋庸置疑；而"形"即掌握词形，拼写单词，这对相当一部分中西部免费师范生来说也存在一定的困难，不少学生不能熟练掌握英语词汇拼读规则，有的在中学阶段没有系统学习过。"从认知心理学的角度看，拼读规则属于学习者知识结构中的上位的、程序性的知识，而具体单词的拼写则属于下位的、陈述性的知识。如果学生认知结构中具备适当的上位规则，将会使下位知识的学习更加稳固和容易"（赵淑红，张秋预，2008）。拼写规则在中西部学生学习系统中的亏缺使得他们只能靠机械记忆来记住每一个单词，这样做既没有效率也严重影响了学生对词汇学习的兴趣和积极性。同时，这些学生在全部英语教学的课堂上无法捕捉、听懂或记录语流中的目标词，也就是通常所说的跟不上、听不懂和记不下来。因此，音、形结合记忆词汇就成了一件困难的事情。

　　如果说掌握词汇的音、形还是学习词汇的第一步，那么第二步则更为重要，即学习和记忆词汇的相关词义。中西部免费师范生在理解、掌握词汇意义上较普遍存在两个问题。第一，他们往往是单一地、平面化地按照词汇表上的词汇意义背诵、记忆，不能通过对词汇的多层次、多方位的理解来记忆、掌握。实际上，字典里某一词条的注释仅仅是词语的简单意义，绝非全部含义，而教科书词汇表上的词义解释更是由于篇幅所限简明扼要，甚至只是针对课文句子中出现的词语含义要求所设，常常不是该词汇最基本、最具普设性含义的显示。因此，这样的记忆往往是间隙性的，很难做到举一反三，反复使用，进而达到真正掌握的程度。第二，对相关语境缺乏了解和体悟，增添了学习词汇的难度。一般来说，词汇含有五个要素，即对象、概念、符号、使用者和语境。"人类是通过对大量的客观对象的范畴化及概念化形成概念的。概念存在于人的思维中，并通过各种认知过程进行符号化，形成语言系统。人们再使用这些符号来表达处于某时空中的客观对象。"（李福印，2006：61）在这五个要素中，前三个要素是语义的本体，后两个要素是语义在环境中的使用。人对词汇的认知，包括记忆的过程中，后两个要素比前三个要素更为重要，即"使用者"和"语境"对记忆词汇更具实用性和有效性。中西部免费师范生由于地域文化的限制，对英语文化的"使用者"和"语境"比发达地区的学生更具陌生化。例如"interesting"一词在日常口语中经常被用来表达一种礼貌的敷衍。使用者的意愿并非真的认为某件物品或事件是有意思的，而是为了不扫兴，不造成尴尬场面而采取的一种迂回的、委婉的说法。"interesting"的这一用法在词典或教科书词汇表上通常不会显示，唯有在日常交际中才能真正领会和掌握。又如，《大学英语》第一册的第一课中有一个词"spaghetti"（意大利面条）。这个词在课文中是出现在讨论吃意大利面条的语境之中的，但课文中并没有具体写出正确的吃法是什么。因此，要求教师引入用英文描述意大利面条的正确和错误吃法。这虽然只是一个西方日常生活场景在课堂上的再现，但由此可以帮助学生具象地了解西方文化，中西文化差异，也同时通过"使用者"和"语境"达到掌握"spaghetti"这个词汇的目的。但是很多中西部免费师范生此时会表现出十分茫然，因为他们中许多人不知道意大利面条是什么样的，也从来没吃过。而几个上海的和南京的学生此时已开始教同桌怎么用刀叉把意大利面条送到嘴里去。其实，有没有吃过意大利面条并无大碍，问题只在于对"使用者"和"语境"的陌生妨碍了对相关词汇的有效理解和记忆。语境"不仅包括上下文所表达和隐含的信息，还包括及时的情景因素，以及与该旧信息和新信息有关的所有百科知识……也包括文化信息"（李福印，2006：63）。中西部公费师范生对一些文化含义负载较大的词汇缺乏语境体会，因此造成了他们词汇学习的难度也就在所难免。

三、口语学习的困难

　　中西部学生的口语能力低于东部学生，这是一个普遍现象。表现在课堂口语学习中，他们往往不敢开口，缺乏自信。这固然是口语表达能力基础较差，学习策略不当所致，但从文化交际的角度看，我们完全可以把此现象看成是一种文化休克（cultural shock）的表现。"文化休克是指一个人进入到不熟悉的文化环境时，因失去自己熟悉的所有社会交流的符号与手段而产生的一种迷失、疑惑、排斥甚至恐惧的感觉。"（百度百科，2007）这是美国人类学家奥博格（Kalvero Oberg）1958年在论述个体进入异国文化时所表现出的心理和行为反应时提出来的。汉文化博大繁杂，各区域文化之间同样存在着较大的差异，因此我们完全可以借用"文化休克"的理论来看待上述现象。中西部免费师范生进入华东师大的英语课堂，在师生和学生之间的交流符号以及在交流手段上，都与他们以往的学习环境有很大的不同。例如，课堂用语为英语，不仅教师全用英语授课，而且要求学生也用英语参与课堂的一切活动。这与他们以往习惯借用汉语解释、理解英语课文的教学方法有很大的差别。又如，大学倡导的学习方式是学生自主学习，要求学生自觉预习，在新课学习之前就做好充分的准备工作，提前理解、掌握课文内容。与此相配套的是，教师往往简化讲解、诠释，把更多的时间花在引导学生讨论上：设定一个主题或范围，要求学生自主陈述，或互相讨论、交流。这种课堂教学模式对于习惯了教师为中心模式的学生来说也是一种巨大的挑战，有些学生对于新的学习自主权力无从应对，以致不知所措。还有，为了获取更好的教学效果，鼓励和帮助学生主动开口，用英语交流学习心得，提问、质疑，勇于发表不同见解，教师会走下讲台，坐到学生中间，有意解构教师的权威性，采用活动和游戏的方式组织教学，营造平等、轻松和随意课堂气氛。然而，不少学生觉得不适应、不习惯，表现出参与不积极，反应不同步，多以旁观者的姿态置身活动之外。结果，实践操作机会的丧失导致口语水平的落后，而交际能力的落伍又进一步拖拉了口语水平的提高。应当指出，上述"文化休克"现象延续的时间不会太长，绝大多数学生会在教师的引导下、集体的帮助下逐渐适应新的课堂文化环境。但如果不正视这一现象，不加以积极引导，也有可能由"文化休克"发展成"恐外症"（xenophobia），即由一开始的迷失，发展成惶恐、厌弃心态。由于大学英语学习时限仅为两年，如不及时引导，英语交际能力的低迷则成定势。

四、小结

中西部免费师范生在英语学习上产生的困难也许还有很多，但语音、词汇和口语三个方面是他们前进道路上最主要的拦路虎。产生这些问题的根源自然与学生自身的主观因素有关，如学习方式的改变、主观能动性的发挥等，这些都有待于他们各自积极主动调整、进取。但客观地讲，更主要的还是在于历史原因、中国东西部经济、文化发展严重不平衡等现实原因。在具体的教学过程中，教学管理层面和一线的教师可以在课程设置上有针对性地对这些学生给予帮助。例如开设专门的选修课，帮助学生进行语音纠正，词汇学习，以及文化普及教育等。另外，还可以借助现代多媒体技术，引进语音纠正软件，使学生在课堂之外得到大量且有质量的语音提高训练。这在节约本就有限的课堂教学时间和师资力量上可以得到事半功倍的效果。总之，我们一方面应该正视客观事实，不规避矛盾，不忌讳讨论、研究他们学习中存在的问题、缺陷，因为唯有此，才能发现问题，解决问题，使他们在学习上健康成长；另一方面，我们教师应该肩负起历史使命感，以更大的热情、更多的耐心积极帮助他们，以科学的态度分析原因，抓住主要矛盾，争取在最短的时间内帮助他们迎头赶上。

参考文献

[1] "文化休克"一词的解释来自：百度百科. 2007（http://baike.baidu.com/view/1013567.htm）

[2] 桂灿昆. 汉英两个语音系统的主要特点比较[A]//李瑞华.

英汉语言文化对比研究[C]. 上海：上海外语教育出版社，1996.

[3] 侯精一. 现代汉语方言音库. 上海教育出版社，1999.

[4] 李福印. 语义学概论[M]. 北京大学出版社，2006.

[5] 鲁健骥. 对外汉语教学思考集[M]. 北京语言文化大学出版社，1999.

[6] 赵淑红，张枚预. 英语词汇教学的原则与实践 [J]. 广州市教育局教研室. 2008，（http://www.guangztr.edu.cn/gztr/jxgg/jxgg/yychsj.htm）

[7] 赵忠德. 音系学[M]. 上海：上海外语教育出版社，2005.

English study problems of tuition-free normal students from mid and west China

Chen Qi

Abstract: The English study problems of tuition-free students from the mid and west China lay mainly in phonetics，vocabulary，and oral English. In phonetics，the influence of dialects causes negative transfer in vowels，consonants and tones; in vocabulary study，for the lack of spelling rules and context students face difficulty in enlarging vocabulary; while in oral English study，students experience "cultural shock" in adaption of new study environment. Analysis of these problems will help to promote students' study and improve the policy for tuition-free normal students.

Key Words: tuition-free normal students from mid and west China；dialect negative transfer；context；cultural shock

听写在大学英语教学中的效能研究

苏俊玲 韦玮 夏萍

摘　要：听写是诸多语言技能的综合运用，是训练和培养学生快速准确处理语言信息能力的有效教学途径。然而，由于听写材料缺乏针对性、听写方法不够新颖、听写时间难以控制等原因，使得听写训练在大学英语教学中未能发挥应有的作用。事实上，根据语言学、心理学等相关理论，大学英语教师完全可以通过灵活选择听写材料和听写方法，在教学中合理使用听写教学，从而激发学生的学习热情、提高他们语言综合运用能力。

关键词：大学英语教学；听写；积极作用

听写是英语能力的一个重要组成部分，同时也是培养学生快速准确处理语言信息能力的有效教学途径。《高等学校英语专业英语教学大纲》中对英语专业学生在听写方面做出了具体要求，而我们非专业大学英语教学在这方面却没有任何明确规定，这也使得听写在大学英语课上没能得到足够的重视，很少有教师将听写训练纳入到系统有序的整体教学中来，而只是将其作为一种简便易行的检测手段，听写的内容也大多局限于单词、词组等。研究表明，听写能够充分调动学生英语学习的积极性，使学生注意力集中，不但可以比较容易记住所学的单词，还能从丰富的听写材料中学到更多的英语文化知识，提高英语综合应用能力。

一、大学英语听写教学的重要性

听写具有设计快捷、操作简便、课堂效果好等特点，很早就用于外语教学和测试当中。然而它的发展历程却不平坦，曾一度被一些反对者看作是无效的测试手段，他们认为，应试者根据朗读的内容逐句书写，词汇及词序都是给出的，而且应试者还可根据上下文推测出听不清的单词，因此无法衡量应试者的听力水平[①]。然而心理学研究表明，多种感觉器官的参与能加强对大脑的刺激，有利于提高记忆活动的效率。听写的过程是用耳辨别声音，经大脑分析后将听觉词汇变成视觉词汇，这一过程是通过积极的方式进行的，因此集中精力边听边记下的内容印象更深刻，对于英语知识的掌握也更加主动有效。

1. 听写的基本功能

Paul Davis 和 Mario Rinvolucri 在 *Dictation: New methods，new possibilities* 一书中将听写的功能总结如下[②]：

（1）听写能够促进学生合作

学生在进行听写训练时处于积极主动的状态，他们不但要单独或小组合作听记所给材料，而且还需要在听写之后集体修正错误。因此，听写训练一方面给他们提供了学习语言的情境，另一方面也增加了学生之间相互合作的机会。

（2）听写可以培养学生的思维能力

教师提供恰当的听写材料，比如一些看似互不关联的独立单词，学生听写之后通过联想的方式将这些单词变成有意义的情节或画面，从而提高语言综合运用能力。如果教师选取学生感兴趣

---

① 李俊兰.从听写入手提高学生的英语综合应用能力[J]. 天津工程师范学院学报，2005（6）：64-66.

② Davis, Paul and Rinvolucri Mario. *Dictation: New methods, new possibilities*[M]. Cambridge: Cambridge University Press,1988: 4-8.

的资料或文本，在听写之后做一些课堂讨论，还可以帮助学生理解听写内容，锻炼思维。

（3）听写训练使用灵活

听写训练在实际操作中不受班级人数以及学生语言水平的限制，例如，所选文本空格数目的多少以及词句的选定，可以根据班级成员的具体情况因人而异，最好的学生可以全文听写，程度弱的做 spot dictation，这样既可以解决语言差别问题，又可以让学生竭尽所能，减少挫折感。

（4）听写可以缓解教师导入课程的压力

对英语不是母语的教师来说，听写是一种较为安全的策略。一方面，教师可以提前做好准备，通过听写有效地导入课堂教学或者口语交际活动，另一方面，听写任务能够使所有的学生立即安静下来，从而积极地投入到教师预先准备好的课堂活动中去。

（5）听写是一种语言技能训练

从英语语言本身来看，听写是一种技巧练习。听是对特定语言的语音进行解码，而写则是对其进行编码，解码和编码的过程是语言学习的一项基本任务。

2. 听写的其他功能

除了上述功能之外，听写训练还能增强学生的辨音、瞬时记忆、选择要点以及联想推理的能力[①]。在听写过程中，学生对不同音素及语音语调进行识别，可以有意识地注意发音及拼写规则，从而纠正一些错误的发音，并锻炼自己根据不同的语调来判断说话人的情感和态度的能力。由于听写训练要求学生在听的同时还要写出所听到的内容，如果没有一定的词汇量作保证，听写的效果会大打折扣。因此，听写在客观上还会督促学生关注单词的学

---

① 王谨. 听写法在大学英语听力教学中的作用[J]. 齐齐哈尔医学院学报，2009（8）:994-995.

习，提高单词拼写的正确性和记忆单词的效率。听写时教师通过自身的示范，以及音频资料中正确的语音信息，给学生输入正确的语言信号，这对于激发和培育学生的语感也会起到积极的作用。

二、大学英语听写教学中的问题

目前在大学英语课堂教学中，听写不管是作为手段还是目的，都只在很浅的层面上发挥着机械的作用，比如听写单词词组检测学生掌握的情况，或者导入文章主题的时候听写一小段相关材料，既谈不上设计，更谈不上反馈。听写材料枯燥，听写方法千篇一律，学生被动应付，几次听写受挫之后可能对英语学习也会失去信心，因此听写教学没有发挥其应有的作用。具体问题表现在：

1. 听写时间得不到保证

大学英语的课时有限，但内容却非常多，从主题活动到单词讲解，从句子结构到篇章理解，以及语音纠正、写作练习等，听写通常被认为是费时且见不到成效的课堂活动。因此，教师不太愿意在自己有限的课时中安排听写内容。

2. 听写材料不够丰富

目前大学英语教学中缺乏系统编写的听写材料，以配合课堂教学使用。听写一般被认为是听力课的内容，按照 CET 考试的方式做些 spot dictation 或者 compound dictation 就可以了，至于全文听写 VOA 或者 BBC 相关内容，有些教师会建议学生课下做，但从未有过相应的指导。教师有时也会自行编写一些听写材料，但由于缺乏视频音频文件支持，对于学生来说缺乏真实感而达不到效果。

3. 听写评价机制不够完善

听写做完之后缺乏应有的评价体系，使学生既看不到进步，也不知如何进步，久而久之学生会对自己的听力水平失去信心，从而也对听写这种方法失去兴趣，提高英语综合应用能力更是无从谈起。

4. 听写方法缺乏多样性

除了听写单词之外，对于篇章来说，教师最常用的方法就是总分总的三遍式听写，但事实上听写作为一项基本技能，用途非常广泛，比如做听课、讲座和会议笔记，做广播、电视、电话等内容的记录等，因此不断探索、总结新的听写方法是大学英语教师的重要课题。

除此之外，学生在听写训练中也会遇到词汇量不足、辨音能力不强、单词拼写基本功不过硬、瞬时记忆和短时记忆能力差、缺乏速记能力等诸多问题。

三、大学英语听写教学的理论依据

听写过程是一个复杂微妙的神经认知活动过程，是利用储存在长时记忆系统中的英语语言知识对进入到短时记忆中的语言信息进行再编码并将其输出的过程。因此，听写训练是一种建立在认知心理学和语言学理论基础之上的教学方法。

1. 听写的语言学依据

20 世纪 60 年代，倡导语言可分能力假说的著名语言测试权威 Lado 在其经典著作《语言测试》中把语言能力分为语音、句法、词汇和文化，认为语言考试可通过听说读写四种方式来测试这些能力。由于语言可分解成构成元素，因此可设计出分点式测试，每题只考查一个考点，其主要题型有选择填空、词汇填空、语法填空、完成句子、改错等。该学派认为听写这种传统语言教学手段不过是测试单词拼写，因而毫无意义，应该予以放弃。

1979 年英国语言学家 J. W. Oller 提出了整体语言能力假说，认为语言能力是有机的整体，人们很难精确划分语言的内部组成部分，更难以准确评估；语言的应用是受语境制约的，必须依赖语境消除语言歧义才能取得交际成功，因而可以通过综合性测试来衡量语言能力。综合性测试的形式有完形填空、综合改错、听写、口试、作文等，被试者需综合运用各种语言知识或技能。尽管听写不是直接地测试某种技能，然而由于在做听写中综合运用了语言的多种成份，如语音、词汇、语法，以及篇章理解、组织结构等能力，因此比起其他单一测试语言能力的方法它更能综合衡量出学生的语言水平[①]。

2. 听写的心理学依据

近二十年来，随着脑神经科学研究的进展，有越来越多的事实证明大脑中存在以下四种言语中枢，即法国神经外科医生保罗·布洛卡于 1861 年发现的言语表达中枢，也称"布洛卡区"，德国神经学家卡尔·沃尼克于 1874 年发现的言语感受中枢，也称"沃尼克区"，以及角回区言语阅读中枢和爱克斯纳区言语书写中枢，也就是说，我们的大脑中分管听、说、读、写整个言语行为的四大言语中枢，正好和四种言语能力相对应。语音信号由听觉器官传到大脑皮层听觉区，再由听觉区传入邻近的沃尼克区进行诠释，然后通过弓状束传入布洛卡区，形成相应的言语运动程序后，再传入大脑皮层运动区，然后指挥手进行书写动作，把听觉信息转换成书面文字符号[5][②]，听写这样一个复杂的神经传递过程正是人类综合应用这四种言语能力的表现。

认知心理学认为，记忆是人脑对外界输入的信息进行编码、存储和提取的过程，它包含感觉记忆、短时记忆、长时记忆三个步骤。短时记忆的信息保持只能维持五秒至两分钟，经过编码处理的信息转入长时记忆，其信息存储的方式是有组织的知识系统，这种系统使人能够有效地对新信息进行编码，以便更好地识记，

①陶百强. 世界语言测试理论的发展[J]. 山东师范大学外国语学院学报（基础英语教育），2004（9）:13-17.

②王德春，吴本虎，王德林. 神经语言学[M]. 上海: 上海外语教育出版社，1997: 119-200.

也能使人迅速有效地从大脑中提取有用信息，以解决所遇到的相关问题[①]。由此可见，听写训练符合认知心理学的基本记忆原理，其设计也应该以此为依据。

四、大学英语听写教学的实践

大学英语实际教学中，由于课堂教学时间有限，必须采取灵活多变的听写方法，使之渗透在教学的各个环节，同时选用合适的听写材料，调动学生的积极性，激发他们学习英语的兴趣，提高学习效率。

1. 听写材料的选择

合理的听写训练要求遵循认知心理学的规律，避免盲目性和随意性，在选择与设计听写材料时应注意以下几点：

（1）选择合适的听写单位

英语单词和短语往往被当作基本的听写单位被广泛用于课堂教学，然而认知心理学研究表明，人们对于长时记忆系统中有意义的学习材料主要是以语义编码的形式进行加工的，而联想组织则是对语义信息进行储存的重要方式，所以单词或短语出现的语境常常能促进学习者对它的理解与记忆。如果听写内容是脱离具体语境的单词或短语，无疑会增加学生在长期记忆系统中选择、提取信息的难度。因此，在设计听写内容时，应该把语句作为听写单位。

（2）句长的设计

听写过程要求感觉到的言语信息经感觉记忆全部进入短时记忆，而短时记忆的容量有限，因此听写训练应合理控制句长，避免一次呈现的信息太多而干扰学生接收信息以及编码处理的能力，使其遭遇挫折感，从而影响继续学习的兴趣和信心。听写的

①沈文霄. 记忆原理与英语听写训练的设计[J]. 牡丹江教育学院学报，2006（6）：115-116.

句长设计要考虑句中核心生词的多少，以及其他词汇的使用频率。如果听写句子中的核心生词少，且包含与学习阶段相关的高频词多，则句子可稍长。

（3）注意学习内容的复现率

学习内容的保持是一个动态的过程，信息的储存在内容和数量上都会发生变化，为了保持信息、避免遗忘，必须有目的、按计划对已学知识进行合理复习。因此，听力材料的编排既要考虑到复习新学的词汇，又要注意中间阶段所学词汇的复现率，以体现间隔复习、循环复习的原则，达到巩固记忆的目的。

（4）选择合适的听写材料类型

课堂听写的材料长度可以定在一到两分钟之间，随着学生听写水平的提高可以适当增加听写材料的长度。电影对白或者听力考试的对话部分不宜用作听写训练，因为对话的难点往往来自于一些音变现象、俚语习惯表达以及对上下文语境的理解，这样的语句即使听写出来了也没有实际意义。练听写的核心本质是为了提高快速理解和记忆的能力，因此用来练听写的材料应该是一个人的陈述、讲座之类，听写时应做的是记忆和总结的工作，而不是机械地听写原文[①]。名人演讲的片段如果文字过于复杂、篇幅过长同样不适合听写。内容浅显、趣味性强的幽默故事比较适合学生在听写训练的初期使用，这样他们能够既听得懂又写得对，从而产生对听写训练的兴趣而愿意听、乐于写，然后再逐步过渡到散文、新闻等多种体裁。

2. 听写方法的选择

语言学界一般把听写方法概括为标准听写、部分听写、干扰听写、听写作文等，无论采用哪种方法，在听写训练的初级阶段

---

① 张晓楠. 如何提高英语水平之听力篇[EB/OL]. 2009，http://wenku.baidu.com/view/c0a396db6f1aff00bed51eb7.html

都最好由教师来朗读听写材料,这样可以控制语速,使之适合学生的水平,但前提是教师的语音语调必须相对正确。随着学生听写能力的提高,则可以选取与主题相关的音频或视频文件播放,由教师控制播放速度。

如果所教班级学生的英语水平许可,教师课堂上可以花更多的心思来研究信息量更大的篇章的听写,而语法听写不失为一种理想的提高学生综合运用语言能力的方法。

（1）语法听写的含义

语法听写以篇章为基础、以任务为驱动力、以小组合作为学习方式,既注重输出语言的准确性,又注重其流利性,真正培养学习者的英语交际能力。在语法听写中,学生听意义、记笔记,然后小组成员汇集笔记内容,并用恰当的语言形式重建短文,再现短文的大部分信息内容[①]。

（2）语法听写的过程

语法听写通常可以通过四个阶段来完成:首先是准备阶段,教师展示即将听写的文本标题或与听写文本相关的图片,让学生根据标题或图片猜测文本的内容和可能要用到的关键词汇,使学生掌握听写的大体方向,从心理上做好听写准备,消除突兀感。接下来是听写阶段,教师以正常语速朗读两遍文本,学生记笔记,由于是正常语速,学生可能无法记下完整的句子和段落,因此紧随其后的重构阶段非常重要。在这一阶段,学生被分成若干小组,每组指定一位执笔者,然后让所有小组成员根据笔录下来的材料商议并重新构建一个新的文本。最后进入到分析改正阶段,教师要求学生将重新构建的文本与原文放在一起进行比对,分析错误

---

①张红霞. 语法听写——在课堂互动和显性二语知识练习中学习写作[J]. 课程.教材.教法, 2004（9）：43-47.

的原因并提供改正的办法[①]。

（3）语法听写的不足与挑战

语法听写的不足之处在于可能较为耗时，而且对学生英语基础有一定要求，但其过程却极其富有挑战性，而且能够与写作教学相结合。由于并不要求学生所构建的文本与听写的文本完全一致，这就给学生更大的自主性和灵活性，使他们从传统听写的被动的接受者一跃而成为积极主动的参与者，这样做能够极大地调动学生的积极性，激发他们学习语言的兴趣。此外，为了能够构建出一个像样的文本，各组学生必须相互协作、集思广益、积极配合，这就增强了学生之间的互动，有助于培养学生的团队合作精神。

3. 提高学生的听写能力

教师在提供合适的听写材料并采用积极的听写方法之后，学生能否配合就显得尤为重要，对学生听写能力的培养必须采取循序渐进、持之以恒的方式，不能操之过急。

（1）加强语音知识的教学

系统传授英语国际音标知识，以及连读、失去爆破等读音规则，增强学生的辨音能力，帮助学生养成正确的单词发音与朗读习惯。有了扎实的语音基本功，学生就可以在很大程度上减少听写错误[②]。

（2）音、形、义相结合记忆单词，扩大词汇量

应提倡学生在课内外大声朗读语音材料，使学生增强语感，背单词的时候也要根据读音拼写单词，边读边写，同时弄清词义，做到口到、手到、心到，这种方法对多音节词的记忆非常有帮助。

（3）加强学生记存、复述、推导和猜测能力的教学

---

① 高琼. 语法听写——一种值得推广的教学方法[J]. 教学月刊：中学版（教学参考），2010（1）:19-2.

②易祯. 从大学英语四、六级改革看听写教学[J]. 四川教育学院学报，2007（23-1）:65-68.

选择一段难易程度适合学生听写的文章,以句子为单位,让学生口头复述。断句要足够长,要略超出学生的短期记忆极限,让学生有运用语言经验和其他知识进行再创造的空间。应注意训练和培养学生利用上下文的连贯意思和语法结构以及语音、语调等推测某一词的能力,这样既能调动学生的学习兴趣,活跃课堂气氛,同时又能达到听力预测效果[①]。

（4）课内外相结合

要培养听写能力,光靠课堂是不够的,学生还必须课外多听多写,不断练习、不断实践。可以充分利用网络资源,每天抽出15～30分钟时间做听写练习,还可以同学之间相互你念我写,听写的内容由单词到短语再逐渐到句子、短文等,速度由慢到快;或者以个人、学习小组或班为单位收听 BBC 和 VOA 的英语节目,听写完毕即相互对答案,尽量模仿标准英语的语音语调等。

五、结语

听写训练是提高语言应用能力的有效手段,曾被作为一种传统教学方法风行了几个世纪,直到今天仍然在语言教学中起着举足轻重的作用。正如著名语言学家 Rivers 所指出的:"听并不是一种被动的技能,甚至并不像人们传统地认为的听是一种接受的技能,听是一种创造性的技能"[②]。因此,大学英语教师应把听写训练贯彻于教学的各个阶段,精心选择合适的听写材料,并在实践中创造性地运用各种适合学生的听写训练方法,使其在提高学生语言综合能力方面发挥更大的作用。

①傅利平. 论英语听写能力的培养[J]. 有色金属高教研究, 1998（4）: 60-62.

②钟素花. 会话含意理论对大学英语听力的指导[J]. 海外英语, 2010（10）: 28-29,3.

参考文献

[1] 李俊兰. 从听写入手提高学生的英语综合应用能力[J]. 天津工程师范学院学报，2005（6）：64-66.

[2] Davis，Paul and Rinvolucri Mario. *Dictation: New methods，new possibilities*[M]. Cambridge: Cambridge University Press,1988: 4-8.

[3] 王谨. 听写法在大学英语听力教学中的作用[J]. 齐齐哈尔医学院学报，2009（8）:994-995.

[4] 陶百强. 世界语言测试理论的发展[J]. 山东师范大学外国语学院学报（基础英语教育），2004（9）:13-17.

[5] 王德春，吴本虎，王德林. 神经语言学[M]. 上海: 上海外语教育出版社，1997: 119-200.

[6] 沈文霄. 记忆原理与英语听写训练的设计[J]. 牡丹江教育学院学报，2006（6）：115-116.

[7] 张晓楠. 如何提高英语水平之听力篇[EB/OL]. 2009，http://wenku.baidu.com/view/c0a396db6f1aff00bed51eb7.html

[8] 张红霞. 语法听写——在课堂互动和显性二语知识练习中学习写作[J]. 课程.教材.教法，2004（9）：43-47.

[9] 高琼. 语法听写——一种值得推广的教学方法[J]. 教学月刊：中学版（教学参考），2010（1）:19-21.

[10] 易祯. 从大学英语四、六级改革看听写教学[J]. 四川教育学院学报，2007（23-1）：65-68.

[11] 傅利平. 论英语听写能力的培养[J]. 有色金属高教研究，1998（4）：60-62.

[12] 钟素花. 会话含意理论对大学英语听力的指导[J]. 海外英语，2010（10）：28-29,31.

Probe into the Effect of Dictation in College English Teaching

Su Jun-ling   Wei Wei   Xia Ping

Abstract: Dictation is a comprehensive application of different language skills and a useful approach to improve college students' ability to deal with linguistic information. However, due to lack of effective dictation materials , boring dictation measures and uncontrollable dictation time, it is hard for college English teachers to use it in their teaching process. Based on some relevant linguistic and psychological theories, this paper points out some active ways of carrying on dictation in college English teaching.

Key Words: college English teaching; dictation; positive influence

"支架"理论视角下的商务英语教材

张 逸

摘 要：随着我国经济与世界各国的经贸往来日益频繁，商务英语专业已成为英语教育的热门专业。英语教材是英语课程的核心教学材料，一本好的教材往往反映新的教学观念和教学方法。本文以维果斯基的"支架"理论为基础，从"支架"理论的五个要素：进入情境、搭建支架、独立探索、协作学习、效果评价的角度，对商务英语教材的主题单元和教材大纲设计两方面进行了探讨，指出采用主题单元的商务英语教材通过围绕主题概念框架开展的多层次、多文体、多活动的语言学习，便于学生运用"支架"理论的五要素完成学习目标。而将主题单元、功能——意念教学大纲和任务型教学大纲相结合的多元大纲有助于英语课堂"支架"教学的运用，使课堂教学与外部社会的各种商务活动联系起来，为学生体验真实的商务情景提供了支架。

关键词：商务英语教材；"支架"理论；教材评价；主题单元；教材大纲设计

一、导言

1. 问题的提出

近 10 年来，随着我国经济的发展，与世界各国的经贸往来日益频繁，上海世博会的举行更展示了中国走向世界，世界需要中国的潮流，社会对商务英语人才的需求量也越来越多，商务英语专业已成为英语教育的热门专业，各种商务英语的教材层出不穷。教材是一个课程的核心教学材料，一本好的教材往往反映新的教学理念和教学方法，体现教学的新思路，因此一本适合当代商务英语专业学生的商务英语教材必须注意吸收各种教学理论的优点，反映新的教学理念和方法，能满足学生同时学习语言和商务知识的需求。

2. 商务英语的特点

商务英语是专用英语教学（English for Specific Purposes，简称 ESP）的一个分支，有自己的特点。

商务英语与其他专用英语教学的不同之处是它将特殊内容（即与某一工作领域或产业相关的内容）和普通内容（即与培养更有效的交际能力相关的内容）融为一体。[①]

因此，商务英语的教学需将商务知识、专业的词汇和特定的交际场合（特殊内容）与语言知识、语言技能和交际能力（普通内容）结合在一起。商务英语教材必须寻求语言能力培养和商务英语知识学习的最佳结合点，即在培养学生英语能力的同时，熟悉各种商务活动，了解商务方面的知识。因此，教材必须在融语言知识、交际技能和商务知识于一体方面，做大胆的尝试。

3. 维果斯基的支架理论

"支架"理论（scaffolding）是维果斯基（Vygotsky）的社会文化模式的重要组成部分。维果斯基认为人类通过符号工具调节与他人的关系，调节自己的行为，语言是重要的调节工具，是连接社会和个体的桥梁。学习第二语言的目的是为了实现和他人的

---

① Ellis, Mark & Johnson, C. Teaching Business English. Shanghai: Shanghai Foreign Language Education Press, 2002: 3

交际，具有社会性。因此，需要把外部社会和内部个人语言学习联系起来，活动是把外部社会和内部个人发展联系的纽带，人的语言认知可在活动中实现。[①]学习者在社会互动中习得新的语言，互动促进学习者发展。学习者在一定的情境中即社会文化背景下，利用学习资料，借助他人的帮助，积极主动地去发现，在互动中搭建支架。支架式教学借用建筑行业中使用的"脚手架"（scaffolding）的形象化比喻，其实质是利用学生已有的知识，通过结对活动、小组活动等有效的教学活动，为学习搭建学习互动过程中的支架。

维果斯基还提出了"最近发展区"理论[②]，认为当语言知识位于最近发展区（Zone of Proximal Development，ZPD）内是更容易被激活。

最近发展区

实际发展水平→潜在发展水平

因此，依照学生语言水平确定的"最近发展区"，运用脚手架的支撑作用不停地激活学生的语言，使学生的语言水平不断跨越最近发展区，向潜在水平发展，实现学习习得的目标，是英语教学行之有效的方法。"支架"理论为语言学习者建构知识提供了一种新的理论框架。

支架式教学可概括为五个要素[③]：

1. 进入情境——将学生引入一定的问题情境（概念框架中的某个节点）。

2. 搭建支架——围绕当前学习主题，按"最近发展区"的要求建立概念框架。

① 王建勤. 第二语言习得研究[M]. 北京：商务印书馆, 2009.
② 蒋祖康. 第二语言习得研究[M]. 北京：外语教学与研究出版社, 1999
③ 张华.课程与教学论[M]. 上海：上海教育出版社, 2000: 483.

3. 独立探索——让学生独立探索。探索内容包括：确定与给定语言概念相关的各种属性。探索开始时要先由教师启发引导，然后让学生自己去分析；探索过程中教师要适时提示，帮助学生沿概念框架逐步攀升。起初的引导、帮助可以多一些，以后逐渐减少，愈来愈多地放手让学生自己探索；最后要争取做到无需教师引导，学生自己能在概念框架中继续攀升。

4. 协作学习——进行小组协商、讨论。讨论的结果使与当前所学语言相关的内容增加，使原来多种意见相互矛盾的复杂局面逐渐变得明朗、一致起来。在共享集体思维成果的基础上达到对当前所学语言有比较全面、正确的理解，即最终完成对所学知识的意义建构。

5. 效果评价——对学习效果的评价包括学生个人的自我评价和学习小组对个人的学习评价，评价是否完成对所学知识的意义建构。

本文将从主题单元和教材大纲设计两方面探讨"支架"理论在商务英语教材中的应用。

二、主题单元 （Thematic unit）

1. 主题单元的定义

主题单元是目前教材编写流行的模式,每一个单元一个主题。Hyperlink[①]对主题单元定义如下：

"主题教学（thematic instruction）是围绕宏观主题组织教学大纲的形式，主题教学将基本学科（basic disciplines），如阅读、数学、科学等，和广泛的知识主题（broad subjects），如社区、雨林、能源等，结合起来教学。"

① http://www.funderstanding.com

在商务英语教材中，基本学科（basic discipline）是英语，而广泛的知识主题则是商务知识，因此商务英语教材的主题单元应是英语和商务知识的结合。

2. 遴选单元主题的标准

Fein and Baldwin[①]　提出了遴选单元主题的三个标准：

（1）教学价值（Pedagogic merit）

（2）情感因素（Affective considerations）

（3）实用性（Practicality）

主题的教学价值指选择的主题是否在该专业领域具有广泛的意义，对商务英语而言，所选的主题应对学习英语和商务知识的学生具有可学的价值。情感因素指所选主题是否能激发学生的学习兴趣，使其能产生强烈的学习欲望。实用性指有关主题的材料是生活或工作中能接触到的，具有真实性（authenticity）。因此，确立商务英语教材的主题单元需以商务活动和生活常识为依据，而选材则要兼顾材料的真实性和语言的质量和多样化。

3. 主题单元的优点

主题单元的优点是，它在提供密集的信息（information density）的同时，提供概念框架，并注意了该概念框架的各种属性，即语言表达的丰富性和文体的多样性（style variety），使学生的语言和文化意识（linguistic and cultural awareness）都得到提高。通过对同一主题的反复学习，有助于将学生引入一定的问题情境（概念框架中的某个节点），便于搭建支架，然后让学生独立探索。探索内容是与这一主题相关的语言知识和商务知识，对这一主题的内容、词汇、语言加深理解。下面是一个实例：

---

① 陈坚林. 英语教学组织与管理 [M]. 上海：上海外语教学出版社, 2000: 111.

例 1《新编商务英语精读》第一册第四单元 [①]

Unit	4	Page	
Topic			Jobs & occupations
Reading I	*Lead-in*		Listening，Brainstorming，pairwork
	Text		Personal progression and job-hopping
Reading II	*Text*		Job application advice : Selling your skills
	Special use		Words of job application
Extended Activities	*Phonetic drills*		Closing diphthongs
	Function & Structure		Describe one's occupation
	Practical reading		Job advertisement
	Business world		Most promising jobs in the 21st century

在这一主题单元中，围绕"工作"组织了一系列的教学材料：在阅读课文之前进行了一系列的导入，按"最近发展区"的要求建立概念框架，为学生围绕当前学习主题搭建支架；两篇课文讨论了人们选择工作面临的困惑，专项用法练习学习申请工作的词汇，实用阅读有招聘广告的阅读理解，口语训练有描述工作的句型和活动，最后还提供了 21 世纪最受欢迎的工作的信息。此外，在其他练习中，也涉及了许多有关工作的活动。这样，学生在学习语言的同时，对择业、申请工作和工作的概念都有所了解、便于毕业后尽快进入工作状态。

三、商务英语教材的大纲设计

1. 结果性大纲和过程性大纲

教学大纲是英语教材编写的依据。目前常用于英语教学的大纲有语法教学大纲（Grammatical Syllabuses）、功能—意念教学大纲（Functional-notional Syllabuses）、任务型教学大纲（Task-based

---

① 张逸. 新编商务英语精读 学生用书 1 [M]. 北京：高等教育出版社, 2004.

Syllabuses）和内容型教学大纲（Content Syllabuses）[①]。本文主要讨论语法教学大纲、功能—意念教学大纲、任务型教学大纲。语法教学大纲基于结构主义和行为主义心理学理论，强调语言句型的教学。功能—意念教学大纲基于功能语言学、社会语言学和心理语言学的理论，强调语言功能和意念的教学。任务型教学大纲以学习者完成一系列任务的形式来组织教学活动，每个任务往往有一个明确的目标，学习者在解决不同问题的过程中，学习知识，锻炼语言的实际运用能力。

　　Nunan[②]根据教学的内容和教学目标的侧重点不同，把这些教学大纲分为两大类：结果性大纲（product-oriented syllabuses）和过程性大纲（process-oriented syllabuses）。结果性大纲着重描述语言教学的最终结果，即语言教学的结果；过程性大纲着重描述学生学习和教师教学的过程本身。语法教学大纲和功能—意念教学大纲都属于结果性大纲，而任务型教学大纲是过程性大纲。其关系如下：

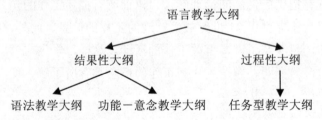

　　由于每一种教学大纲都有其长处和短处，因此商务英语教程的编写大纲往往吸收各种教学大纲的长处，形成多元大纲（Multi syllabus）的模式，多元大纲编写英语教材已成为当前的发展趋势。

---

① 张逸. 新编商务英语精读 学生用书 1 [M]. 北京：高等教育出版社, 2004.

② Nunan, D. The Learner-centered Curriculum. Cambridge: Cambridge University Press, 1988.

2. 语法教学大纲

语法教学大纲按语法难易程度循序渐进的原则安排教学内容。目前流行的商务英语教材不重视语法教学大纲，例如：剑桥出版社的 *New International Business English*[①]主要以功能和任务为教学内容。

例2

> 1. Face to face
> Basic skills and technique for talking to people in business situations
> 2. Letter，faxes and memos
> Basic skills and technique for business correspondence
> 3. On the phone
> Basic skills and technique for using the telephone in business
> 4. Summaries，notes，reports
> Basic skills and technique for writing repots，making notes，summarizing and taking notes of conversations in business

对中国学生来说，尤其是全日制的高校学生来说，语法知识是必要的，系统的语法学习能起到事半功倍的效果，因为"支架理论"认为：学习过程中学习者可利用学习资料，积极主动地去发现和建构语言知识，语法学习可以起到支架的作用。但语法教学大纲往往重视语言教学的最终结果，不注重过程，较难将学生引入一定的问题情境，让学生独立探索和协作学习，因此单纯的语法教学大纲不利于学生在商务知识的情景中学习商务英语。语法教学只有与其他教学大纲结合起来才能取得较好的效果。

3. 功能－意念教学大纲

功能－意念教学大纲特别强调语言的功能，即语言使用的目

---

① Jones, L. & Richard, A. New International Business English. Cambridge: Cambridge University Press. 1996.

的，如问候、道谦、询问等，和语言表达的概念和意义，如时间、空间、方位、频率等。商务活动是一种社会活动，语言是商务活动的重要工具，通过语言的交流，商务活动才能实现。从这个意义上讲，商务英语教材需要把外部社会和内部个人语言学习联系起来，使学习者在社会互动中习得新的语言，为学生了解真实的商务活动提供了支架，因此功能－意念教学大纲较适合商务英语教材的大纲设计。

商务英语教材应根据商务活动的各种情景和对交际功能和意念的需求，将这些功能和意念融入各单元中，培养学生在各种情景中的语言运用能力，利用学生已有的知识，通过各种有效的教学活动，把外部社会的功能和意念与学生的语言发展联系起来，搭建学习互动过程中的支架。下面是商务英语教材中学习商务活动"相互介绍"的一个教学案例：

例 3　《新编商务英语精读》第 1 册第 2 单元①

Introducing People

1. Practise the following sentences with your partners，and then fill the blanks.

Mr. King: I'm glad to meet you too.

2. Make dialogues with your partners according to the situations given. Pay special attention to the expressions of introduction.

1）You bring your cousin Jessica to your friend Jane's birthday party.

2）You are an assistant to Mr. James Holt，who is the Sales Manager of your company. You bring a visiting businessman Mr. Roger Brown to Mr. Holt's office.

3）You are a guide working for an international travel agency. You meet a group of foreign tourists at the airport. Introduce yourself to them.

---

① 张逸. 新编商务英语精读 学生用书 1 [M]. 北京：高等教育出版社, 2004,

Type	Sample Sentences	Sample Responses	Notes
Introduce yourself (informal)	Excuse me, my name is *Bill Gates.* Hello! I'm *Tony, Tony Brown.* Hi. My name's *Jack.* I'm in *the business department.* How do you do? I'm *George Bush.*	Hi. Hello. Nice to see you/ Glad to meet you. How are you doing? How are you?	Handshaking not necessary. Add appropriate information about yourself.
Introduce yourself (Formal)	Please allow me to introduce myself. *Jenny Carter,* personnel manager of *P&G Company.*	Same responses as the below (formal)	Informal responses are also possible.
Introduce other people (Informal)	*Betty,* this is *Peter Brown.* Look, here's *Nancy!* *Nancy,* come and meet *Peter.* Do you know/ Have you met *Mr. Kwon?* *Wendy,* I want you to meet my colleague *Jim.*	Same responses as the above (informal)	Use first and last names or first name only. Add information about the person being introduced. Handshaking not necessary.
Introduce other people (Formal)	I'd like you to meet *Sam,* sales manager of *M&M.* I'd like to introduce a friend of mine, *Mr. Carson.* I don't think you've met each other before. *Sue,* this is my new colleague *David.* Mr. Johnson, may I introduce you to Mr. *Harvey?* He's *Chairman of our English Department.*	It's a pleasure to meet you. Pleased to meet you. Pleased to know you. How are you? I've known so much about you. I've often heard of you.	Use title + last name. Or first name + last name. No answer is necessary with "How do you do?" Handshaking is common.

1. Mr. Smith: Mr. King，＿＿＿＿＿＿＿＿＿ Mr. Thatcher
before?

Mr. King: I don't think I had the honor.

Mr. Smith: Well，let me introduce you to him. Mr. Thatcher，I
＿＿＿＿＿＿＿＿＿＿ head of our department. And
＿＿＿＿＿＿＿＿＿＿ ，Assistant Manager of AT&T.

Mr. Thatcher: ＿＿＿＿＿＿＿＿＿＿.

此教学案例首先列举了"相互介绍"的各种语言信息，按两个维度呈现——自我介绍和介绍他人；正式和非正式——将学生引入一定的问题情境。然后通过结对活动让学生学习与主题相关的句型和表达法，并完成填空练习，这部分的练习主要提供语言输入，起到支架的作用。然后通过结对形式，开展一系列的对话任务，让学生独立探索和协作学习，从而习得"相互介绍"这一商务活动的语言能力。

功能－意念教学大纲为商务英语教材提供了一种框架，在教材中将各种商务活动按一定的难易顺序组合，设计各种场景，注重语言在各种情景中的运用，引导学生运用这些语言输入进行交际，使学生最终习得各种商务活动所需的语言能力。

4. 任务型教学大纲

任务型教学大纲是以一系列的任务形式组织教学的教学大纲，要求学生用目的语完成这些任务，达到教学目的。Richards et al[①]这样定义任务型教学大纲：

"任务型教学大纲是围绕任务活动组织教学，而不是根据语法或词汇组织教学。这种大纲列出若干不同种类的任务活动，要求学习者使用语言来完成这些任务，比如，使用电话获取信息，在口头指示的基础上画图。有人认为，采用这种学习方法学语言更为有效，因为这样做使语言学习和运用更有目的性，不再单纯的为学语言项目而学语言。"

---

① Richards, J. C. Platt, J. & Platt, H. Longman Dictionary of Language Teaching and Applies Linguistics. Essex: Longman Ltd., 1992: 373.

在英语教学中，"任务是一项以意义为中心的活动，是学习者使用目的语参与到理解、处理、输出和/或互动之中。"①由于学生在完成任务的过程中必须运用目的语方能完成任务，这样他们更注重意义，而不仅仅是语言的形式。因此，基于交际法的任务型教学大纲能促进语言交流，倡导以学生为主（learner-centered）的语言教学。根据任务型教学大纲，商务英语教材在一个单元里，围绕一个主题设计不同的任务，可激发学生的兴趣，强化学习动机，深化所学的知识，锻炼学生的交际能力。应在每一单元都设计一些与课文内容相关的任务，使复杂的学习任务加以分解，以便于把学习者的理解逐步引向深入。这些任务可以自成一体，也可互相联系，形成任务系列，这样经过进入情境、搭建支架、独立探索、协作学习、效果评价五阶段完成学习任务。例如：

例4　《新编商务英语精读》第1册第4单元②

1. Pre-reading:

Brainstorming: work with your partner and list things that people may consider in choosing their jobs:

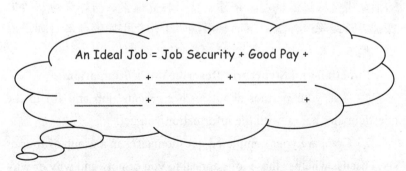

An Ideal Job = Job Security + Good Pay +
____ + ____
____ + ____

2. Pairwork: discuss with your partner the following questions:

---

① Nunan, D. Designing Tasks for the Communicative Classroom. New York: Cambridge University Press, 1989: 11.

② 张逸. 新编商务英语精读 学生用书1 [M]. 北京：高等教育出版社, 2004.

1. What is important for you in a job? And why?

2. Which job do you like to take，a well-paid job you dislike or a poorly paid job you enjoy?

3. Do you prefer to be an employer or an employee?

To be an Employer	To be an Employee
◇ What are the possible benefits of being an employer?	◇ What are the possible benefits of being an employee?
◇ What qualities does an employer desire in an employee?	◇ What qualities does an employee desire in an employer?
◇ Will you hold against an employee who has a record of frequent job-hopping?	◇ What is your attitude toward the practice of frequent job-hopping?

以上两个任务是独立的，主要为课文阅读搭建支架，引导学生进入情景。

商务英语教材也可设计任务系列，目的就是使学生在一系列的活动中完成进入情境、搭建支架、独立探索、协作学习、效果评价等阶段学习任务。下面是围绕"工作"主题的任务系列。

例 5

Function and Structure: Describe one's occupation

1）Ask your partner about his/her parents' job and fill in the questionnaire below with the information you get.

2）Compare your completed questionnaires in a group of four or six. Discuss whether these jobs appeal to you or not，and why or why not.

3）Make dialogues with your partner according to the situations given. Pay particular attention to the expressions of describing one's occupation.

QUESTIONNAIRE

Name:	Sex:	Age:
Present employment:		
Term of employment:		
Approximate salary:		
Hours worked a day:		
When to leave home:		
When to return home:		
Lunch break:		
Holidays:		
Other benefits:		
Opportunities for personal progress:		
Other relevant information:		

a）You meet a Mr. Smith at a dinner party. You two greet each other and you learn that Mr. Smith happens to work for the company to which you are applying for a position. Ask Mr. Smith to describe his job to you.

b）As a new graduate，you are calling a certain company to inquire about a job advertised on the local paper. Try your best to get as much information about the job as possible from the person who answers your call.

4）Read the two job advertisements below and then discuss with your partner to complete the table.

（I）

JOIN OUR PR TEAM—TOP SALARY!

We need someone to join our team who can manage to do ten things at once，while remaining cool and calm in a crisis!

We are a leading PR Company and we can offer you a fulfilling and challenging role working with our Director of Travel.

You will need to be hard-working，flexible，well-organized and energetic. You'll be attending presentations，arranging meetings，travel and lunches，and working with executives of major international companies.

This is a superb opportunity for the right kind of person and we'll pay you a top salary with bonuses.

Call or write today and tell us about yourself!

Jim Brown，Anglo-European PR，99B Baker Street，London，W1J 9PQ

Tel: 01 670 8071

（II）

Eaton Corporation，a Fortune 500 US manufacturer，has an administrative assistant position open at its Shanghai Office.

Administrative Assistant

Requirements

Associate Bachelor Degree in English/Business Administration major or equivalent;

Minimum of three years related working experience;

Bilingual，with professional secretarial skills.

Major Responsibilities

Serve as a travel coordinator for all staff in one of the Eaton groups;

Provide assistance with special projects and assignments as directed by managers;

Assist managers to prepare Power Point documents;

Assist Sales Department to maintain promotion materials and files.

Eaton provides a good corporate culture , competitive compensation & Benefit package. Applicants should send English and Chinese resumes to the following address directly within the next two weeks.

（No telephone call will be accepted.）

Human Resources Department

Eaton（China）Investment Co.，Ltd.

17/F，Zhongsheng Financial Center Building，2067 Yan'an Road，Shanghai，200336

What Do You Know About the Ads?		
Item	Ad I	Ad II
the name of the recruiting units	＿＿ Company	＿＿ （China）Investment Co., Ltd.
job title	a role working with Director of Travel	＿＿＿＿＿＿
personal qualities	1. hard-working 2. ＿＿＿＿＿＿ 3. ＿＿＿＿＿＿ 4. ＿＿＿＿＿＿	Not Mentioned
job duties	1. attending presentations 2. ＿＿＿＿＿＿ 3. ＿＿＿＿＿＿ ＿＿＿＿＿＿ ＿＿＿＿＿＿	1. serve as ＿＿＿＿＿ 2. provide assistance with ＿＿＿＿＿ 3.assist managers to ＿＿＿＿ 4.assist Sales Department to ＿＿＿＿＿
necessary qualifications for application	1. can do ten things at once 2. ＿＿＿＿＿＿ ＿＿＿＿＿＿	1. associate bachelor degree in ＿＿＿＿ 2. minimum of ＿＿＿＿＿ ＿＿＿＿＿＿ 3. bilingual，with ＿＿＿＿ ＿＿＿＿＿＿
pay	＿＿＿＿＿ with bonuses	1. a good corporate culture 2. ＿＿＿＿＿＿ 3. ＿＿＿＿＿＿
way of application	＿＿ or ＿＿	＿＿＿＿＿＿

    该任务系列的学习目的要求学生对招聘广告的信息要点有所了解，掌握了阅读招聘广告的基本技能。任务在设计中利用学习过程中的"支架"理论，使学生对主题的理解逐步深化，充分体现了支架式教学的 5 个要素。教材将语言学习设计成任务系列，使之分解成若干步骤，引入必要的商务情景，然后按步骤对学生进

行训练。首先采用结对活动让学生填写问卷，了解求职的主要信息，找到各个问题的关键词，将学生引入情境，然后通过问卷比较的小组活动，初步完成搭建支架的任务。进入第二阶段。再通过结对活动给学生分配描述个人职业的对话任务，让学生独立思考和协作学习。在完成了以上准备任务后，进入本任务系列的中心任务：阅读招聘广告，学生再次进入独立思考状态，将前面所激活的知识点和语言点内化，促进学生对所学内容的掌握。最后，教师通过讨论的方式，让学生在协作学习中寻找正确答案，同时对自己前面的学习效果进行评价，完成了效果评价的阶段，从而达到教学目的。这个任务系列包含支架式教学的 5 个要素，是较成功的教学范例。

四、结束语

　　商务英语教材与一般英语教材的区别在于它特定的知识范围和社会应用：商务领域，因此商务英语教材肩负着语言学习和商务知识认知的双重任务。采用主题单元编写的商务英语教材能拓展学生对相关主题和文体的了解，通过围绕主题概念框架开展的多层次、多文体、多活动的语言学习，便于学生进入情境、搭建支架、独立思考、协作学习、自我评价，最终完成学习目标。

　　各种教材大纲各有优势。语法教学大纲体现循序渐进的科学性，但仅能起到支架的作用，较难将学生引入一定的问题情境，也没有将语言学习视为社会活动，无法将外部社会和个人语言学习联系起来，使语言学习成为外部社会和内部个人发展联系的纽带。同时语法教学大纲往往重视语言教学的最终结果，不注重过程，因此单纯的语法教学大纲不利于学生在商务知识的情景中学习商务英语。功能—意念教学大纲体现了循序渐进的科学性，既有语言知识学习，又有商务知识学习，是商务语言教材常采用的大纲，但往往注重传授语言的功能和意念，不强调语言学习的过程，忽略学习者的主动探索和意义协商，所学的语言知识不易转化为能力。任务型教学体现了以学生为主的学习模式，易于将学生引入一定的情境，进行独立思考和协作学习，但循序渐进的科学性较差，也不便为学生搭建学习所需的支架。

综此上述，如将主题单元、功能—意念教学大纲和任务型教学大纲相结合形成多元大纲，使语言知识学习和商务知识学习同步进行，使课堂教学与外部社会的各种商务活动联系起来，运用支架理论的五要素设计各种任务，为学生体验真实的商务情景提供了支架。

"教师不是教材的被动使用者，而应该是教材的积极开发者"[①]。在教学中，教师应根据教学要求和学生状况，有效地选择和使用教材，更应该创造性地发展教材，而不被教材所束缚。根据多元大纲编写的商务英语教材为教师以"支架"理论开展教学提供一份充实的脚本。

参考文献

[1] Ellis，Mark & Johnson，C. *Teaching Business English.* Shanghai: Shanghai Foreign Language Education Press，2002: 3.

[2] 王建勤. 第二语言习得研究[M]. 北京：商务印书馆，2009.

[3] 蒋祖康. 第二语言习得研究[M]. 北京：外语教学与研究出版社，1999，

[4] 张华.课程与教学论[M]. 上海：上海教育出版社，2000: 483.

[5] http://www.funderstanding.com

[6] 陈坚林. 英语教学组织与管理 [M]. 上海：上海外语教学出版社，2000: 111.

[7] 张逸. 新编商务英语精读 学生用书 1 [M]. 北京：高等教

---

① 程晓堂. 英语教材分析与设计 [M]. 北京：外语教学与研究出版社，2002.

育出版社，2004.

[8] Nunan，D. *The Learner-centered Curriculum*. Cambridge: Cambridge University Press，1988.

[9] Jones，L. & Richard，A. *New International Business English*. Cambridge: Cambridge University Press. 1996.

[10] 张逸. 新编商务英语精读 学生用书 1 [M]. 北京：高等教育出版社，2004，

[11] Richards，J. C. Platt，J. & Platt，H. *Longman Dictionary of Language Teaching and Applies Linguistics*. Essex: Longman Ltd.，1992: 373.

[12] Nunan，D. *Designing Tasks for the Communicative Classroom*. New York: Cambridge University Press，1989: 11.

[13] 张逸. 新编商务英语精读 学生用书 1 [M]. 北京：高等教育出版社，2004.

[14] 程晓堂. 英语教材分析与设计 [M]. 北京：外语教学与研究出版社，2002.

On business English coursebooks in the perspective of scaffolding theory

Zhang Yi

Abstract: With the development of international trade，business English has become a hot major in the English education. Coursebooks of the major are key materials in the classroom，as a good coursebook may reflect new teaching theories as well as a new approach. The article discusses the design of syllabus and thematic unit of business English coursebooks in the perspective of Vygotsky's scaffolding theory，namely situation prompting，scaffold construction， individual study， collaborative learning， effect evaluation. It also points out that thematic units，as a platform of scaffolding，are appropriate for students to learn the language in activities with different difficult levels and style varieties，while a multi syllabus combines functional-notional syllabus，task-based syllabus and thematic units with scaffolding instruction，links the business activities with the classroom activities， and provides scaffolding for students to experience authentic business situations.

Key Words: business English coursebooks；scaffolding theory；material evaluation；thematic units；syllabus design